한국 한자음의 漢語 上古音적 요소에 대한 연구

한국 한자음의 漢語 上古音적 요소에 대한 연구

1판 1쇄 발행 2025년 12월 29일

지 은 이 | 張莉莉(장리리)
펴 낸 이 | 김진수
펴 낸 곳 | 한국문화사
등 록 | 제1994-9호
주 소 | 서울시 성동구 아차산로49, 404호(성수동1가, 서울숲코오롱디지털타워3차)
전 화 | 02-464-7708
팩 스 | 02-499-0846
이 메 일 | hkm7708@daum.net
홈페이지 | http://hph.co.kr

ISBN 979-11-6919-377-1 93710

• "This work was supported by [東亞漢語音韻學史文獻發掘與研究] (No. [21VJXT014])."

한국문화사 국제 한국학 총서

한국 한자음의 漢語 上古音적 요소에 대한 연구

張莉莉 著

한국문화사

머리말

이 책은 2024년 2월 서울대학교에 제출한 박사학위논문 「한국 한자음의 漢語 上古音적 요소에 대한 연구」를 약간 수정하여 펴낸 것이다. 본 연구는 15세기에 전승된 한자음에 나타나는 상고음적 요소를 밝히는 것을 목적으로 한다. 그동안 많은 연구가 한국 한자음의 한어 중고음에 중점을 두어 왔던 것과 달리, 이 책은 근래 한어 상고음 연구 성과를 적극적으로 활용하여 한국 한자음 연구의 공백을 메우고자 한 시도의 결과물이다.

석사 과정 시절부터 한국 한자음에 관심을 갖기 시작했다. 고백하자면, 석사 2학기쯤 되었을 때 한국어와 함께 걸어갈 진로를 본격적으로 고민할 수 있었다. 외국인인 내가 과연 어떤 연구를 할 수 있을까? 한참 부족한 한국어 실력 때문에 한동안 희망의 빛을 보지 못했다. 더구나 역사 비교 언어 연구는 한국어학에서 크게 주목받지 못하는 분야였다. 그럼에도 불구하고 한국 한자음을 접할 때마다 무의식적으로 내 모어인 閩南語와 비교하며 공부하곤 했다. 이 책에서도 閩南語의 文白(문어와 구어) 계통을 활용하여 한국 한자음 속 상고음적 요소를 판단한 내용을 확인할 수 있다. 석사 3학기 중간발표에서 한국 한자음에 관한 주제를 발표했을 때, 비로소 선생님께서 인정해 주시는 듯한 미소를 보여 주셨던 기억이 남아 있다.

그 후 이용 선생님의 따뜻한 배려 덕분에 성균관대학교 한국 한자음의 大家 권인한 선생님의 수업을 청강할 수 있었고, 이를 통해 비로소 정식으로 한자음 연구의 길에 들어서게 되었다. 권인한 선생님의 수업에서는 백제 僧 경흥이 찬 『無量壽經蓮義述文贊』을 중심으로 강의하셨는데, 그때부터 내 눈에는 백제 한자음만이 선명하게 보였다. 이 문헌을 통해 한국 한자음의 중고 이전 모습을 엿보았고, 상고음적 요소를 탐구할 수 있다는 청사진을 그리기 시작했다.

공교롭게도 같은 시기, 지도교수 박기영 선생님께서 서울대 차익종 선생님을 모셔 한자음 강의를 마련하셨다. 아쉽게도 수업은 듣지 못했으나, 대신 Karlgren, Bernhard(1954)(Compendium of Phonetics in Ancient and Archaic Chinese, 崔玲愛 역, 1985, 『古代 漢語 音韻學 綱要』, 민음사)를 찾아 읽었다. 이러한 연구는 아무리 강조해도 지나치지 않을 만큼 중요하다. 그러나 나처럼 기초부터 독학해야 했던 경우, 唐作藩(2013)(『音韻學教程』 제4판, 北京大學出版社)이 출발점이 되었다. 한국 한자음을 고찰할 때는 한어 방언, 일본 한자음, 베트남 한자음도 참고하려 애썼다. Karlgren이 개척한 연구 방법을 뒤따라간 측면이 있으나, 한국 한자음을 독립적으로 연구하다 보면 문제를 발견하기조차 어렵고, 해결책을 찾기는 더욱 어렵다는 점을 절감하였다. 특수성이 보편성과 동떨어져서는 의미가 사라진다. 다행히 박사 논문을 집필할 무렵에는 역사 층위에 관한 연구가 잘 이루어져 공시적 비교 연구가 가능해졌다.

비록 백제 한자음의 초기 층위를 더 구체화할 수 있으리라 믿었으나, 석사 논문을 쓸 당시에는 한어 상고음에 대한 지식이 매우 부족했다. 상고음 연구를 본격적으로 접할 수 있었던 것은 서울대에서 공부한 덕분이라 생각한다. 박기영 선생님의 가르침 덕분에 2018년 가을 학기

서울대학교의 「한국 한자음 연구」 수업을 청강할 수 있었고, 그 과정에서 이진호 선생님을 만나게 되었다. 박사 과정 진학 후 처음 지도교수 이진호 선생님을 뵌 날, "한국 한자음의 상고음적 요소"라는 주제를 정하게 된 것은 지금도 놀랍게 여긴다. 내 연구를 "상고층"에 집중하겠다고 마음먹었을 때 느꼈던 설렘은 아직도 선명하다.

서울대학교 재학 중 은퇴를 앞둔 이승재 선생님의 「역사 비교 언어학」도 수강할 수 있었다. 수업에서 선생님께서 鄭張尙芳(2003/2013)(『上古音系』, 上海教育出版社)을 읽을 책으로 지정하시며 내게 정리와 발제를 맡기셨다. 지금 돌이켜보면, 여러 인연들이 나를 상고음 연구로 이끌고 있었다는 생각이 든다. 박사 논문에서는 鄭張尙芳과 潘悟雲(2000)(『漢語歷史音韻學』, 上海教育出版社)의 상고음 이론을 주로 활용하였다. 이 체계는 최근 크게 주목받으며 상고음 연구사에서 높은 수준에 이르렀지만, 이 책에서 밝힌 바와 같이 완벽하다고 보기는 어렵다. "學海無涯(학해무애)"라는 말이 바로 이 뜻일 것이다. 나는 그저 巨人(거인)의 어깨 위에서 한 번 도전해 본 것에 불과하다.

물론, 모든 일이 순조롭게 이어진 것은 아니다. "과연 한국 한자음에서 상고층이 존재할까" 라는 의문이 늘 따라다녔다. 나 또한 어느 순간 그 주제를 의심하기도 했다. 그러나 "비록 한국 한자음에 상고층이 존재하지 않더라도, 그것 또한 중요한 답이 될 것"이라는 지도교수님의 격려는 큰 힘이 되었다. 나는 객관적으로 타인에게 답을 줄 수 있는 글을 써보고 싶다고 다짐했다. 또한 선행 연구를 읽으며, 한국 한자음의 주된 층에서 벗어난 현상이 상고음적 요소인지, 혹은 단순한 유추음인지 고민했던 선생님들의 문제의식을 크게 공감하였다. 관포지교 학술 모임에서 김성규 선생님께서 이 문제를 지적해 주신 덕분에, 이는 내가 반드시 직면해야 할 과제임을 깨닫고 해결 방안을 모색할 수 있었다.

결국 이 책은 그간 머릿속에서 품어 온 의문과 고민을 해소하려 한 노력의 결과이며, 한국 한자음 속에 남아 있는 한어 상고음적 요소를 거칠게나마 확인해 본 성과이다. Maspero(1920)(Le dialecte de Thc'ang-ngan sous les T'ang, 『B.E.F.E.O』 20호)가 제기한, 한국 한자음이 5세기 무렵 한어 남방 吳방언을 계승했다는 가설, 河野六郎(1968/1979)(『朝鮮漢字音の研究』, 李珍昊 역주, 2010, 『한국 한자음의 연구』, 역락)에서 고안된 중고 이전의 "a-층", 嚴翼相(2014)(探索百濟漢字音和閩語的來源, JCL. 42-2)에서 제시한 백제 한자음의 南朝吳방언 기원설 등, 한국 한자음 속 江東音(강동음)의 모습은 더 세밀히 다루지 못했다. 이는 앞으로 풀어야 할 과제로 남겨 두고자 한다.

아무것도 모르던 나를 여기까지 이끌어 주신 선생님들의 사랑과 가르침이 없었다면, 이 글은 세상에 나올 수 없었을 것이다. "무모한 도전도 필요하다"라며 나보다 나를 더 믿어 주신 지도교수 이진호 선생님께 깊이 감사드린다. 박사 과정의 어려움 속에서도 세심한 지도와 끊임없는 격려를 아끼지 않으신 점은 내 학문적 여정을 이어 가는 가장 큰 힘이 되었다. 또한 학위논문 심사 과정에서 날카로운 지적과 아낌없는 조언을 주신 김성규 선생님, 권인한 선생님, 엄익상 선생님, 황선엽 선생님께도 머리 숙여 감사드린다. 선생님들의 도움과 격려 덕분에 이 글이 한층 더 완성될 수 있었다.

아울러 유학의 길에서 빛처럼 앞길을 비추어 주시고 도와주신 모든 선생님께 깊이 감사드린다. 음운론 연구 방법을 가르쳐 주신 정승철 선생님, 김현 선생님께도 마음 깊이 감사드린다. 선생님들께 배운 학문적 태도와 인간적 품격에서 받은 감동은 결코 잊지 못할 것이다.

또한 유학생으로서 조심스러웠던 나를 따뜻하게 맞아 주신 허인영 선생님, 언제나 기꺼이 도와주신 안기경 선생님, 이재혁 선생님, 김민지 선생님, 그리고 가족처럼 늘 함께해 주신 친구들과 서울대학교 일동 304 선후배 여러분께도 진심으로 감사드린다. 받은 따뜻함을 오래도록 소중히 간직하고자 한다.

끝으로, 부족한 글임에도 불구하고 출판을 허락해 주신 한국문화사에도 깊이 감사드린다. 무엇보다도 언제나 한결같이 응원해 준 가족들에게 이 책을 바친다.

2025年 秋夕

厦門에서

張莉莉

목차

표목차

그림목차

01 서론

1.1. 연구 목적

이 글은 15세기의 傳承 한자음[1]을 주된 대상으로 하여 한국 한자음의 上古音적 요소를 밝히는 것을 목적으로 한다. 한국 한자음의 주된 층위(main stratum)가 唐代 시기 전후의 중고음을 반영하고 있다는 견해는 학계에서 거의 합의된 것으로 받아들여지고 있다. 그러나 史實에 의하면 한국과 중국의 언어 접촉은 기원전부터 시작되었다. 언어가 한 세대에서 다음 세대로 전승되며 점진적으로 축적된 결과라고 여겨지는 것과 같이[2], 언어와 언어의 접촉도 처음에 형성된 모습이 다음 세대에 이어 축적된다는 것을 쉽게 상상할 수 있다. 이처럼 한국의 전승 한자음은 이와 비슷한 과정을 거쳐 긴 시간의 역사에서 이루어진 언어 체계라고 볼 수 있다. 다시 말해 비록 전승 한자음이 담고 있는

1 일반적으로 중세 시기의 현실 한자음을 가리키는 용어는 '전승 한자음'이지만 본고에서는 이를 지칭하기 위해 '전승 한자음' 또는 '한국 한자음'이라는 용어를 모두 사용하고자 한다.

2 Matras(2009/2020: 297).

모습이 주로 중고음의 층위에 해당하는 것이라 하더라도, 그것을 만든 기초는 바로 上古音이라는 기층(substratum)인 사실을 간과하면 안 된다는 것이다.

上古音 층위에 대한 검토는 한국 한자음 연구에서 아직 공백으로 남아 있다. 그러나 한국 한자음의 전체적인 양상을 파악하고 경쟁적인 음 변화로 인해 이루어진 언어 역사 층위들의 차이를 밝히기 위해서는 그 뿌리가 무엇인지를 규명해야 한다. 이른 시기에 형성된 언어 층위가 중세 한자음의 체계에서 비주류가 되어 버렸다고 말할 수도 있지만 모든 역사는 시간이 누적되는 과정에서 만들어진다는 것을 잊어서는 안 된다. 즉, 한국 한자음 연구에서 상고층의 연구는 간과할 수 없는 부분이다.

그동안 한국 한자음에 관한 연구가 중고음 층위에만 집중되었던 것은 체계적인 上古音 이론이 없었다는 사실과 무관하지 않다. 이에 비해 중고음에 관한 이론은 상당한 발전을 이루었고 관련 논의도 활발하게 진행되었다. 전승 한자음의 연구가 漢語 성운학에 많이 의존하지 않을 수 없기 때문이다. 이에 그간 연구에서는 중고음에만 치중하여 다른 층위에 대한 연구를 다소 도외시한 면이 있다. 물론 上古音에 접근해서 한국 전승 한자음을 탐구해 보려는 노력이 있긴 했지만 깊이 있게 고찰한 논의가 많지 않으며 한국 한자음 연구사에서 만족할 만한 성과를 드러내지 못한 것으로 보인다.

21세기 이래 漢語 학계에서 가장 눈길을 끄는 성과는 신뢰성을 띤 上古音 체계가 나타난 것이라 생각된다. 이는 한자음을 심도 있게 연구할 수 있는 필수 조건이므로 매우 다행스러운 일이라고 생각한다. 그러므로 본고는 최근의 상고 이론을 적극적으로 이용하여 전승 한자음에 잔재하고 있는 上古音적 요소를 밝히고자 한다. 또한 중고음까지 고려해 이런 上古音 양상의 통시적 변화를 해명하는 것에도 중점을 둘 것이다. 더불어 중고음에만 집중되었던 그간의 연구에서 나아가 전승 한자음을 분석하는 데에 풀리지 못한 문제를 파악하고, 특히 上古音에 접근해야 해명할 수 있는 부분을 함께 고려해 보도록 할 것이다. 요컨대, 한국 한자음 연구에서 상고 층위를 적극적으로 고려하여 그 양상을 입체적으로 파악하는 것이 본고의 목적이다.

1.2. 연구사

전승 한자음을 고찰하면서 上古音 층위를 중점적으로 살핀 연구는 그리 많다고 할 수 없다. 이 절에서는 한국 한자음의 전체 층위를 파악하면서 상고층을 함께 검토한 몇몇 대표 논의를 중심으로 연구사를 살피고자 한다.

河野六郎(1968)은 한국 한자음 연구 최초의 종합적인 연구로 높은 평가를 받고 있다. 이 글은 전승 한자음에 대해 'a, b, c, d' 네 가지 층위를 밝혔고 특히 'a-층'은 다른 층위에 비해 시기상 가장 이른 것이므로 古音적 특징을 보인다고 제시하였다. 다만 이 논의에서는 'a-층'을 소위 '江東音'이며 南朝(5-6세기) 한자음으로 강조하고 있으나 구체적으로 어떤 음운 체계인지에 대해 자세히 검토하지 않았다. 또한 上古音에 속할 듯한 예, 그리고 초기 연구자인 Karlgren의 상고 재구음에 부합하는 경우를 'a-층'에 두어 본 경향이 있어서 이 논의에서 제시하는 'a-층'에는 上古音의 요소가 섞여 있다는 것을 짐작할 수 있다. 또한 이 논의의 韻母에 대한 고찰에서는 자세하게 'a, b, c, d' 층위를 제시하였으나(河野六郎 1968, 2010: 273-278)[3], 聲母 분석에는 층위를 중요시하여 기술한 것이 부족하므로 아쉬운 점이 아닐 수 없다. 더구나 음절 편향이나 유추로 문제를 해결하려는 부분에서 上古音적 요소를 소홀히 한 부분도 없지 않다.

최희수(1986)는 上古音이라는 잔재가 한국 한자음에 존재하고 있다는 주장을 하여 눈길을 끈다. 이 논의는 초·중기 上古音의 재구 체계(王力, 董同龢, 李方桂)를 이용하고 중고음에만 집중하였던 선행 연구와 달리 새로운 진전을 이끌었다는 점에서 의미가 있다. 다만 이 논의는 초·중기 上古音의 이론에 의존한 것이므로 해명하지 못한 부분이 적지 않은 데다가 複子音(consonant cluster) 등에 대한 인식에서 재고의 여지가 있다. 가령 전승 한자음의 多音字를 모두 각각 複子音에 있는 자음에서 온 것으로 해석하는 방식 등은 문제로 남는다. 또한 漢語의 통시적인 변화를 통해 한국 한자음의 층위를 살피는 것은 중요하나, 재구음에만 의존한 것이 문제점이 될 수 있다. 그리고 여타 한자음이나 漢語 방언과 비교하여 검토하지 않고 한국 한자음만을 독립적으로 살핀 점에서 片面적 결론을 낼 우려가 보인다. 또한 중고음 층위에 부합하지 않는 경우에 대한 충분한 고려 없이 上古音을 역설한 경향이 없지 않다.

姜信沆(1987a, 1987b, 2001, 2008, 2011)은 일련의 논의를 통해서 한국 한자음이 상고층, 늦어도 魏晋南北朝 시기를 기반으로 한 것이라 주장하고 있다. 姜信沆(1987b, 2011)에서 상고층의 하한선을 3-4세기로 잡은 점, 그리고 姜信沆(2008, 2011)에서 한국 한자음의 상고층이 洛陽音을 이어받았다는 주장과 한국 한자음의 형성에는 佛教 經典의 영향이 크다는 관점도 중요한 지적이라고 생각한다. 특히 이와 같은 논의들에서 선후 嚴學宭(1984)[4] 및 王力(1987) 등의 재구음을 한국 한

3 본고에서 河野六郎(1968, 李珍昊 譯註 2010)을 참고할 때 제시한 페이지는 주로 譯書를 따른 것이다. 여타 譯書도 마찬가지다.

자음과 비교하여 분석한 것도 주목할 만하다. 그의 주요한 주장을 聲母와 韻母로 나눠 보자면, 그는 우선 聲母에 있어 전승 한자음에서 설두음 및 설상음, 치두음 및 정치음, 순중음 및 순경음이 구별되지 않는 특징을 上古音과 부합한다고 보았다. 韻母에 있어서는 전승 한자음은 애초부터 漢語의 단모음 韻母를 받아들였을 가능성을 제기하였다. 즉 그는 이와 같은 특징을 통해 전승 한자음은 魏晉南北朝 시기 이전의 漢語를 받아들였다고 보고 있다. 다만 이와 같은 주장은 재구음과 비교한 결과이므로 한자음의 내재적인 변화나 양상을 파악해서 얻은 성과라고 말하기 어렵고 설득력이 다소 부족하다.

근래 申祐先(2015)에서는 역시 종합적으로 한국 한자음의 층위를 고찰했다. 이 논의에서 'a-층' 대신 魏晉南北朝 시기 이전의 층위 혹은 漢代로 본 층위는 한국 한자음의 상고층으로 이해할 수 있을 것이다. 또한 역사 층위 분석법을 이용하여 한국 한자음의 여러 층위를 고찰한 점과 한국 한자음에서 고유화된 양상을 찾아내 口語 층을 정리한 작업은 의의가 있다. 다만 上古音에 대한 논의는 주로 李方桂(1971)에 기대고 있다는 것이 아쉬운 점으로 남는다. 李方桂(1971)가 중대한 영향력이 있는 것은 사실이지만 근래 上古音 이론의 성과와 비교할 때 보완할 점이 적지 않기 때문이다. 나아가 이 논의에서 상고 漢語에 있어 合口개음이 있다는 견해는 최근의 上古音 연구 성과와 어긋난다는 점을 지적할 수 있다. 또한 河野六郎(1968)과 마찬가지로 韻母에 대한 층위는 상세하게 제시하나 聲母에 대한 연구가 잘 이뤄졌다고 말하기 어렵고, 층위의 차이로 볼 수 있는 예를 유추로 설명한 부분도 적지 않다는 문제가 있다.

이외에 전승 한자음 논의에서 적지 않은 연구(朴炳采 1971, 리득춘

4 이것은 '嚴學宭(1984), 「周秦古音結構體系(稿)」, 『音韻學硏究』1, 中華書局.'을 가리킨다.

1985, 權仁瀚 1997, 李潤東1997, 伊藤智ゆき 2002 등)가 상고층에 대해 언급하고 있다. 그러나 이들은 주로 몇몇 예에 국한하여 논의를 살펴보고 있다는 점이 한계로 남는다. 따라서 이들은 上古音 체계를 기반으로 살핀 결과라 말하기 어렵다.

이상으로 한국 한자음의 전체 층위를 파악하면서 상고층을 함께 검토한 선행 연구들을 살펴보았다. 그리고 그간의 논의를 통해 한국 한자음의 상고층 연구에 대해 추가로 논의되어야 하는 부분을 찾을 수 있다. 이에 본고에서 파악한 문제를 제시하면 다음과 같다.

첫째, 기존 한국 한자음의 상고층 연구는 중고 漢語 음운 체계를 잘 벗어나지 못하고 있다. 이와 같은 문제의 발생은 두 가지 경향에서 비롯된 것으로 볼 수 있다. 하나는 上古音 체계를 제대로 고려하지 않고, 중고음의 체계를 기반으로 上古音 층위 여부를 판단한 것이다. 이와 같은 논의에서는 흔히 중고층에 속하지 않는 것을 상고층에 두어 보는 경향이 발생하기 쉽다. 다른 하나는 초·중기 上古音의 이론을 이용한 것이다. 여기에는 초·중기 상고의 재구는 중고음과 큰 차이를 보이지 않는다는 문제가 있다. 이와 관련하여 Coblin(1978)에서 陸志韋(1946)를, 潘悟雲(2000)에서 Karlgren (1954)를 지적한 것 등을 확인할 수 있다. 즉, 체계적으로 上古音에 대해 파악하기 전에 상고 재구음만으로 분석한 것이 앞선다는 점이 문제가 된다. 물론 이것은 당시에는 上古音에 대한 체계적인 논의가 없었기에 발생하는 문제일 것이다. 그러나 최근의 上古音 연구는 더 세분화된 체계를 논의하고 있고 연구의 비약적 발전이 있었기에 이를 바탕으로 한국 한자음의 上古音적 요소를 분석하는 것이 무엇보다 중요하다.

둘째, 대부분의 초기 논의는 층위 분석을 함에 있어 음절을 단위로 보고 있거나 일정한 단위를 정하지 않았다는 문제점이 있다. 이와 같은 점은 역사 층위 분석으로 볼 때 재고의 여지가 있다. 본고에서는 층위 분석의 단위를 더 명확히 하여 한국 한자음의 전체 양상을 파악하고자 한다.

셋째, 나아가 여타 한자음[5] 등의 자료를 이용하여 유기적으로 한국 한자음과 비교 검토한 결과가 한국 한자음의 상고층 논의에서 잘 적용되고 있지 않다. 이와 관련해서는 일본어 吳音 및 근래 베트남 한자음의 상고층에 관한 연구 성과를 활용함으로써 더욱 신뢰성이 있는 결과를 얻을 수 있으리라 생각된다. 이처럼 역사 층위 비교를 하기 위해서는 관련된 자료에 대한 층위 분석이 중요하다. 다시 말해 일본과 베트남 한자음과의 비교에서는 비슷한 층위를 대상으로 비교해야 하며 다른 층위를 끌어들여 비교한 점은 문제가 될 수 있다는 것이다.

넷째, 유추론이라는 방법을 지나치게 끌어들임으로써 古音적 요소를 간과한 부분이 적지 않다. 특히 유추론과 같이 정의가 모호하고 그 성격상 자의성을 지닌 방법론을 활용하여 한국 한자음을 연구한 것은 문제가 될 수 있다. 표면적 해석보다 음 변화의 본질적 문제를 검토하는 것이 한국 한자음의 연구에 있어 더욱 타당한 태도일 것이다.

1.3. 연구 대상

본고는 중세 시기[6]의 전승 한자음(Middle Sino-Korean, 이하 SK로 칭하기도 함)을 연구 대상으로 한국 한자음의 漢語 上古音적 요소를

5 본고에서는 일본, 베트남 한자음을 가리키는 것으로 '여타 한자음'이라는 용어를 사용하고자 한다.

6 權仁瀚(1997/2019: 284)에 따르면 중세 한자음은 13세기 중엽부터 16세기 말엽까지의 한자음으로 볼 수 있다.

고찰하고자 한다. 그 이유는 다음과 같다.

첫째, 전승 한자음은 고대 한국 한자음 및 현대 한국 한자음의 교량적 역할을 하고 있다는 점에서 전면적인 고찰이 필요하다. 앞서 언급했듯이 그간 많은 연구 성과가 이루어져 왔지만, 아직도 해명하지 못한 부분이 적지 않은 데다가 상고 층위에 관한 연구가 부족하기 때문에 더 깊이 있게 살필 필요가 있다.

둘째, 전승 한자음 자료는 훈민정음(한글) 창제 이후의 시기에 대응하여 양적으로 풍부하고 질적으로 한국 한자음의 음성 모습을 선명하게 보여 줄 수 있다는 장점을 지닌다. 즉, 전승 한자음은 중세 시기 훈민정음의 창제로 한국어의 모습이 온전하게 기록되고 많은 문헌들이 간행되었던 시기에 해당하기 때문에 그 성격을 온전히 검토할 수 있는 가장 오래된 한국 한자음이기도 하다[7]. 이는 한자와 같이 주로 표의문자로 표기된 자료보다 음운 연구에 더욱 적합하다.

셋째, 같은 한자 문화권에 있는 여타 한자음과 공시적으로 비교할 수 있는 장점을 가지고 있다. 한국 한자음을 연구하는 데 있어 피해야 하는 것은 한국 한자음을 고립시켜서 연구하는 것인데, 이는 자칫 단편적인 결론으로 이어질 수 있기 때문이다. 따라서 본고는 같은 한자 문화권에 있는 여타 한자음과의 유기적인 비교가 가능한 전승 한자음을 대상으로 한국 한자음에 대한 심층적인 이해에 더 다가가 보고자 한다.

넷째, 기존 연구를 통해 전승 한자음의 주 층위가 8세기 전후의 중고음을 반영할 수 있다는 것과 전승 한자음 그 자체가 보수성이 강한 자료라는 점을 확인할 수 있다. 이와 같은 성과는 본고의 上古音 층위에 대한 관찰에 큰 역할이 된다. 다시 말해서 전형적인 중고음을 반영한

7 구본관 외(2020: 295)참고.

전승 한자음의 주된 양상은 본고에서 다루는 上古音의 검토 범위에서 먼저 제외할 수 있다.

따라서 본고는 전승 한자음을 이용하여 漢語 上古音적 요소를 살펴보고자 한다. 다만 上古音에 대응되는 전승 한자음의 층위가 중고음이라는 강한 주된 층과 경쟁하는 과정에서 겹쳐 점진적으로 사라진 경우가 많다는 것은 인정할 수밖에 없다. 이에 전승 한자음의 초기 전모를 볼 수 없는 것이 예상되기 때문에 체계적인 모습보다는 聲母, 韻母에서 산발적으로 나타난 上古音의 흔적을 고찰하는 작업이 이 글의 주된 연구 방식이 될 것이다.[8]

다음으로 이 글에서 주로 활용할 중세 문헌[9], 그리고 그 활용 방법에 대하여 간략하게 소개하고자 한다.

[표 1] 전승 한자음에 관한 문헌

약칭	문헌명	약칭	문헌명
六祖	六祖法寶壇經諺解 1496	眞三	眞言權供·三壇施食文諺解 1496
訓蒙	訓蒙字會 1527	分門	分門瘟疫易解方 1542
簡易	簡易辟瘟方 1578	千字文	千字文 1575
類合	新增類合 1576	誡初	誡初心學人文·發心修行章·野雲自敬序 1583
蒙山	蒙山法語諺解 1577	四法	四法語諺解 1577
改法	改刊 法華經諺解 1500(?)	長壽	長壽經諺解 16C 초
小學	小學諺解 1588	孝經	孝經諺解 1590
大學	大學諺解 1590	論語	論語諺解 1590

8 咸蔓雪(2016: 25)에서도 베트남 한자음의 층위를 살피는 데에 비슷한 견해를 제시하고 있다.

9 [표 1]에는 본고에서 참고하고 활용한 각 판본의 간행 시기를 적어 두었다.

中庸	中庸諺解 1590	孟子	孟子諺解 1590
飜小	飜譯小學 1518~16C 중엽(?)	詩經	詩經諺解 1613
華東	華東正音通釋韻考 1747	全韻	全韻玉篇 1796(?)

이상의 문헌은 河野六郎(1968), 伊藤智ゆき(2002/2007), 權仁瀚(2005/2009a, 2009b)에 따른 것이다. 선행 연구에서 이들이 잘 정리되어 있으므로 본고에서는 적극적으로 이들의 <자료편>을 이용하고자 한다[10]. 다만 上古音적 요소로 판단되는 중요한 사례의 경우 一次 자료를 재확인하는 것을 원칙으로 연구하기로 한다.

이 중에서 유의할 점은 河野六郎(1968)에 중세 한국 한자음으로 간주하기 어려운 근세[11] 문헌이 있다는 점이다. 이 글에서도 원칙적으로 15·16세기에 속한 문헌만을 참고하되 일부 문헌에는 시기에 제한을 두지 않았다. 문헌의 시기는 중요하지만, 자료의 특수성 및 성격도 그에 못지않게 중요하기 때문이다. 이러한 까닭으로 『詩經諺解』(光海君 1613)와 더불어 『華東正音通釋韻考』(1747)·『全韻玉篇』(1796?)에 있는 俗音도 포함하기로 한다. 이와 같은 문헌을 택하는 이유는 우선 『詩經』은 상고 漢語의 대표적인 문헌이며 한자 문화권에서 중대한 영향력을 지닌 문헌이므로 『詩經諺解』에도 상대적으로 보수적인 모습이 더 잘 보일 것이라고 생각하기 때문이다[12]. 河野六郎(1968/2010: 119)의 舌音

10 자료를 살필 때 權仁瀚 선생님께서 보내주신 權仁瀚(2009b) 등의 자료와 박진호 선생님께서 개발하신 <국어사 말뭉치>, 그리고 이승재 선생님께서 나눠 주신 전승 문헌들로 연구에 큰 도움이 되었으므로 여기서 다시 한번 고개를 숙여 감사 인사를 드린다.

11 본고에서 보고 있는 근세(近世 early modern)의 범위는 문현수·허인영(2018) 등에서 주장한 17-19세기를 따른다.

12 『詩經』은 권위 문헌이므로 한자의 음이 쉽게 바뀌지 않는다고 생각할 수 있지만, 본고에서 살펴본 바, 『詩經諺解』에서 上古音적 요소에 대응하는 예가 상대적으로 더 잘 나타남을 확인할 수 있었다.

知組에 대한 검토에서 역시 『詩經諺解』는 오히려 속음 자료에 속한다고 본 바 있는데 이는 본고의 판단과 일치한다. 또한 『華東』·『全韻』에 대하여 이돈주(2002, 2003, 2006) 등에서는 俗音의 연구 가치를 강조하였을 뿐만 아니라 俗音은 『訓蒙字會』을 비롯한 중세 문헌과 성격상 매우 가깝다는 특징을 밝힌 바 있다. 나아가 한국 한자음의 俗音은 上古音을 더 잘 반영할 수 있다는 논의도(정경일 2003, 김태경 2016: 227 등) 적지 않다. 요컨대, 이들에 古音이 담길 가능성이 크다고 판정되어 연구 자료에 두고자 한다.

02 연구 방법

주지하다시피 고대 동아시아에서 한자는 서사(書寫)체계로서 중국은 물론이고 한국, 일본, 베트남 등 주변 국가에서 오랫동안 사용되었다[13]. 李基文(1961/2018: 57)에서도 이른 시기의 한문을 중세 유럽의 라틴어와 같은 역할로 비유한 적이 있다. 특히 한자가 주변 민족들 사이에 퍼지는 과정에서 맨 처음 뿌리를 박은 곳이 한반도라는 사실은 눈에 띈다(李基文 1961/2018: 56, 潘悟雲 2006).

한국 한자음 전승의 그 始初는 언제 적으로 거슬러 올라갈 수 있을까. 李基文(1991: 234)에서 밝혔듯이 두 언어의 접촉은 줄잡아 2천 년을 헤아린다. 이돈주(1995: 270) 및 權仁瀚(1997/2019: 248)에서는 더 구체적으로 한자의 수입 연대는 늦잡아도 한사군의 설치(B.C.108년) 시기로 볼 수 있을 것이라 보고 있다. 한편 嚴翼相(Eom 1991/2022) 및 潘悟雲(2006)에 따르면 기원전 194-108년에 세운 위만조선이야말로

13 한국어와 같이 일본어, 베트남어(월남어)에서도 역사상 한자를 빌려 썼다. Samuel Martin은 이들을 하나로 묶어 'Sino-Xenic dialects'로 부르고 있다(Sung 1992: 563).

가장 이른 시기일 것이라고 주장하고, 嚴翼相(Eom 1991/2022)에서는 이 시기가 양국이 많은 언어상의 접촉을 하게 된 계기라 강조하고 있다. 무엇보다 1990년대에 발굴된 「樂浪郡初元四年縣別戶口薄」 木牘(B.C.45) 이나 『論語』 竹簡 등이 증거가 되었다(權仁瀚 2019: 248, 嚴翼相 2022 등 참고). 따라서 이들을 바탕으로 한국 한자음의 층위는 上古音[14]을 반영할 수 있다는 가능성을 세울 수 있다.

Saussure(1915)이래 언어학의 연구 방법은 주로 통시적 연구와 공시적 연구 두 가지로 진행되었다고 볼 수 있다. 그의 논의에서는 이 두 방법의 구분과 대립을 강조하고 공시론에 치중하는 경향을 보였으나, 이진호(2002/2008: 20)에서 밝혔듯이 공시론과 통시론 양쪽에 의해 이루어지는 설명이어야 한 시기의 언어에 대한 설명이 완전해질 수 있다. 따라서 본고는 전승 한자음의 상고층에 대해 통시적으로 연구하면서 동시에 공시적 검토도 함께 진행하고자 한다. 앞서 말했듯이 한자는 한자 문화권에 속한 나라의 역사에서 의사소통의 도구로 역할을 해왔다는 점을 다시 주목할 필요가 있다. Labov(1994/1996: 6)에 의하면 이와 같은 언어 체계의 가장 중요한 속성 중의 하나는 안정성(stability)이다. 즉, 일정한 시기에 韓·中·日·越이 서로 교류할 수 있는 언어 체계가 존재한다는 것이다. 따라서 전승 한자음에 반영되고 있는 층위들에 대하여 여타 한자음과 유기적으로 비교함으로써 한자음에 대한 종합적인 이해를 얻을 수 있다. 이에 본고에서는 역사 층위 분석법을 활용하고자 하며 분석 단위를 주로 聲母, 주요 모음, 운미로 나눠서 살펴볼 것이다[15]. 이와 같은 비교 연구는 한국 한자음의 주된 층에서 벗어난

14 뒤에서 더 자세히 살펴볼 것인데 鄭張(2003)에서는 上古音의 후기를 '秦漢魏'라는 시기로 보고 있는데, 이는 즉 A.D. 265년까지 포함하고 있음을 의미한다. 이처럼 본고에서는 상고 후기에 중점을 둘 것이다.

15 역사 층위 분석법에 관해서는 徐通锵(1991: 348), 陳忠敏(2013: 87, 94) 등을 참고

것들에 대한 논의에도 도움을 줄 수 있다고 생각한다.

무엇보다 한국 한자음 중 漢語 上古音적 요소를 띤 어형에 대한 통시적 고찰이 중요하다. 특히 한자음이 상고부터 중고까지 밟아 온 과정 및 변화를 규명하는 것은 본고에서 살필 핵심 내용이라 하겠다. 후술할 바와 같이 이 글에서는 최근의 상고 연구의 대표 이론을 기반으로 한국 한자음의 古層에 대한 전반적인 이해를 추구하고자 한다.

2.1 유추론에 대한 비판적 검토

한국 한자음 연구에서는 먼저 유추(analogy) 현상[16]에 대한 검토를 할 필요가 있다. 특히 근래 중고 층위를 중요시한 논의에서는 중고음에 속하지 않는 예의 설명을 대개 유추 현상으로 처리해 버린 경우가 많았다. 이에 한국 한자음의 체계를 이해하거나 한자음의 모든 층위를 살펴보는 과정에서 주된 층위의 대립 면은 결국 유추음이라는 결과를 종종 찾아볼 수 있다. 예를 들면 아래와 같다[17].

할 수 있다. 다만 이와 같은 논의에서는 聲母, 韻母, 성조를 분석 단위로 보고 있다. 본고는 전승 한자음의 실제 양상을 고려해서 운미 역시 다른 층위를 반영할 가능성이 있다고 보고자 한다. 가령 李基文(1961/2018: 88, 94)에서 제시한 차용어(예: 붇(筆), 잫(尺) 등)를 볼 때 시대에 따라 운미의 변화가 뚜렷한 것이다. 그러므로 한국 한자음에서 층위를 분석하는 데에 聲母, 모음, 운미 등을 각각 파악하는 것이 더 적절하다고 생각한다. 본고에서는 上古音적 요소를 고찰하는 것을 목표로 하기 때문에 상고 漢語에 없는 성조는 논외로 한다.

16 본고의 한국 한자음의 유추 현상은 장리리(2022)와 같이 한국에서 일어난 것을 뜻하는 것으로 한다.

17 '>>'유추 현상이 퍼지는 방식을 의미한다(Wanner 2006: 121 참고).

假/가/(見母) 〉〉 暇/가/(匣母)

'暇'는 匣母二等字이며 원칙적으로 중고에는 /ɦ(ɣ)a/였을 것이기에 전승 한자음에서도 원칙적으로 /하/가 기대될 수 있다. 그러나 실은 전승 한자음에서는 중고음이라는 주층과 달리 '暇'는 /가/로 나타나고 있다. 이에 대하여 伊藤智ゆき(2002/2011: 181)에서는 이를 같은 '叚' 성부를 지닌 假/가/에 의한 유추로 설명하고 있다. 그런데 후술할 바와 같이 이를 유추에 의한 것으로 보는 데는 문제가 적지 않다. 반면에 층위를 고려하여 보면 '暇'는 상고 漢語에서 (*/gr-/>)/가/로 대응되기 때문에 이와 같은 설명이 더 타당할 것으로 판단된다. 즉, 단순히 중고음에 맞지 않는 양상을 유추로 설명하는 경향은 문제가 될 수 있는 것이다. 다양한 층위를 담고 있는 한국 한자음의 체계에서 주된 층에 해당하지 않으면 마땅히 다른 층위를 반영했을 가능성 여부를 검토해야 함에도 불구하고, 유추론을 이용하여 문제를 해결하는 방법이 더 널리 쓰이고 있다[18]. 이와 같이 유추 작용으로 설명해 온 유추음을 어디까지 믿을 수 있을지는 의심할 필요가 있는 문제이다.

장리리(2022)에서도 밝혔듯이 그동안 한국 한자음 연구에서는 번번이 유추론을 이용했음에도 유추의 개념까지 깊이 살핀 연구는 찾아보기 어렵다. 이에 장리리(2022)에서는 한국 한자음 연구에서 유추론이 가지는 문제점을 정의와 제약 두 가지 측면에서 설명하고 유추 현상의 판별을 위한 방법론을 제시했다. 본고에서는 유추론의 문제점을 살펴보고 이를 검토하여 한자음 연구에서의 유추론에 대해 비판적으로 분석해 보고자 한다[19].

18 이와 같은 지적은 역사 언어학에 있어 우선적으로 규칙적인 음 변화를 탐구한 태도와 같이한다.

먼저, 언어학적으로 유추에 관한 정의는 기존 연구에서 많이 제기되어 왔다. 유추의 정의는 흔히 다음과 같이 들 수 있다(Campbell 2013: 91, Saussure 1972/1990: 190)[20].

(1) ㄱ. 유추는 한 조건 집합에서 다른 조건 집합으로의 관계 일반화를 포함하는 언어학적 과정이다.
ㄴ. 유추는 다른 단어나 형태의 예를 모델로 한 변화이다.
ㄷ. 유추는 하나의 표현 집합에서 다른 표현으로 일반화를 투영하는 역사적 과정이다.
ㄹ. 유추는 언어의 한 형태가 그것과 관여되어 있는 다른 형태와 더 비슷해지는 과정이다.
ㅁ. 유추는 하나의 모델과 이의 규칙적인 모방을 전제한다. 유추 형태는 정해진 규칙에 따라 하나 또는 그 이상의 형태를 모델로 해서 이루어진 형태이다.

(1)에 제시한 것과 같이 비록 여러 연구에서 유추에 대하여 정의를 내리려고 노력했지만, 아직도 유추의 정의는 모호하다고 할 수 있으며 학계는 이를 정의 내리기 위한 적당한 방안을 내지 못하고 있다(Arlotto 1972: 130, Campbell 2013: 91). 유추에 대한 정의는 모두 유사성의 관계(relation of similarity)를 필수 요소로 보고 있으나 여전히 유추에 대한 정의가 충분하지 않다는 지적이 나오고 있다(Anttila 1989: 88, Campbell 2013: 91). 다시 말해서 유사성만 있다면 유추가 적용된다는

19 이 부분은 장리리(2022)에서 정리한 내용에 기초하되 추가적 논의를 덧붙인 것임을 밝힌다.

20 (1)의 (ㄱ-ㄹ)은 Campbell(2013: 91)에서 재인용한 것이며 (ㅁ)은 Saussure 1972/1990: 190)에서 밝힌 유추의 정의이다.

정의는 문제가 있다는 것이다.

따라서 유추론을 더 정확하게 이용하려면 이에 대한 제약이나 유추 모델을 택한 조건을 고찰하는 작업이 중요하다. Wanner(2006: 122)에서는 이에 대해 상세하게 논한 바 있으며, 이 논의에서 강조하고 있는 요점은 다음과 같이 정리할 수 있다.

(2) ㄱ. 다른 항보다 유사성 척도(similarity scale)가 낮은 항은 유추를 모델로 삼을 가능성이 작다.
ㄴ. 이에 따라 유사성 척도가 높은 항들 사이에 높은 빈도(frequency)를 가진다면 유추는 잘 나타난다.

Wanner(2006)는 (2ㄱ)처럼 유사성의 척도(similarity scale)를 유추 모델을 선정하는 데에 있어 중요한 기준으로 보고 있다. 하지만 그간의 한국 한자음 연구에서는 유추 현상을 검토하며 모델에 관한 고찰을 진행한 논의를 거의 찾아보기 어렵다. 그 이유는 形聲字[21]를 중심으로 논의할 때, 이를 공유하고 있는 성부에 의한 유추가 주된 형식이므로 유사성의 척도가 모두 일치한다고 보는 것과 무관하지 않을 것이다. 따라서 실은 (2ㄱ)과 같은 제약은 한자음 형성자를 검토하는 과정에서 큰 의미가 없다고 볼 수 있다. 다시 말해서 같은 계열에 속한 형성자들이 모두 유사성의 관계라는 조건을 만족하는 것은 물론이고, 유사성 척도도 모두 같으므로 유추론을 너무나 쉽게 설정할 수 있다는 것이다.

---

21 形聲字(phonetic compound characters)는 한자의 部首 혹은 偏이 뜻을 의미하고, 한자의 聲符 혹은 旁이 소리를 나타내는 구조로 되어 있다. 가령 '江'은 왼쪽에 있는 偏(氵)이 물을 의미하고 오른쪽에 있는 '工'이 소리를 의미한다. 형성자는 諧聲관계(같은 음성적 성분을 공유하는 관계)를 중요시해서 諧聲字로 칭하기도 한다. 예를 들어 '江' 및 '扛'은 같은 聲符를 지니기 때문에 상고 漢語에서 원칙적으로 같은 발음을 가질 수 있다.

즉 (2ㄱ)과 같은 제약은 결국은 형성자의 검토에서 제약의 역할로 기능하지 못한다. 사실 기존 연구에서의 유추론은 대개 印歐 언어를 기반으로 하는 것인데[22], 한자음 연구에 있어서는 그리 적당한 방법론이라고 인정하기 어렵다.

나아가 (2ㄴ)에서 말한 빈도수(frequency)에 관한 문제점을 짚어 보겠다. 일찍이 Saussure(1915/1959: 162)에서 지적했듯 가장 높은 빈도가 나타난 형태들(most numerous forms)이 늘 유추를 유발하는 것은 아니다. 그는 그리스어 완료 시제를 예로 들어 유추는 능동태 1인칭 단수에서 시작하여 거의 모든 패러다임에 미치게 되었다고 설명하며[23] 빈도수는 유추 모델의 설정에서 절대적인 기준이 되지 못한다는 것을 보이고 있다.

한자음에 있어 빈도수에 관한 예를 들어 보자. 伊藤智ゆき(2002/2011: 95)에서는 빈도를 유추의 모델을 택하는 데 중요한 요인으로 보고 있으나, 실제 논의에서는 빈도수와 무관한 결론이 적지 않다[24]. 가령 伊藤智ゆき(2002/2011: 130)에서는 전승 한자음에서 透母(t^h-)에 속한 '滔'·'韜'/도/를 定母(d-) '稻'·'蹈'/도/에 유추된 것으로 보았는데, 그 이유는 '稻'·'蹈'가 기초적인 한자라서 유추의 근거가 된다고 보았기 때문이다. 한편 Kim(2015: 55-57, 68)은 빈도수는 유추 현상이 일어나는 과정에서 영향을 미칠 수 있다고 인정하나, 빈도수는 상대적인 개념이지 절대적인 기준이 되지 못한다고 밝혔다. 더 말하자면 이 논의에서

22 유추는 처음 수학적 개념으로 쓰이기 시작하였으며, 언어학적으로는 고대 로마의 철학자 Varro에 의해 그 정의가 이루어졌다(김현 2006: 88).

23 'The Greek perfect has the active forms pépheuag, pépheuags, pephéugamen, but all the middle forms are inflected without –a (pephuagmai, pephúgmetha, etc.), and the language of Homer shows that the 'a' was formerly missing in the plural and in the dual of the active(cf. ídmen, etc.) Saussure(1915/1959: 162).

24 Kim(2015: 55)에서도 같은 지적을 한 바 있다.

는 權仁瀚(2005)를 따라 중세 문헌에서 '滔', '韜', '稻', '蹈'의 출현 횟수를 제기하면서 透母(t^h-)에 속한 '滔'는 한 번밖에 나타나지 않지만, '韜(3번)', '稻'(4번), '蹈'(9번)는 여러 번 나타남을 보이며 '稻'·'蹈'를 유추의 모델로 보았다[25].

이 논의에서 빈도수가 상대적인 것이라 지적했듯이 '滔'(1번)에 있어 (透母)'韜' 및 (定母)'稻'·'蹈'가 모두 유추의 모델이 될 수 있다는 점을 유의할 필요가 있다. 더욱이 Snider and Arnon(2012)의 언어(구조)의 처리 과정에서 빈도 효과(frequency effects)의 역할이 그리 믿을 만한 기준이 될 수 없다는 논의도 주목할 만하다[26]. 이에 이 글에서는 빈도수는 힘이 되는 제약이 되지 못한다고 보고자 한다.

이상과 같이 유추라는 방법론에서 정의 및 제약이 모두 문제점을 지니므로, 본고는 이와 같은 방법으로 한자음을 연구해 얻은 결과를 재확인하고 비판적으로 바라보고자 한다. 한자음 연구에서 유추의 방법론을 적용하는 데 생기는 문제점을 더 쉽게 보일 수 있도록 구체적인 예를 들면 다음과 같다.

---

25 Kim(2015: 56-57)에 의하면 '韜', '稻', '蹈'의 출현 횟수는 '韜(2번)', '稻'(4번), '蹈'(10번)이지만 본고에서는 權仁瀚(2009: 94-97)에 따라 출현 횟수를 제시한다.

26 화자는 어떤 발음이 저장할 가치가 있을 만큼 빈번하게 나타날지 알 수 없다. 이에 빈도 임계값(frequency threshold)을 저장 여부의 기준으로 사용하는 것은 문제가 있다. 이는 매우 빈번히 발음되는 발음에 대해 유지되는 정보가 무엇이든 간에 모든 발음은 한 번은 등록되어 있어야 하기 때문이다. 이 정보는 학습의 후반 단계에서 폐기될 수도 있지만, 그런 가능성은 거의 없다고 한다(Snider and Arnon 2012, Kim 2015: 68 재인용).

[표 2] (x)兪의 諧聲 계열

(x)兪	ㄱ. (喩母) 愉/유/, 愈/유/
	ㄴ. (書·生母) 輸/슈/, 𢄼(?)
	ㄷ. (透·定母) 偸/투/, 牏/투/
	…

[표 2]에서 제시한 것과 같이 유추론을 이용해서 한자음을 추정할 때 가령 (ㄴ)에 속한 '𢄼'가 음운 규칙이 적용되어 /슈/와 같은 음가로 형성되었는지, 아니면 다른 한자(輸)에 의해 유추된 음인지는 판정하기 어렵다. 물론, 운서에 기록되어 있으면 문제가 되지 않을 수 있겠지만, 그렇지 않으면 해결 방법이 필요하다[27]. 최근의 한국 한자음 연구에서는 운서에 보이지 않는 한자음을 대부분 유추에 의한 것이라고 해석하는 태도를 보이고 있다. 그러나 만약 이것이 유추 현상이라면, '𢄼'를 같은 성부(兪)를 공유하고 있는 (ㄱ)이나 (ㄷ)의 음을 따르지 않고 (ㄴ) 계열의 한자음에 따라 발음하는 이유를 만족스럽게 설명할 수 없다[28][29].

다시 강조하자면 유추론은 한자음 관찰에서, 특히 형성자를 검토하는 데 바람직한 방법론이라 간주하기 어렵다. 또한 과도하게 유추론을

27 [표 2]에서 각 한자의 음가, 즉 / /에 들어가는 전승 한자음은 權仁瀚(2005/2009)에 따른 것이다. 한편 '𢄼'는 『說文解字』(이하 『說文』으로 칭함)에 의하면 '山樞切'으로 확인되므로 /슈/정도로 파악할 수 있으나 『集韻(校本)』에서 또한 중고 以母(j-)에 대응한 음(/유/)을 보인다. 뒤에서(3.2.3.2.) 볼 바와 같이 이는 상고 以母가 역사적으로 여러 변화를 겪어서 형성된 결과이며 /유/보다 /슈/가 더 늦은 시기의 양상일 것으로 보인다. 흥미로운 것은 <한자사전>(네이버)에서는 이와 같은 두 가지 음가를 모두 수록하고 있다.

28 이와 같은 문제점은 이준환(2006)에서도 지적한 바 있다.

29 앞서 말했듯 伊藤智ゆき(2002/2011: 130)는 한자음의 유추가 '기초적인 한자'에서 유추된다고 제시한 바 있다. 그러나 [표 2]에서 제시한 聲母들(ㄱㄴㄷ)은 각각 기초적이고 높은 빈도수를 지닌 한자가 모두 들어 있기 때문에 '기초적인 한자'라는 이유로 역시 이들 양상을 충분히 설명하기는 어려워 보인다.

사용하면서 음 변화의 본질적인 검토가 충분치 못하다는 문제점도 있다. 같은 성부(兪)를 갖는 한자들이 상고 시기에 가까운 음이었는데, 어떻게 중고에 와서 그 음이 사뭇 다르게 나오는지에 대한 논의가 부족하다. 김현(2004: 89)에서 지적했듯 유추 현상은 결국 표면의 패러다임을 규칙화한다든가 표면형에 규칙이 투명하게 반영된다든가 하는 규칙 외적인 동기에 의한 것이므로, 본질적인 설명에 이르지 못하는 것이다.

아울러 한국 한자음 연구에서 말하는 유추 현상은 주로 '잘못된 유추(false analogy)'에 대응되는 것으로 이해할 수 있다(河野六郎 1968). 이는 본질적으로 오독음(誤讀音 misreading)이라는 것을 염두에 둘 필요가 있다. 장리리(2022)에서는 오독음을 잘못 읽은 발음을 뜻하는 것으로 보고 바른 음(正音)과 반대되는 것으로 설명한 바 있다. 이 논의에서 강조했듯이 바른 음에 대한 기준에 따라 오독음의 범위는 달라질 수 있다. 申叔舟 시기의 중세 한자음에서 正音은 漢語 중고 후기의 韻書音에 준거하였다고 볼 수 있지만(沈小喜 2001), 한국 한자음의 모든 층위를 파악할 때, 특히 상고적 요소를 볼 때 중고음은 더 이상 기준이 되지 못한다. 다시 말해서 기존 연구에서 중고음만을 고려하여 얻은 결과나 기준은 본고에서 다룰 上古音적 요소에 적용할 수 없다.

무엇보다 음운 규칙으로 설명할 수 없음이 전제돼야만 유추로 설명하는 방법이 타당성을 얻을 수 있다.[30] 그러나 그간의 한국 한자음 연구에서는 규칙적인 음 변화는 중고음에만 한정하여 보았기 때문에 한자음의 변화 규칙에 대하여 철저하게 검토를 진행한 것이라고 말하기 어렵다. 다시 말해서 중고음으로 해석하기 어려운 음운 양상이라고 해서 반드시 上古音으로 설명할 수 없는 것으로는 볼 수 없다. 또한 상고 漢語부터 출발하여 긴 역사를 거쳐 이루어진 중고 漢語에는 적지

30 소장문법학자들은 음 변화의 예외를 처리할 때 그들을 유추로 설명하기도 했다.

않은 분화의 양상이 있을 수 있다는 점을 유의할 필요가 있다. 전승 한자음의 모든 음이 切韻 체계에 속하지 않을 수 있다.

다시 말하면 유추의 방법으로 설명하기 전에 우선 오독음인지를 확인할 필요가 있고, 또한 상고부터 중고까지의 음운사에서 음 변화를 규칙으로 설명할 수 있는지를 확인해야 한다. 이에 본고에서 시행한 유추음에 대한 판별은 일차적으로 장리리(2022)에 근거하여 오독음 여부를 분석하는 것에서 출발한다. 그 논의의 요점을 정리하면 아래와 같다.

(3) ㄱ. 韓·日·越 한자음의 비교를 통한 음가 확인

ㄴ. 漢語 방언을 통한 음가 확인

ㄷ. 韻書를 통한 음가 확인[31]

ㄹ. 假借·異文·讀若·直音법 등을 통한 음가 확인

ㅁ. 漢語 上古音을 통한 음가 확인

더 자세히 보자면, 예컨대 살아 있는 언어 자료(3ㄱ, 3ㄴ)에서 일반화된 양상이나 문헌 자료(3ㄷ, 3ㄹ)에서 확인할 수 있는 모습을 일차적으로 한국 한자음에서 일어난 유추음으로만 해석하는 것은 문제가 있을 수 있다. 왜냐하면 이와 같은 언어 자료들은 역사적으로 일정한 양상을 가지고 있으며, 특히 층위가 비슷한 경우에는 같은 음형을 지닐 수 있기 때문이다. 이에 여타 한자음 및 漢語 방언과 비교함으로써

31 특히 운서 중에서 『集韻』을 주목할 만하다. 이는 여러 층위의 음이 쓰인 운서로 볼 수 있다. 이에 대하여 熊桂芬(2019)에서는 『廣韻』에 비하면 『集韻』에 수록된 反切이 훨씬 많고, 이 중에서 (중고음에) 추가된 反切은 대부분 先儒의 오래된 經籍音에서 유래된 것이라 말한 바 있다. 본고는 기본적으로는 이와 같은 견해에 동의하나, 더 정확한 판단을 위해 여러 방면의 검토를 함께 고려하는 과정이 필요하다고 생각한다.

해당 양상이 한자음의 변화에 속한 것인지 또는 개별적 예외에 해당하는 것인지에 대하여 보다 전면적으로 이해할 수 있을 것이다. 또한 여러 문헌 자료에서 일치되는 양상을 보여주는 내용은 높은 신뢰성 및 신빙성을 나타내는 것으로 파악할 수 있다. 이와 같은 방법은 그동안 수많은 학자가(Karlgren 1954: 17-23, Coblin 1983: 10-14, 이돈주 1995: 17-18, 鄭張 2003/2013: 3-5, 김태경 2016: 8-11 등) 여러 번 제기한 만큼 그 가치를 더 강조할 필요가 없다. 심지어 朴炳采(1971) 및 伊藤智ゆき(2002) 등 유추론에 많이 의지하는 논의에서도 위에 제시한 것들을 고려한 부분이 없지 않았다. 다만 이와 같은 연구에서는 철저한 검토가 이루어졌다고 말하기는 어려울 것이다.

본고에서 가장 중점을 두는 것은 (3ㅁ)과 같이 漢語 上古音에 접근하여 전면적으로 한자음의 통시적 변화를 파악하는 것이다. 上古音으로 설명이 되지 않는 것은 본고에서 다룰 연구 대상으로는 제외하기 때문에 上古音으로 설명되는 음가가 필수적인 기준이라 하겠다. 다시 말해서 (3)의 ㄱ·ㄴ, ㄷ·ㄹ에 모두 만족하더라도 上古音에 맞지 않는 음형은 본고의 검토 범위에 두지 않기로 한다.

그러나 본고에서 한국 한자음 연구에 유추라는 방법을 활용하는 것에 완전히 반대하는 것은 아니다. 다만 유추로 설명해야 하는 예는 유추의 정도(degree)를 고려하여 설명하고자 한다. 정도성의 하위 기준으로 ㄱ·ㄴ, ㄷ·ㄹ 두 가지를 설정하면 기준의 충족 여부에 따라 이론적으로 4가지의 유추 정도성 등급이 나올 수 있다. 이를 구체적으로 보이면 다음과 같다[32].

32 본고에서 보인 유추의 정도성이라는 개념과 방법은 이진호(2014)에서 논한 규칙의 정도성에서 착안하였다.

[표 3] 유추의 정도성

기준 \ 부류	①	②	③	④
ㄱ·ㄴ	○	×	○	×
ㄷ·ㄹ	○	○	×	×

[표 3]은 기준과 부류에 따라 유추의 정도성을 보인 것이다. 하위 기준을 다 만족하면 유추의 정도성(①)이 낮고 기준에 다 부합하지 않으면 유추의 정도성(④)이 높다고 할 수 있다. 그리고 하나만의 기준을 충족하는 경우는 ② 또는 ③의 정도성에 속한다. 본고에서는 ㄱ·ㄴ, ㄷ·ㄹ에 대하여 자세히 구분하지 않지만 앞서 강조한 바와 같이 문헌자료에 해당하는 ㄷ·ㄹ이 더 신빙성이 있다고 말할 수 있다. 다만 본고에서는 살아 있는 언어 자료(ㄱ·ㄴ)의 신뢰성을 높이기 위해 두 개 이상(≥2)의 증거를 기준으로 보고자 한다[33]. 이에 ②~③은 동일한 정도성을 갖는 것으로 간주할 수 있다.

후술할 바와 같이, 본고에서는 上古音적 요소로 볼 한자에 대하여 등급을 나누고자 한다. Ⅰ등급은 명확하게 上古音을 반영하는 한자음이며 유추로 보기 어려운 것들이 해당된다. 한편 유추로 설명할 수 있는 경우는 Ⅱ~Ⅲ등급으로 보고, 유추 정도성 ①에 속한 것은 Ⅱ등급에, 정도성 ②·③에 속한 것은 Ⅲ등급에 둘 것이다. 또한 중고 전기(南北朝) 음형이 上古音과 명확히 분별되지 못하는 異層同讀 역시 Ⅲ등급에 해당되는 것으로 간주하고자 한다.

33 예를 들면 '翶'는 『훈몽자회 下: 3b』에서 /고/로 발음하는데 이는 중고음에 대응하는 한국 한자음의 疑母/∅/(ŋ)에 맞지 않는 음형이다. 그런데 일본 한자음(慣用音)에서 /コウ/ 가 보이고 베트남 한자음에서도 '翶'는 /cao/(c=k)로 나타나고 있다. 이와 같이 일본 한자음 및 베트남 한자음에서 모두 존재하기 때문에 근거가 될 수 있다.

2.2. 上古音 재구의 대표적 논의

한국 한자음의 上古音적 요소를 살핌에 있어서 上古音 이론은 무엇보다 중대한 지침이 아닐 수 없다. 논의 대상의 층위가 上古 한자음인 이상 上古音(Old Chinese, 이하 OC로 칭하기도 함)[34]의 음운 체계가 반영되어 있을 것이기 때문이다. 주지하는 바와 같이 上古音의 재구 체계(reconstruction of Old Chinese)는 기존의 자료를 기반으로 재구된 것이며, 이에 모든 漢語의 공통 祖語로 이해할 수도 있다. 이에 이와 같은 재구 체계는 한국 한자음의 상고층도 포함하여 설명할 수 있다는 것이다.

上古音 연구에 있어서 초·중기(1930-1970s)에는 Karlgren(1940, 1954, 1957), 王力(1957), 李方桂(1971)의 논의가 가장 영향력이 컸다고 볼 수 있다. 그 이후에는 또 다른 많은 연구가 대거 출현하므로 上古音 연구의 새로운 전성기를 맞게 된다. 특히 Starostin(1989), Baxter(1992)의 재구 체계가 鄭張(1981, 1987, 1995)의 연구와 더불어 20세기 후기의 上古音 연구 성과에서 가장 큰 주목을 받고 있다(鄭張 2000). 이 중에서 특히 鄭張 체계 및 Baxter 체계가 가장 신뢰성을 보이는 논저로 평가되므로(丁邦新 1998) 본고에서도 두 체계를 중점으로 두어 보기로 한다[35].

전성기에 나타난 이론들이 기존의 논의를 보완했다는 점은 중대한 의미가 있다. 더욱이 눈길을 끄는 점은 이와 같은 주장들이 서로 높은

34 上古音의 시기에 대해서는 학자마다 다른 견해를 보이는 경우가 많다. 鄭張(2003/2013: 5-6, 33)에서는 주로 *a(魚部)의 분포 등을 기준으로 삼아 上古音을 전기(殷·周代 초기), 중기(周代), 후기(秦漢魏)로 세분해서 상대적으로 더 넓은 범위로 파악하고 있다.

35 이 부분은 張莉莉(2021)에서 정리한 내용을 요약한 것에 기초하되 추가적 설명을 덧붙인 것임을 밝힌다.

일치성을 보인다는 데에 있다. 가령 모음 체계, 來母 및 以母에 대한 견해, 그리고 상고의 후치 운미(postcode)가 중고에 들어 성조로 형성되었다는 점 등을 예로 들 수 있다. 이처럼 서로 일치된 주장이 많으므로 上古音 연구는 새로운 단계에 올라갔다고 볼 수 있다. 그리고 21세기에 들어와 전성기에 주목을 많이 받은 연구들은 더욱 완전해진 체계로 갱신되었다. 특히 중국 티베트어와의 비교 연구를 중요시하고 새롭게 나온 출토 문헌과 언어 유형론을 고려해서 종합적으로 발전된 성과를 보였다는 점은 주목할 만하다. 이 중에서 潘悟雲(2000, 2018, 2020), 鄭張(2003/2013), Schuessler(2007, 2009)[36], Baxter·Sagart(2014) 등은 대표적인 성과라 할 수 있다. 이처럼 현재 漢語 上古音 연구에서 '鄭張-潘 체계'와 'Baxter-Sagart 체계'는 가장 큰 주목을 받는 양대 체계라 하겠다.

다음으로 上古音의 새로운 음운 체계에 관하여, 이에 대한 쟁점거리와 새로운 성과를 나눠서 살펴보고자 한다. 丁邦新(1998)에서 밝혔듯 鄭張 체계 및 Baxter 체계는 韻母에 대한 견해에서 상당히 높은 일치성을 보이므로 본고에서는 주로 聲母를 중심으로 쟁점거리를 검토해 보고자 한다.

2.1.1 聲母 체계

上古 漢語의 聲母 체계에 대한 연구는 20세기에 들어서야 그 성과가 축적되었다. 초·중기에는 李方桂(1971)의 재구를 주목할 만하다[37]. 이

36 다만 Schuessler(2009)에서는 上古音의 聲母 체계뿐만 아니라 韻母 체계도 대부분 Baxter(1992)를 따르고 있다는 점을 유의할 필요가 있다.

37 李方桂(1971)에서 제시한 上古音의 기본 聲母 체계는 아래와 같다.

	脣音	舌音	齒音	牙音	喉音

논의는 최근의 上古音 연구와 많은 공통점을 보이지만, 주로 무성 유음(/ɾ̥/) 및 구개수 계열이 없다는 점에서 차이를 보인다. 이처럼 과거의 성과를 기반으로 근래의 연구가 한 층 더 진척되었다고 볼 수 있는데 최근의 연구를 바탕으로 한 대표적 聲母 체계는 다음과 같다[38].

[표 4] 鄭張尙芳(2003) 上古音 기본 聲母 체계

	脣音		舌音				齒音	牙音		喉音
淸	p	m̥	t	n̥	ɾ̥	l̥	s	k	ŋ̊	q / ʔ
次淸	p^h		t^h				s^h / ts^h	k^h		q^h / h
濁	b	m	d	n	r	l	z / dz	g	ŋ	G / ɦ

[표 5] Baxter·Sagart(2014) 上古音 기본 聲母 체계

	脣音		舌音				齒音	牙音		喉音
淸	p	m̥	t	n̥	ɾ̥	l̥	s,ts	$k^{(w)}$	$ŋ̊^{(w)}$	$q^{(w)}$, $ʔ^{(w)}$
次淸	p^h		t^h				ts^h	$k^{(w)h}$		$q^{(w)h}$
濁	b	m	d	n	r	l	dz	$g^{(w)}$	$ŋ^{(w)}$	$G^{(w)}$

[표 6] 潘悟雲(2020) 上古音 기본 聲母 체계

	脣音		舌音				齒音	牙音		喉音
淸	p	m̥	t	n̥	ɾ̥	l̥	s	k	ŋ̊	q
次淸	p^h	$m̥^h$	t^h	$n̥^h$		$l̥^h$	s^h	k^h	$ŋ̊^h$	q^h
濁	b	m	d	n	r	l	z	g	ŋ	G

淸	p	m̥	t	n̥		l̥	s,ts	k(w)	ŋ̊(w)	ʔ(w),h(w)
次淸	p^h		t^h				tsh	$k(w)^h$		
濁	b	m	d	n	r	l	dz	g(w)	ŋ(w)	

38 본고에서는 표를 더 명확하게 보기 위해서 五音에 따라 발음 위치를 추가하고 편의상 구개수음을 후음에 둔다.

위에서 제시한 표는 시간 순서에 따라 제시한 것이지만 [표 4] 및 [표 6]은 '鄭張-潘 체계'이며 하나로 묶어 볼 수 있다. 다만 약간의 차이를 들자면 [표 4]에서는 빗금(/) 뒤에 있는 聲母가 후기에 나타난다고 보지만, [표 6]에서는 이와 같은 후기의 모습은 上古音 체계에 두지 않았다. 또한 鄭張(2003)에 비해 潘悟雲(2020)에서는 무성 비음·무성 유음을 세 가지 계열(예: m, m̥, m̥^{h})로 세분화한 점이 주목할 만하다. 나아가 'Baxter-Sagart 체계'와 비교하여 이 양대 체계의 차이점을 아래와 같이 정리할 수 있다.

첫째, 파찰음이 상고 漢語에 있었는지에 대한 관점에 차이를 보인다. Baxter·Sagart(2014: 69) 체계는 치음 계열에 'ts, tsh, dz'를 설정하고 있으나 鄭張-潘 체계에서는 파찰음이 상고 후기에 나타난다고 보고 있다[39]. 한편 鄭張(1995/2013: 45)에서는 兪敏(1984)을 따라 後漢 三國(3세기 후반)의 어음 체계에서 精·淸·從母(ts, tsh, dz)가 없다고 보았다. 이처럼 潘悟雲(2000: 36, 2020)에서는 유형론에 입각하여 원시 인구어, 원시 티베트버마어(tibeto-Burman language), 원시 크라다이어(Kra-dai) 내지 동남아시아 등 많은 언어에서 마찰음이 먼저 존재하고 파찰음이 후기에 나타난다는 것을 고려함으로써 上古音에 파찰음이 없다고 주장하고 있다. 이외에 金俊秀(2012)에서도 古文字를 통해 上古漢語에서는 파찰음이 없다고 본 바 있다. 요컨대 치음 파찰음은 上古音에 있지 않다는 鄭張-潘 체계가 더 타당한 것으로 볼 수 있을 것이다.

둘째, *ʔ-가 상고 聲母 체계에 있었는지에 대한 견해에 차이를 보인다. 이에 대해 Starostin(1989)에서는 *ʔ-를 상고 전후기에 모두 나타난 것으로 인정하고 있다. 한편 Baxter·Sagart(2009, 2014: 44)에 의하면 漢代 초기에 *q- 및 *ʔ-는 갈라지기 시작했다. 이 논의에서는 중고의

---

39 *sk-、*sp-、*st- > ts-(潘悟雲 2018a).

影母(∅~ʔ)[40]의 기원은 *q-뿐만 아니라 *ʔ-도 있어야 한다고 강조한다. 더 자세히 살펴보면 Baxter·Sagart(2014: 101)에서는 중고 影母의 해당하는 단어들이 어족(word-family)에 있어 연구개음이나 구개수음(uvulars)과 접촉이 적고 오직 중고 影母(∅)에만 사용되는 경우에는 *ʔ-로 재구한다. 나아가 앞서 제시한 바와 같이 鄭張(2003/2013: 70)에서는 *ʔ-가 상고 후기에 나타난 것으로 보았으나, 潘悟雲(2020)에서는 *ʔ-를 상고 聲母 체계에 두지 않았다. 그러나 潘悟雲(1997)에서는 일부 예가 漢代에 들어와서 *ʔ-로 변한 것을 부인하지 않고, 또한 潘悟雲(2018a)에서는 非3等이라는 음운 환경, 또한 語氣詞 및 감탄사와 같은 경우는 구개수음보다 후음과 같은 *ʔ-가 더 쉽게 나타날 수 있다고 인정하고 있다. 결론적으로 상고에 *ʔ-가 존재한다는 주장이 유력해 보인다.

셋째, 무성 비음(voiceless nasals) 및 무성 유음(voiceless liquids)에 대한 견해에 차이가 있다. 사실 무성 비음 및 무성 유음에 관한 연구는 오래되었고 여러 중요한 성과도 누적되어 있다[41]. 무성 비음·유음 계열이 상고에 있었다는 점은 근래 연구의 체계들이 대개 인정한다고 할 수 있으나 구체적인 변화 규칙에 대한 해석은 다르다고 할 수 있다.

---

40 중고 影母를 Baxter·Sagart(2014: 15)에서는 영성모로 보고 있지만 潘悟雲·張洪明(2013)에서는 /ʔ/로 간주하고 있다.

41 董同龢(1944)는 Karlgren의 *xm-과 대응하여 무성 비음 *m̥-하나를 재구했고, Yakhontov(1960)는 *s-를 전치한 *sm-, *sng-, *sn-을 설정한 바 있으며, Pulleyblank(1962-3)는 *m^{h}-, *ŋ^{h}-, *n^{h}-, *l^{h}-를 제시했다. 나아가 李方桂(1971)에서는 무성 비음 및 무성 유음 두 계열을 만들었다. 구체적으로는 *hm, *hng(w)-(>h-曉母), *hn-, *hn(r)-(>th- 透·徹母), *hnj-(>ɕ- 書母)를 밝혔으며, 무성 유음에 대하여 *hl(=l̥)1·2·4等이 중고에 透母로 변하고 3等 *hlj(=l̥j)은 중고의 徹母로 변한다고 했다. 鄭張(1995b/2013: 109)에서는 李方桂(1971)가 변화 규칙을 설명하지 못한 점을 지적하면서 상고 및 중고의 변화 양상을 고려하여 두 종류를 설정했다. 즉, 마찰음화를 일으킨 h-계열(*hm-, *hn-, *hŋ-, *hl-, *hr-), 유기 폐쇄음화를 일으킨 -h계열(*m̥^{h}-, *ŋ̊^{h}-, *n̥^{h}-, *l̥^{h}-, *r̥^{h}-)이 그것이다.

Baxter·Sagart(2014: 111-116)에서는 인두화된 계열 *m̥ˤ-, *ŋ̊ˤ-,*n̥ˤ-, *r̥ˤ-, *l̥ˤ-과 비인두화된 계열*m̥-, *ŋ̊-, *n̥-, *r̥-, *l̥-을 설정했으나[42] 중고 양상에 대한 설명에서 일부를 방언의 차이로 간주하고 만족할 만한 답을 하지 못하고 있다. 특히 무성 비음에 대해서는 潘悟雲(2018b, 2020) 등의 연구를 통해서 비로소 명확해졌다고 볼 수 있다. 이 논의에서는 무성 비음의 체계를 기류 크기[43]에 따라 2가지로 나눠서 주장하고, 上古音부터 중고음(Middle Chinese, 이하 MC 칭하기도 함)까지의 변화 규칙을 아래 표와 같이 제시하고 있다.

[표 7] 무성 비음의 변화 (OC>MC)

*m̥->pʰ-(滂母)	*m̥ʰ->h-(曉母)	*m->m-(明母)
*n̥->t(t)ʰ-(透·徹母)	*n̥ʰ->h-(曉母)	*n->n-(泥母)
*ŋ̊->kʰ-(溪母)	*ŋ̊ʰ->h-(曉母)	*ŋ->ŋ-(疑母)
*m̥/n̥/ŋ̊-+j>tɕʰ-(昌母)	*mʰ/nʰ/ŋʰ-+j>ɕ-(書母)	*m/n/ŋ-+j>ɲ-(日母)

[표 7]에서 보는 바와 같이 상고 무성 비음은 중고(非3等字)에 와서 파열음으로 나타나며 유기 무성 비음은 후음으로 나타난다(潘悟雲 2018b). 한편 Baxter·Sagart(2014: 113)에서는 파열음으로 형성된 것은 동부 방언에 대응하고 후음 마찰음은 서부 방언에 대응하는 것으로 보고 있으므로 무성 비음만 인정하고 있다. 葉玉英(2020: 227)에서는 潘悟雲(2018b)의 주장을 받아들이고 또한 출토 문헌을 이용하여 이와 같은 견해를 지지하고 있다. 이처럼 Baxter·Sagart(2014)와 같은 주장

42 Baxter·Sagart(2014)에서 주장한 인두화된 음절(ˤ)은 중고 1·2·4等에 해당하는 것이며, 반대로 비인두화된 음절은 3等으로 이해할 수 있다.

43 더 자세히 보자면 무성 비음 및 유기 무성 비음의 차이는 鼻腔이 닫히는 시간과 관련된다. 예를 들면 潘悟雲(2018b)에서는 'm̥e'는 鼻腔이 비음 聲母 및 韻母 중에 닫히면 무성 비음에 대응하며, 鼻腔이 일찍 닫히면 기식이 더 많이 생기므로 유기 무성 비음이(m̥ʰe) 형성된다고 해석하고 있다.

은 상고에서 보인 파열음과 비음의 해성 관계를 해석할 수 없다는 문제가 있다. 가령 이 논의의 재구를 따르면 (*p^{h}-?)撫와 (*m-)無의 해성 관계는 해석하기 어려운데, 諧聲 규칙[44]에 따라 파열음은 비음과 해성 관계를 파악할 수 없기 때문이다.

潘悟雲(2000: 270-273)에 따르면 상고 무성 유음은 중고에 들어 아래와 같은 변화 규칙으로 정리할 수 있다[45].

[표 8] 무성 유음의 변화 (OC>MC)

*r̥->t(ʈ)^{h}-(透·徹母)		*r->l-(來母)
*l̥->t(ʈ)^{h}-(透·徹母)	*l̥^{h}->h-(曉母)	*l->d-(定母)
	*l̥(^{h})-+j>ɕ-(書母)	*l-+j> di>ɖi-(澄母) ʎj>ji-(以母)

[표 8]에서 보인 바와 같이 潘悟雲은 무성 유음의 체계에 대해 역시 기류에 따라 그 변화 규칙을 설명했다. 특히 非3等 유기 무성 유음(*l̥^{h}-)이 중고에 들어 마찰 후음인 曉母(h-)로 변하게 된다는 주장은 다른 무성 유음의 변화와 명확히 구분될 수 있다. 이와 달리 Baxter·Sagart(2014: 112)에서는 중고 설음(t^{h}-) 및 후음(h-)의 기원을 하나(*l̥)로 보고, 중고의 분화는 방언의 차이로 설명했다[46].

---

44 Karlgren(1923)이래 董同龢(1944), 陸志韋(1947), 李方桂(1971), 潘悟雲(1987b/2000), 馮蒸(2009), 潘悟雲(2020) 등에서 諧聲 원칙을 이어서 주장해 왔다. 근래 潘悟雲(2020)에서 두 글자가 諧聲하면 聲母뿐만 아니라 韻部도 같은 諧聲類에 속해야 한다고 강조하고 있다. 즉 발음 위치와 발음 방법이 모두 같다는 것이다. 이에 서로 諧聲된 글자들은 소리가 동일하거나 유사한 규칙으로 볼 수 있을 것이다.

45 '*l->d-(定母)'처럼 유음이 중고에 파열음으로 변한 것은 주로 1·4等에 대응한 것이다. 다만 潘悟雲(2000)과 달리 白一平(Baxter)·潘悟雲(2018)에서는 潘悟雲이 *l̥(^{h})을 중고에 마찰음으로 변한 것으로 주장하였다. [표 8]은 후기의 견해에 의한 것이다.

46 예컨대 Baxter·Sagart(2014: 113-114)에서는 Bodman(1954: 28)에 따라 '天'에 두 가지 발음이 있다고 주장하는데, 중고에 들어서 후음(h-)으로 발음된 것은 내륙 지

이상으로 양대 체계에 존재하고 있는 차이를 살펴보았다. 그런데 이 두 체계에는 공통점도 있어 이를 주목할 만하다. 가령 두 체계는 무성 비음·유음에 있어 모두 非3等인 *n̥-, *r̥-, *l̥-이 중고에 파열음 /t^h-/로 변한다는 것을 주장하고 있으며 3等의 경우 *n̥^{h}-, *l̥(^{h})-이 중고에 書母/ɕ/(=sy)로 변한다고 보고 있다. 그리고 *l->d-(定母)의 변화를 漢代에 일어나는 것으로 보는 관점도 일치한다고 이해할 수 있다[47]. 또한 切韻 체계를 넘어서 상고의 *q-, *q^h-, *G-가 중고 影(ʔ-)·曉(h-)·匣(ɦ)母로 변했다는 주장을 보이고 있다(潘悟雲 1997, 鄭張 2003, Baxter·Sagart 2009). 潘悟雲(2000)에 따라 이를 정리하면 아래와 같다[48].

[표 9] 구개수음의 변화 (OC>MC)

*q->	ʔ-(影母)	*G->	ɦ-(匣母)
*q^h->	h-(曉母)		ɦj-(>j(w))(雲母)

나아가, 복자음(複輔音 cluster initials) 체계에 대한 해석과 재구는 역시 근래 上古音 연구의 중대한 내용이라 할 수 있다. 鄭張-潘 및 Baxter-Sagart 체계의 재구 방식은 대개 일치된 모습을 보인다. 鄭張(2003)에 따르면 上古 漢語의 완전한 구조는 ccCccVcc이다. 즉, 漢語 복자음 체계에는 전치 자음(pre-initial), 기본 자음, 후치 자음(post-intial)으로 각각 복자음 체계(ccCcc)의 앞, 가운데, 뒤에 위치한

방에 대응한 음형이고 설음(t^h-)으로 발음된 것은 해안 지방에 대응한 것을 보고 있다.

47 Sagart(1999: 30-31)에서도 근거를 제시하면서 관련된 논의를 한 바 있다. 이 논의에서는 *l->d-라는 변화를 1세기쯤에 口語에서 완성된 것이라고 보고 있다. 한편 潘悟雲(2017)에서는 이 변화가 대략 漢代쯤에 이뤄진 것이라고 제시한다.

48 중고 후음에 대해서는 3.5.2.에서 더 자세히 살펴볼 것이다.

다. 또한 복자음은 일반적으로 3가지 유형이 있는데 전치 자음에 의한 SC 및 NC 그리고 후치 자음에 의한 CL이 그것이다[49]. 여기서 鄭張(1990/2013)의 SC를 통해 중고음의 치음 파찰음의 기원을 규명한 견해는 주목할 만하다. 潘悟雲(2020)에서는 이를 기반으로 *sC- 및 *sCl- 두 가지로 더 자세히 기술하고 있으며 표로 제시하면 다음과 같다.

[표 10] SC-형 복자음의 변화 (OC>MC)

*sC-[50]		
*sk/*sp/*st->st->ts-精	*sk^h/*sp^h/*st^h->st^h->ts^h-淸	*sg/sb/sd->sd->dz-從
*sCl-		
*skl->st->ts-精	*sk^{h}l->st^h->ts^h-淸	*sgl->sd->dz-從
*spl->st->ts-精	*sp^{h}l->st^h->ts^h-淸	*spl->sd->dz-從

NC 유형의 특징은 비음 전치 자음이 뒤에 오는 유성 파열음을 비음 동화시키는 것과 관련된다(*mb->m-, *nd->n-, *ŋg->ŋ-)(Sagart 1993f). 한편 CL 유형은 주로 뒤에 후치 자음 *-r-, *-l-, *-j-, *-w-를 통해 복자음을 이룬 것이다. 이 중에서 -r-는 가장 중대한 영향력을 지니므로 많은 주목을 받아 왔다. 鄭張(1981/2013: 170)에서는 '*-r->-ɣ->-ɯ->-ɨ->-j-'와 같이 제시하여 *-r-의 변천 양상을 해석했다는 것에 주목할 필요가 있다. 이 논의에서는 이와 같은 -ɣ-는 切韻 시기에 해당하는 것이고 이때 -ɣ-가 약하기 때문에 탈락하기도 한다고 보고 있다[51]. 나아가, -l-라는 후치 자음은 흔히 以·來母와 諧聲한 것, 중고의

49 鄭張(2003)의 체계는 전치 자음을 다섯 개, 후치 자음을 네 개로 설정하고 있다. 潘悟雲(2018, 2020)에서는 鄭張(2003)을 바탕으로 더 일반적이고 간소화한 양상으로 재해석했다고 볼 수 있다. 한편 Sagart(1999: 184) 및 Baxter·Sagart(2014)에서 제기한 *p(t)(k)- 등의 전치 자음은 주로 형태 연구와 결합한 결과로 봐야 될 듯하다.

50 같은 재구 방식으로 *sC^r-는 莊組를 형성한다(潘悟雲 2017: 49).

설음(端·知組)과 관련된 것을 설명하는 데에서 설정한 것으로 이해할 수 있으며(鄭張(2003/2013: 129-133), 그 예로 怡(*lɯ)~臺(台)(*dɯː) 등의 해성 관계에 대응한 재구음을 들 수 있다.

이외에, 후치 자음 *-j-는 鄭張-潘 체계에서는 주로 중고의 章組를 이룬 것에 해당하며[52] *-j-로 인해 중고에 들어 구개음화가 나타나기도 한다[53]. 다만 유의할 점은 Baster·Sagart(2014)에서는 上古音 체계에서 *-j-를 설정하지 않으며 이를 중고에 나타난 것으로 주장하고 있다는 것이다. 한편 *-w-는 상고에 있어 주로 聲母 뒤에 이차 조음으로 나타난 合口 요소로 볼 수 있다. 상고 漢語에서 독립된 개음인 *-w-가 없다는 견해는 대부분의 논의에서 인정하는 부분이다. 이와 관련해서 Yakhotov(1960)의 가설을 주목할 필요가 있다[54]. 이 논의에 따르면 상고에서 이차 조음 *-w-를 지닌 양순음 및 연구개, 그리고 원순 모음이 중고 合口의 기원이 된다. 이처럼 최근에 제시된 상고 자음 체계에서는 아음(k^w) 및 구개수음(q^w)과 같이 이차 조음된 合口 요소(w)를 설정하기도 한다(Baxter·Sagart 2014: 69)[55].

무엇보다 상고의 *-r-라는 후치 자음은 중고음 체계에 대한 영향이 매우 크다는 것을 다시 강조할 필요가 있다. 이에 대해서는 구체적으로

---

51 Pulleyblank(1984), Baxter(1992: 184, 259), Baxter·Sagart(2014: 213), Shen(2020: 137) 등에서 특히 牙喉音 및 脣音 뒤에 -r-가 탈락하는 경향이 있다고 주장하고 있다. Baxter(1992: 184)에서는 이를 *r-loss라고 칭하기도 한다.

52 潘悟雲(2018a)에서 상고 *-j-를 상고 聲母 뒤에 이차 조음 성분으로 보고 있다 ($*C^j$-).

53 邪母(*lj->z-)는 제외된다. 3.4.2.에서 후술할 바와 같이 邪母는 精組에 속한 聲母이다.

54 Yakhontov(1960)에서는 '원순모음 가설(rounded-vowel hypothesis)'을 제기하였는데, 요약하자면 중고의 合口(w)는 상고의 연구개([+labial]) 혹은 원순 모음에서 온다는 것이다. 이에 대해서는 潘悟雲(2000: 225-227) 및 Baxter·Sagart(2014: 204)에서도 검토한 바 있으며 대개 같은 입장을 취하고 있다.

55 순음 뒤에 合口 요소의 대립이 없기 때문에 'w'를 따로 설정하지 않는다.

세 가지를 들 수 있다. 우선 *-r-가 중고의 권설음(知·莊組)을 이루게 된다는 주장(李方桂 1971)에 대하여 최근의 상고 이론들은 대부분 이를 받아들이고 있다. 다만 구체적으로 鄭張-潘 체계는 *-r-가 상고 후기에 聲母(*C^{r}-)의 이차 조음으로 나타난 것으로 보고 있으나 Baxter·Sagart(2014: 80)에서는 *Cr-라는 복자음이 중고에 들어 聲母 뒤에 *-r-를 축소하는 과정에서 권설음이 진화(evolution)된 것으로 주장하고 있다. 여기서는 유형론적 관점에서 살펴볼 때 이차 조음으로 간주한 *C^{r}-라는 재구 방식이 더 자연스럽고 타당해 보인다[56]. 중고의 권설음을 이루는 *C^{r}-에서 '-r-'가 나타난 시기에 대해서는 학자마다 약간의 차이가 있지만 대략 상고 후기로 볼 수 있을 것이다(Pulleyblank 1984, 鄭張 2003/2013).

또한 상고 *-r-는 중고 二等(Yakhontov 1960) 및 重紐 3等B(Pulleyblank 1962)을 형성한다는 점을 들 수 있다. Baxter(1992: 259)에서는 *-r-의 소실이 A.D. 500년경에 일어난다고 보고 있다. 이는 丁邦新(1975: 258)에서 *-r-의 소실로 'A.D. 502-557'을 제기한 견해와 비슷하다. 뒤에서 더 자세히 살펴볼 것인데 한국 한자음에서 중고 二等 및 重紐 3等B의 아후음 및 순음 계열에는 *-r-가 완전 탈락하지 않고, 후대형(-ɯ->-ɨ->-j-)의 모습으로 나타난다는 점에 유의할 필요가 있다.

2.2.1. 韻母 체계

상고 漢語에 대해서는 상대적으로 韻母 체계와 관련된 연구가 많이 진행되었다. 초·중기 연구에서 王力(1999)의 韻母 체계는 明清 학자의 장점을 이어받고 고안된 것이며 가장 영향력이 크다고 할 수 있다[57].

56 Lee(2022) 참고.

이 논의에서는 각 韻部에 대한 음가를 재구하고 운미를 陰·陽·入聲으로 三分하여 상고 韻母 체계를 세웠다[58]. 이 논의에서는 陰聲 운미에는 폐쇄음 운미가 없었고 모음이나 공명음으로 끝났다는 주장이 중요하며 최근의 많은 연구도 이 논의를 따르고 있다. 다만 이 논의의 모음체계에는 'i'라는 기본 주요 모음이 없다는 점이 문제로 남았다. 이와 달리 鄭張-潘 및 Baxter-Sagart를 비롯한 상고 체계에서는 모두 'i e ɯ a u o'[59]와 같은 6개 모음 체계 및 4종류의 음절 운미(coda)를 주장하고 있다. 이들을 조합하고 운미의 발음 위치에 의한 상고 韻母 체계를 제시하면 다음과 같다(潘悟雲 2020)[60].

[표 11] 上古音 韻部 체계

	아후음 운미			설음 운미			순음 운미		W류	
	-∅	-k	-ŋ	-l	-t	-n	-p	-m	-w	-kw
a	魚	鐸	陽	歌$_1$	月$_1$	元$_1$	盍$_1$	談$_1$	宵$_1$	藥$_1$
e	佳/支	錫	耕	歌$_2$	月$_2$	元$_2$	盍$_2$	談$_2$	宵$_2$	藥$_2$
ɯ	之	職	蒸	微$_1$	物$_1$	文$_1$	緝$_1$	侵$_1$	幽$_2$	覺$_2$

57 Baxter·Sagart(2014: 22) 참고.

58 王力(1999)에서 제시한 上古音의 기본 聲母 체계는 아래와 같다.

	陰聲 운미		入聲 운미			陽聲 운미		
	-∅	-i	-k	-t	-p	-ŋ	-n	-m
a	魚	歌	鐸	月	葉	陽	元	談
e	支	脂	錫	質		耕	眞	
ə	之	微	職	物	緝	蒸	文	侵
u	幽		覺			冬		
ô	宵		藥					
o	侯		屋			東		

59 Baxter·Sagart(2014)에서는 /ə/를 택하나 이는 ɯ와의 표기 차이로 볼 수 있을 것이다.

60 鄭張의 상고 재구음에서는 유성 운미(g, d, b)를 썼는데 이는 漢語 및 梵語의 역음과 티베트어 등을 고려한 재구음일 것이다. 다만 상고 폐쇄 운미에서는 淸濁의 대립이 없고 어느 것을 택해도 무방하기 때문에(潘悟雲 2000: 166) 본고에서는 편의상 淸音(k, t, p)을 표시하기로 한다.

i	脂$_2$	質$_2$	眞$_2$	脂$_1$	質$_1$	眞$_1$	緝$_2$	侵$_2$	幽$_3$	覺$_3$
u	幽	覺	終/冬	微$_2$	物$_2$	文$_2$	緝$_3$	侵$_3$	幽$_1$	覺$_1$
o	侯	屋	東	歌$_3$	月$_3$	元$_3$	盍$_3$	談$_3$	宵$_3$	藥$_3$

[표 11]에서 쓴 韻에 관한 용어는 전통 漢語 음운학에서 써왔던 것인데, 흔히 상고 漢語를 다룰 때 韻部(rime group)로 부르고 있다. 과거의 연구[61]와 달리 최근의 이론[62]에서는 하나의 韻部 안에 2~3개의 주요 모음이 있을 수 있다고 주장한다. 가령 歌部는 *al, *el, *ol을 지닌다. 즉 주요 모음이 비슷하면 압운할 수 있다는 것이다. 살펴본 바와 같이 鄭張-潘 및 Baxter-Sagart의 주요 모음 체계에 대한 견해는 거의 일치한다. 또한 최근의 上古音 재구 체계에서는 -*s, -*ʔ라는 후치 운미(postcoda)가 있는데 이들이 중고에 들어 각각 去聲 및 上聲을 이룬다고 보고 있다. 그러나 전승 한자음에서 이와 관련된 증거를 찾기 어려우므로 이 글에서는 주된 대상으로 삼지 않는다.

상고 漢語의 韻母 체계는 중고에 넘어가는 과정에서 적지 않은 변화가 일어난다. 특히 중고 시기에 나타난 개음으로 인해 韻母 체계에서 다양한 양상이 나타난다. 이와 같은 변화를 이해하기 위해서 근래 上古音의 연구 성과를 기반으로 等 및 重紐를 확실하게 짚고 넘어갈 필요가 있다.

等(등 division)이라는 개념은 唐代 이후에 韻圖(rhyme tables)에서 나타난 것이며, 이는 韻母뿐만 아니라 聲母까지 총 4개의 等을 통해서 음질을 기술한 용어로 볼 수 있을 듯하다. 근래 潘悟雲(2017: 8)에서는 음성적으로 고려하여 발음 위치의 전후 차이를 等의 차이로 해석한

61 초·중기 학자들은 대개 하나의 韻部에는 하나의 모음만이 존재한다고 주장했다. 특히 王力(1957)은 운미를 三分하고 '一部一主元音'이라는 주장을 강조한 바 있다.

62 鄭張(1987, 2003), Starostin(1989), Baxter(1992), 潘悟雲(2000), Schuessler(2009), Baxter·Sagart(2014) 참고.

바 있다. 가령 중고(效攝) 'ɑu, ɣau, ɪEu, eu'는 1·2·3·4等에 해당하는 음가인데 四等에는 주요 모음의 발음 위치가 가장 앞에 있다. 聲母에는 가령 陽韻(三等)에 있는 精母(ts), 章母(tɕ), 莊母(tʂ)를 각각 4·3·2等으로 배정한다(潘悟雲·張洪明 2013)[63]. 이처럼 等의 차이는 근본적으로 중고 개음이 생긴 후에 형성된 것으로 이해해도 무방할 것이다.

鄭張-潘 체계에 따르면 切韻 시기까지 볼 때 2等에는 '(*-r->)-ɣ-'가 있고 3等에는 '-ɪ(j)-' 혹은 (*-r->)-ɣɪ-'가 있으나 1·4等은 개음이 없다[64]. 특히 중고 3等 개음의 기원에 대하여 鄭張(1987, 2003/2013) 및 Starostin(1989)에서 강조했듯이 상고에는 모음성 개음은 없었고 중고에 이르면서 短모음[65]에서 '-ɪ-'가 나타난다. 특히 중고의 3等 重紐B의 개음은 상고 二等(*-r-)에서 왔다고 보는 관점도 주목할 필요가 있다. 이처럼 切韻 시기의 介音 및 等의 관계는 아래와 같이 정리할 수 있을 것이다.

[표 12] 介音 및 等

1等	-∅-
2等	(*-r->)-ɣ-(>-ɯ->-ɪ-)

63 여기서 말한 내용은 『韻鏡』에서 보인다. 본고에서는 『等韻五種』을 통해 재확인하였다.

64 一, 四等은 개음이 없다고 주장하는 선행 연구가 많았다. 관련된 논의는 Chao(1941), 鄭張(1987, 2003), 潘悟雲(2000), 黃笑山(2002, 2006) 등을 참고할 수 있다. 부언하자면 宋元 시기에 4等韻에 있어 전설 모음(e/i) 앞에 '-j-'가 생기며 三等韻의 개음과 섞인 양상도 보인다.

65 한편 Baxter·Sagart(2014)에서는 Norman(1994)을 바탕으로 하여 1·2·4等韻은 (유형A(Cˤ))인두화된(Pharyngealized) 음절이고 3等韻은 (유형B)非인두화된 음절에 해당하는 것으로 보고 있다. 즉 聲母에 의해 차이가 나타난 것으로 해석하고 있다. 나아가 최근에 潘悟雲(2020)은 上古漢語의 모음에는 이완음과 긴장음의 차이가 존재하며 긴장모음은 인두화된 모음이라고 했다. 결국은 중고 3等韻에 대하여 양대 체계에는 큰 차이가 없다고 하겠다.

3等[66]	-j-(3等A), (*-r->)-ɣɪ-(>-ɪ-)(3等B), -ɪ-(3等C)
4等	-∅-

重紐(duplicated homophonic groups)라는 개념은 그동안 수많은 학자[67]가 논의해 온 것에서 알 수 있듯 매우 중요한 개념이다. 이는 흔히 아후음 및 순음과 결합한 支·脂·祭·眞·仙·宵·侵·鹽이라는 8개 韻을 대상으로 한 것인데, 사실 '庚韻3等'과 '淸韻3等'을 각각 重紐A, B에 포함해서 본 논의가 근래의 주된 주장으로 볼 수 있을 것이다(麦耘 1992). '重紐'는 말 그대로 하나의 韻에서 聲母가 일치된 경우가 두 번 나타나는 것을 의미한다. 무엇보다 한국 한자음은 이와 같은 重紐의 특징을 잘 보유하고 있다. 예를 들면 같은 支韻3等에 속하는 字 중에 '寄(긔)' 및 '岐(기)'가 있는데 이들의 聲母는 같다. 또한 이들은 같은 支韻(iE)에 있으므로 이들의 주요 모음이 같다. 이에 '寄(긔)' 및 '岐(기)'가 다르게 나타나는 이유가 개음에 있다고 설명하는 것이 주된 설명 방식이다. 즉 이 두 글자의 개음으로 인해 각각 重紐 3等B, 重紐 3等A로 부르게 된다.

다시 말해서 重紐는 개음의 차이가 관건이 된다. 중고음에 따르면 寄는 /kɣiᴇ/이고 岐는 /gjᴇ/이므로 3等B는 개음 /ɣ(ɪ)/로, 3等A는 /-j-/로

66 학자마다 3等 개음의 성격에 대하여 보는 관점에는 약간의 차이가 존재하나 기본적으로 3等B 개음은 [+grave]에 해당하며 3等A 개음은 [+acute]에 대응하는 방식으로 구분할 수 있다(黃笑山 2012). 3等에 증생된 개음을 鄭張(2013)에서는 /ɨ/로, 潘悟雲(2000: 40-44, 152)에서는 /i/로 표기하고 있지만, 모두 개음의 음가는 聲母 및 모음과의 결합에 따라 변화할 수 있다고 인정한다. 즉 3等 개음은 구체적인 언어 환경에 의해 'ɪ~j'가 유동적으로 나타난다. 본고에서는 기술의 편의를 위해 중고에 나타나는 3等 개음은 /ɪ/로(권인한 2019), 3等B는 /ɣ/로 표기하기로 한다. 덧붙이자면 3等B '-ɣɪ-'에 있어 '-ɣ-'는 상고 *-r-에서 기원한 것이며 '-ɪ-'는 중고에 생긴 것이다. 이들은 후기에 하나의 개음(-ɪ-)으로 합류한다(潘悟雲2000: 27).

67 이돈주(1995: 87-96), 魏國峰(2017: 76-89) 등에서 논의되었다.

간주할 수 있다. 부연 설명하자면 潘悟雲·張洪明(2013)에서 제시한 것처럼 3等 개음(ɪ)이 나타나는 초기에 세력이 약하므로 뒤의 오는 모음의 성격에 따라 달라진다. 가령 전설 모음 'E'앞에서는 개음도 전설 성격을 지닌 -ɪ(j)-으로, 주요 모음 'i' 및 'ɨ' 앞에서는 개음이 모음과 합류한다. 그리고 (중)후설 모음 앞에서는 개음의 발음 위치도 후설에 있다. 다만 중고 후기에 개음이 강해지므로 모두 전설 '-ɪ(j)-'와 같이 볼 수 있다.

03 한국 한자음 聲母에 반영된 上古音

이 장에서는 한국 한자음의 聲母(성모 initials)에서 중고음을 대표하는 주층과 달리 上古音을 반영할 수 있는 양상을 중점적으로 살펴보고자 한다. 상고에서 중고에 이르면서 상당한 변화가 일어났는데, 한국 한자음 聲母의 상고 층위를 검토할 때는 이러한 변천의 모습을 명확히 헤아릴 필요가 있다. 上古音 연구에서 聲母에 대한 고찰은 상대적으로 최근에 이르러서야 잘 정립된 것으로 보인다. 이런 까닭으로 전승 한자음의 古層이나 上古音을 반영한 양상에 대해서는 아직 체계적인 논의를 찾아보기 어렵다.

이에 본고는 최근의 上古音 성과를 활용하여 이에 대한 분석을 시도해 보고자 한다. 上古音 및 중고음, 그리고 한국 한자음의 양상을 제시하며 비교함으로써 한국 한자음의 위상을 어느 정도 파악할 수 있을 것으로 생각한다. 본고의 관심은 한국 한자음의 주된 층에서 벗어난 한자음이 上古音에 대응하는 요소이므로 그 밖의 다른 층위에 속하는 모습에 대해서는 자세히 다루지 않는다. 聲母 체계에 대한 기술은 주로 『切韻』를 따를 것이며 牙音, 舌音, 脣音, 齒音, 喉音의 순서로 살펴보고자 한다[68].

3.1. 牙音

3.1.1. 개관

앞에서 서술한 것과 같이 上古 漢語의 기본 聲母 체계에서 牙音(Velar)[69] 계열의 파열음(*k-, *kh-, *g-)은 중고음과 잘 대응한다고 볼 수 있다. 그 이와 같은 이유로 한국 한자음의 牙音 파열음에 대한 층위 구분이 어려울 수 있으며, 이에 선행 연구에서 상고층 및 중고층을 하나로 묶어 이들을 이층동독(異層同讀)[70]으로 간주한 경우가 많다고 생각한다. 그러나 전승 한자음의 牙音 비음인 疑母를 중고음으로 보기 어려운 양상도 나타난다는 것에 주목해야 한다. 따라서 이 절에서는 우선 선행 연구에서 고대의 牙喉音을 구분하기 어렵다는 이유로 하나로 보았던 견해가 전승 한자음의 上古音적 요소에 관한 논의에서 타당

68 漢語 聲母에 대한 연구는 唐末 守溫(승님)이 만든 '三十六字母'부터 宋代 鄭樵의 『通志·七音略』 등에서 확인할 수 있듯이 '三十六字母'가 漢語 역사에서 중대한 영향을 끼치고 있다. 본고에서 제시한 聲母의 순서는 전통 漢語 음운학에서 널리 쓰이는 방식이며 『四聲等字』 및 『切韻指南』 내지 후대 江永의 『四聲切韻表』와 陳澧의 『切韻考外篇』 등에서도 보인다. 다만 더 이른 시기에는 '脣, 舌, 牙, 齒, 喉'의 순서를 쓰기도 하였다. 『韻鏡』 및 『七音略』이 그 예이며(王力2013/2015: 69), 근래 Baxter·Sagart(2014)에서는 '脣, 舌, 齒, 牙, 喉'의 순서로 切韻 聲母 체계를 서술하기도 한다.

69 일반적으로 연구개음이라고 칭하기도 하나 본고에서는 한자음을 살피기 때문에 한자음에 관한 용어를 택하기로 한다.

70 異層同讀은 말 그대로 (시간) 층위는 다르되 같은 발음을 지니는 현상이라 하겠다. 이는 楊秀芳(1993)에서 漢語 방언에 있는 文語 및 口語를 고찰한 데에서 제시한 개념이다. 한국 한자음 검토 연구인申祐先(2015) 등에서도 같은 표현을 쓰고 있다. 異層同讀은 실은 두 가지의 가능성을 포함할 수 있다. 하나는 시작점과 끝점이 각각 다른 층위에 걸쳐 있지만 이 과정에 하나의 음만이 존재하는 경우이고, 다른 하나는 중간에 다른 음가도 나타나는 경우이다. 본고에서는 上古音이 전형적인 중고음과 일치하는 異層同讀에는 크게 주의를 기울이지 않을 것이지만 上古音 후기와 중고 전기(南北朝)의 異層同讀은 중요시하여 살펴보고자 한다.

한지를 살펴보고 나아가 한국 한자음에서 보인 牙音 계열의 上古音적 요소를 제시해 보고자 한다.

[표 13] 牙音

上古音[71]	중고음	전승 한자음[72]		
		주요[73]	소수	上古音
*k	k 見	ㄱ(491), ㅎ(37)	ㄱ~ㅎ 등 (13)	
*kh	kh 溪	ㄱ(190), ㅎ(18)	ㄱ~ㅎ 등 (3)	
*g	g 群	ㄱ(152)		
*ŋg/ŋ	ŋ 疑	∅(166)	ㅎ(5)	齩(교)磑(개)翺(고)沂(긔)聵(괴)硬(경)

[표 13]에서 볼 수 있듯이 전승 한자음에서는 牙音에 후음(ㅎ)도 나타난다. 다시 말해서 한국 한자음의 見·溪·群母는 원칙적으로 /ㄱ/으로 나타나지만, 사실은 이 중에서 특히 見·溪母에는 /ㅎ/도 간과할 수 없을 정도로 많이 보이는 것이다. 牙音을 喉音과 혼용하는 것이 전승 한자음에서 적지 않게 나타나고 있다는 점이 특이하다고 생각할 수도 있겠지만 이는 여타 한자음에서도 확인되는 양상이다[74]. 이와 같은 모

71 중고 聲母의 상고 기원이 하나 이상인 경우가 적지 않다. 가령 牙音의 溪母는 /ŋ̊/에서 온 것이 존재한다. 그러나 이 글에서는 편의상 전승 한자음과 직접적으로 관련되지 않는 복자음 등의 기원은 제시하지 않기로 한다.

72 전승 한자음에 반영된 주요 양상 및 소수 양상의 글자 수는 주로 權仁瀚(2019)을 따른 것이다.

73 여기서 '주요'라 함은 전승 한자음의 주된 형태가 반영된 것에 해당하며, '소수'는 주된 형태에서 벗어남과 동시에 上古音으로 보기 어려운 경우를 의미한다. 한편 본고에서는 上古音적 요소로 본 예를 따로 정리하기 때문에 數値上으로 權仁瀚(2019)과는 약간의 차이가 존재할 수 있다.

74 사실 일본 한자음(范淑玲 2009: 39) 및 베트남 한자음(咸蔓雪 2016: 144)도 비슷한 양상이 나타나고 있다.

습은 과거에 흔히 상고에서 아후음이 서로 諧聲할 수 있다는 데에서 기인한 결과로 보았다(李方桂 1971).

그러나 근래 上古音의 연구 성과(鄭張-潘 체계)를 고려할 때 후음 계열은 대개 상고 후기나 중고에 와서야 생기게 된 것이다. 이에 牙音에서 후음이 섞인 모습은 오히려 후기의 양상으로 파악하는 것이 타당할 것이다. 그러므로 아후음의 혼용이 上古音의 양상이라는 설명은 상고 층위를 살피는 데 그리 타당하지 않을 것이다. 이처럼 전승 한자음의 牙音 파열음에서 보이는 'ㅎ'은 후음이 생기는 후기 기층에 두는 것이 좋을 듯하다.

3.1.2. 見組

앞에서 서술한 바와 같이 牙音 계열은 중고음을 대표하는 切韻 체계의 見組(K-, velar initial series)[75]로 파악할 수 있다. 여기서는 見組의 疑母(ŋ-)를 주목하고자 한다. 전승 한자음에서 두음 법칙으로 인해 중고 疑母는 주로 /∅/[76]와 대응한다고 말할 수 있다. 아래 표와 같이 疑母(ŋ-)는 이외에 /ㅎ/ 및 /ㄱ/으로 나타나는 모습도 발견되는데 특히 /ㄱ/은 중고음에서 벗어난 양상이므로 더 주의를 기울일 필요가 있다. 본고는 疑母字가 한국 한자음에서 /ㄱ/으로 나타난 것이 上古音의 잔재일 가능성이 있다고 보고자 한다. 우선 전승 한자음에서 보인 예를 정리하면 다음과 같다.

---

75 본고에서 영어 대문자로 기술하는 것은 聲母 계열을 가리키는 것이다(이하 동일함).

76 덧붙이자면 음절의 첫소리일 때 대부분 疑母가 [∅]로 실현되며 일부 어휘에서 /ŋ-/으로 실현한다. 가령 鯉魚'링어(15세기)>잉어'가 음절의 종성 자리에서 /ŋ-/으로 나온 예가 그것이다. 관련된 예(링어)는 (1489)『구급간이방』에서 확인된다(<우리말샘>참고).

[표 14] 疑母

上古音	중고음	전승 한자음		
		주요	소수	上古音
*ŋg/ ŋ	ŋ疑	∅(166)	ㅎ 등 (5)	齩(교)磑(개)翺(고)沂(긔)聵(괴)硬(경)

[표 14]에서 보는 것과 같이 疑母의 상고 기원은 */ŋ-/외에 */ŋg-/가 있다[77]. */ŋg-/은 앞서(2장) 기술했던 NC형 복자음에 해당하는 예인데, 즉 /g/라는 기본 자음 앞에 비음성 전치 자음/ŋ-/이 있는 구조이다. 위의 표와 같이 상고 */ŋg-/는 중고에 들어 대개 /ŋ-/으로 변하고 전승 한자음에서는 /∅/로 나타난다. 이와 같은 과정을 潘悟雲(2000: 319)에서는 (*ŋg->ŋ-)비음의 동화로 해석하고 있다. 이에 대해 Chang, K and Betty Shefts(1976)에서는 티베트어 및 漢語의 대응에 있어 *Ng-가 漢語의 疑母에 해당한다고 주장한 바 있으며[78], 나아가 潘悟雲(2000: 322)에서는 *N-을 /ŋ-/으로도 간주하고 있다.

그간의 연구에서 제시된 齩[79](*ŋgraw)는 주목할 만하다. Chang, K and Betty Shefts(1976)에 의하면 티베트어계에 속한 納西語(Naxi)에서 齩는 /ŋgɯ44/, 麗江話에서 嚼는 /gɯ11/이다. 鄭張(1995b/2013: 146)에서도 齩(*ŋgreewʔ)가 대부분의 방언에서 /ŋ-/으로 발음되지만, 이와 달리 閩南語 口語에서는 /ka4/을 나타내며 태국어(Thai)의 同源語[80]인 嚼

77 [표 14]에서 제시한 예들은 潘悟雲의 상고 재구음에 의하면 모두 상고 *ŋg-에서 온 것이다. 鄭張 체계는 일부만 *ŋg-로 보았다. 후술할 바와 같이 전승 한자음 및 여타 한자음의 양상을 볼 때 전자의 주장은 더 타당해 보이므로 본고에서는 참고하고자 한다.

78 潘悟雲(2000: 320) 재인용.

79 '或有銅狗齩(교)齒其身, 牛頭獄卒手執兵' 『長壽: 9b』.

80 同源語(cognate)는 동일한 어원에서 의미와 음이 서로 비슷한 同族의 단어를 가리키며, 외국어나 동족의 외래어와 유사한 형식을 가진 것들도 포함한다(王力 1982: 03, <국어국문학자료사전> 참고).

는 /giau/를 발음하고 있다는 사실을 통해서 상고 齩(*ŋg-)의 기본 자음을 /g-/라고 밝힌 적이 있다. 潘悟雲(2000: 135)에서는 이와 같은 양상에 대해 閩南語의 /k/는 상고의 *g-에서 왔다고 보고 있다(*ŋg->g-).

흥미로운 것은 한국 전승 한자음에서 齩는 /요/뿐만 아니라 /교/라는 발음도 존재한다는 것이다. 이에 대하여 장리리(2022)에서는 한국 한자음의 齩(교)를 여타 한자음, 그리고 漢語 방언과 비교함으로써 한국 한자음의 /g-/는 상고 */ŋg-/를 반영한다고 제기한 바 있다. 그러나 이 논의에서는 /g-/ 및 /ŋ-/의 층위에 대해서는 명확히 밝히지 않았다. 앞의 鄭張(2003/2013: 146)의 논의를 고려하면 */ŋg-/의 기본 자음은 한국 한자음의 *g-(/ㄱ/)에 해당하는 것으로 이해할 수 있으므로 특별한 변화 과정에 대한 설명이 없어도 문제가 없을 것이다. 다만 이를 '*ŋg->g-'라는 변화로 설명하는 것도 가능하다. 어느 과정을 밟아 온 것인지 명확히 단정하기 어렵지만 중고음의 정형적인 /ŋ-/와 차이가 있다는 점은 유의할 필요가 있다.

추가적인 근거를 들면 漢語 閩방언(福州)[81]에서 /ka/, /ŋau/가 각각 口語 및 文語에 대응한다는 사실을 고려할 때 /k(g)-/가 더 이른 시기의 층위를 반영한다는 것을 재확인할 수 있다. 또한 일본 한자음(慣用音)에서 齩/kou/가 확인된다는 것도 본고의 주장을 뒷받침해 준다[82]. 다시 설명하자면 본고에서는 慣用音이나 속음을 일률적으로 오독음으로 본 河野六郎(1968)의 관점을 따르지 않는다[83]. Pulleyblank(1984: 154-155)

81 『漢語方音字匯』(2003) 참고.

82 본고에서는 일본어 한자음에 관한 음가는 주로 『漢字源』(第五版)을 참고한다(<古音小鏡>재인용).

83 사실 河野六郎은 속음에 대해 일정한 태도를 보이지 않는다. 河野六郎(1949/2012: 193)은 속음은 한국 한자음에서 역시 古層을 전하고 있다고 주장하면서 『華東』의 속음을 들면서 논증하고 있다. 후술하겠지만 河野六郎(1980)에서도 이와 같은 태도를 확인할 수 있다. 따라서 河野六郎이 가리킨 속음은 양쪽의 의미를 담고 있

에서 일본 慣用音(customary readings)에 대하여 논의한 바 있는데 그의 논의에 따르면 일본 慣用音은 吳音을 표준음으로 삼은 시기에 대립하는 음으로 볼 수 있으나 사실 吳音보다 더 이른 시기(漢魏)의 음운 정보를 갖고 있다고 할 수 있다[84]. 또한 이돈주(1995: 370)에서 보이는 일본 慣用音은 오랜 기간을 통하여 언중들이 널리 사용하여 온 한자음이라는 견해도 유의할 필요가 있다.

나아가 齩에 대하여 『說文』(東漢)에서는 '从齒交聲'을 설명하고 있는데, '交'는 見母(k-)字이므로 齩도 東漢 시기에 */k-/일 것으로 볼 수 있을 것이다[85]. 또한 『說文解字注』에서는 '俗以鳥鳴之咬爲齩齧'과 같이 俗語에서 새소리를 의미하는 '咬'를 '齩'와 같다고 본다. 중요한 것은 『玉篇(元刊本』에 따르면 이와 같은 의미에서 咬는 k-(古爻切)로 발음한다는 것이다(<異體字字典>참고). 따라서 한국 한자음에서 나타난 '齩'/교/는 오독음이 아닐 것이고 오히려 上古音을 반영한 것으로 볼 수 있을 것이다.

한편 '(*ŋg->)ŋ->g-'라는 현상이 혹시 중고 후기에 탈비음화를 겪은

다고 볼 수 있다. 하나는 이른 시기를 반영할 수 있는 한자음이며 다른 하나는 중고의 운서음과 다르고 오독음이라고 생각할 수 있는 것이다. 정리하면 한국 한자음의 속음은 성격이 복잡하므로 더 살펴볼 필요가 있다.

84 Thus Go'on as such does not distinguish the three Qieyun finals -iă (支), -i (脂), -ɨ (之), reading them all as ㅡi. This reflects the late stage of EMC also represented by the tongyong categories in poetry, in which these finals had merged. In some customary readings(慣用音), however, one finds -e for iă [iɛ] and -o (that is o2) for -ɨ . Thus one has 是 EMC dʑiăʔ, GO zi, read ze, for example, in the compound zehi 是非; 施 EMC ɕiă, GO si, read se in Buddhist terms like senyū 施入, semai 施米.(약)

85 『說文』의 大徐本 및 小徐本에서 각각 '五巧切'과 '五爪反'이 기재되어 있지만 大徐와 小徐는 北宋 시기의 인물이라는 점을 고려할 때 그들의 음운 정보는 재고찰이 필요하다. 단 여기서 反切은 중고에 대응한 것으로 보아야 될 듯하다(<數字化『說文解字』> 참고).

것은 아닌가 하는 의문을 제기할 수 있다. 이와 관련해서 Maspero (1920)에서는 長安音과 梵語의 音譯에서 8세기의 長安音에 탈비음화가 나타나는 것을 밝힌 바 있다[86]. 그러나 전체적으로 파악할 때 전승 한자음에서는 이와 같은 탈비음화가 없었다고 봐야 할 것이다. 왜냐하면 본고에서 검토하는 몇 개의 사례 외에는 더 이상 관련된 예를 찾을 수 없기 때문이다. 그뿐만 아니라 탈비음화가 있었다면 'b>mb' 및 'n>nd'가 보이지 않는 이유에 대해 해명할 필요가 있다[87]. 본고와 유사한 관점에서 河野六郎(1949/2012: 192)은 한국에서 탈비음화가 일어나지 않았다고 보고, 또한 이를 통해서 한국 한자음의 母胎音은 더 이전 시기를 반영했을 것이라고 주장했다[88].

또한 河野六郎(1949/2012: 192)에서는 탈비음화는 갑작스럽게 일어난 것이며 長安音에 국한된 것일 뿐 그리 자연스러운 음 변화는 아니라고 강조한 바 있다. 탈비음화는 대개 唐末까지 나타났다가 宋代에 들어 대부분 다시 순비음으로 나타난다(河野六郎 1979: 293). 이처럼 魏國峰(2014: 36)에서는 탈비음화가 長安 근처에서만 일어났고 중국 북방에서 보편적으로 일어나지 않았기 때문에 이를 長安 방언의 특유한 현상으로 보고 雅音으로 삼지 않았다. 즉 전승 한자음이 차용될 때 이러한

86 예를 들면 '婆誐'가 범어의 'Bhaga'(Bhagavate)을 대역한 경우가 보인다. 즉 '誐'는 疑母(ŋ-)자인데 여기서는 /g-/의 음가를 나타내고 있다는 것이다(Maspero 1920/2005: 30).

87 탈비음화는 흔히 'n>nd, m>mb, ŋ>ŋg'와 같이 나타난다.

88 다만 河野六郎(1968: 507)에서는 약간의 다른 견해를 보인다. 즉 한국 한자음이 도입될 당시의 한국어가 'm, n'의 변이음으로서 'mb, nd'를 지니고 있었던 것으로 해석하고 있으며, 또한 당시 漢語는 탈비음화하지 않았다고 말할 수 없다고 제시하였다. 이에 대하여 魏國峰(2014: 36)에서 지적했듯 같은 [nd, mb, ŋg]을 티베트인과 일본인이 듣기에 [d, b, g]와 가깝고 신라인이 듣기에 [n, m, ŋ]과 가깝다고 설명한 부분은 문제가 있어 보인다. 또한 그는 만약에 고대 한국어에 유성음이 음소로 존재하지 않았다면 유성음 [d, b, g]를 [t, p, k]로 반영했을 가능성도 충분히 있다고 지적했다.

長安 방언만의 탈비음화 특징이 차용되지 않았다고 피력하는 것이다. 이와 같은 견해는 전승 한자음의 주된 층위가 반영된 漢語(雅音)에는 탈비음화가 없었으며 이는 곧 전승 한자음에서 탈비음화가 일어나지 않았다는 것을 뜻하는 것으로 이해할 수 있다. 이상과 같이 탈비음화라는 현상이 한국 한자음에 없었다는 주장은 거의 합의된 견해라 하겠다.

전승 한자음에 탈비음화가 없었다는 것을 재확인할 수 있는 예로 『類合 下: 53b』에 나오는 '硬 구들 경'을 들 수 있다. 陽聲 운미(-ŋ)로 끝나는 경우는 탈비음화가 일어나지 않는데(Maspero 1920) 이것이 여기에 해당한다. '硬'(경)에 대한 논의는 아직 많이 없어서 이를 更(경)에 의한 유추음으로 볼 가능성도 있지만 본고에서는 이를 上古音으로 접근해 보는 것이 더 타당하다고 생각한다. 그 이유는 역시 문헌 자료와 漢語의 방언을 통해서 논증할 수 있다. 구체적으로는 『集韻(校本)』에서 '硬'의 '古杏切'이 있다는 점, 漢語 閩방언에서 /kĩ/를 확인할 수 있다는 점, 그리고 일본 慣用音에 /kou/가 보인다는 점을 들 수 있다[89]. 이와 같은 근거는 전승 한자음의 硬/경/은 오독음이 아님을 뒷받침해 줄 수 있으며, 이에 硬/경/은 상고 '*ŋg~g'을 반영한 것으로 볼 수 있을 것이다.

이외에 전승 한자음에서 疑母에 속한 '磑(개)·翱(고)·沂(긔)·聵(괴)'도 牙音의 음가로 실현되고 있다. 이들에 대한 논의는 장리리(2022)에서 제기한 바 있는데, 여기서 다시 보충해서 정리하면 다음과 같다.

(4) ㄱ. 磑(개) (cf. 公衣反『玉篇零卷』, 居希切『集韻(校本)』; 閩·客家:g/k-)[90]

ㄴ. 翱(고) (cf. SV:cao; SJ:(慣用音)kou; 閩:g/k-)

ㄷ. 沂(긔) (cf. 『群書治要』k--[91]; SJ:(慣用音)k-; 閩·客家·平話:g/k-)

---

89 閩방언에 관한 정보는 <漢語多功能字庫>를 참고할 것이다.

90 (4)에서 열거한 방언 정보는 <漢典>·<漢語多功能字庫>를 참고한다.

ㄹ. 聵(괴) (cf. SJ:(慣用音)k-; 閩·客家·粤 k-)

장리리(2022)에서는 여타 한자음 및 문헌을 통해서 이를 유추음으로 주장하는 견해[92]를 지적하고 대신 上古音으로 해석할 수 있다는 것을 주장했다. 본고에서도 기본적으로 이와 같은 입장을 취한다. 이상에서 살펴본 바와 같이 전승 한자음에서 疑母字가 /ㄱ/으로 나타난 것은 上古音적 요소로 볼 수 있을 것이다. 비록 유추의 가능성을 완전히 배제하기는 어렵지만 여러 증거를 통해서 앞서 검토한 '齩(교)磑(개)翺(고)沂(긔)聵(괴)硬(경)'은 上古音의 잔재로 간주하는 것이 더 타당할 것이다. 또한 2장에서 제시한 유추의 정도성과 함께 고려하면 '齩磑沂硬'은 유추의 정도성이 ①에, '翺聵'은 ②·③에 해당하는 것으로 볼 수 있으므로 이들을 각각 Ⅱ·Ⅲ등급에 속하는 上古音적 요소로 결론을 낼 수 있다.

3.2. 舌音

3.2.1. 개관

앞서 살펴본 것과 같이 상고 漢語의 舌音 파열음에는 't-, t^h-, d-'만 있고 상대적으로 단순하다. 다만 상고 舌音이 중고에 이르면서 분화하

91 金沢文庫本 『群書治要』(唐代) 経部에서 '沂山'의 /キ/ [k]가 보인다고 한다. (<古音小鏡·日本漢字音集成> 참고). 한편 중국 山東 지역에서 '沂山'가 있는데 역사상 西漢 漢武帝가 그곳에 절을 지어 제사를 드린 적이 있다고 하며 이와 같은 문화도 清나라 때까지 이어졌다고 한다(<百度百科> 참고).

92 伊藤智ゆき(2002/2011: 178) 등의 연구에서 위와 같은 예를 유추음으로 보았다.

는 과정을 거쳐 중고 切韻 체계처럼 두 계열의 舌音을 형성하게 된다. 한편 전승 한자음에는 치조음에 대응하는 舌音만 존재한다. 그런데 전승 한자음의 舌音이 어느 시기의 漢語를 반영했는지에 대해서는 두 가지 견해가 있다. 하나는 한국 한자음의 'ㄷ, ㅌ'은 上古音의 舌音 계열을 계승했다는 것이고, 다른 하나는 두 계열의 舌音이 있는 切韻 체계를 여전히 'ㄷ, ㅌ'에 대응시킬 수 있다는 것이다. 이처럼 전승 한자음에 있어서 'ㄷ, ㅌ'에 대한 층위 판단은 여전히 문제로 남아 있다.

이 절에서는 먼저 이와 같은 쟁점이 되는 부분을 上古音에 접근하여 다시 살펴볼 것이다. 나아가 전승 한자음의 舌音이 주된 층에서 벗어난 양상을 살펴보고 이들이 上古音적 요소를 반영할 수 있는지를 검토하고자 한다.

[표 15] 舌音(端組)

上古音	중고음 (舌頭)	전승 한자음 주요	전승 한자음 소수	上古音
*t	t端	ㄷ(124), ㅌ(12)	ㄷ~ㅌ 등 (2)	恬(념)
*n̥/*th/*ɽ̊/*l̥	tʰ透	ㅌ(83), ㄷ(38)	ㄷ~ㅌ (1)	
*d/*l/*r	d定	ㄷ(181), ㅌ(44)	ㄷ~ㅌ 등(3)	
*n	n泥	ㄴ(52), ㄴ~ㄹ(17)	ㄴ~ㅌ 등(2)	
*r	l來	ㄹ(294), ㄹ~ㄴ(59)	ㅎ 등(1)	

[표 16] 舌音(知組)

上古音	중고음 (舌上)	전승 한자음 주요	전승 한자음 소수	전승 한자음 上古音
*t	ʈ知	ㄷ(40), ㅌ(26)	ㅈ 등(8)	戇(당)窀(둔) 卓啄椓琢瘃(탁)

*n̥/*th/*ɾ̥/*l̥	tʰ徹	ㅌ(25), ㄷ(11)	ㅊ 등 (6)	詫(타)拆踔(탁)攄(터) 逞(령)魑(리)
*d/*l/*r	ɖ澄	ㄷ(65), ㅌ(45)	ㅈ 등 (5)	茶(다)賺湛(담)幢撞(당) 擢濁濯(탁) 吒(타)綻(탄)
*n	ɳ娘[93]	ㄴ(12)	ㄴ~ㄹ 등(8)	

[표 16]에서 제시했듯이 발음 위치로 切韻 체계의 舌音을 舌頭音(alveolars)과 舌上音(retroflexes)으로 포착할 수 있다[94]. 또한 중요한 것은 切韻 체계에서는 舌頭音 및 舌上音이 각각 1·4等 및 2·3等을 의미하며 양자는 상보적 분포를 이루고 있다는 것이다. 다만 이와 같은 분화는 전승 한자음의 대응 양상에서는 그 차이를 찾아보기 어렵다.

예를 들면 端母(t) 및 知母(ʈ)는 모두 'ㄷ, ㅌ'으로 나타나고 있다. 앞서 언급했듯 이에 대해서는 그간 두 가지 견해가 있어 왔다. 하나는 이와 같은 한국 한자음의 舌音 양상은 상고 혹은 魏晉南北朝 층위를 반영했다는 것이다(리득춘1985, 최희수1986, 姜信沆 1987, 2011). 이와 같은 연구에서는 舌頭音 및 舌上音을 하나로 묶어서 본 견해가 많았다. 또 다른 견해는 한국어 자음 체계에서 舌音 계열이 하나밖에 없기 때문에 漢語에 대응하는 端組(T-) 및 知組(Tr-)가 모두 'ㄷ, ㅌ'으로 반영된다는 것이다. 즉 이는 전승 한자음의 舌音 양상은 반드시 上古音을 반영

93 麥耘(1991)에서는 泥·娘의 차이가 (唐代) 顔師古(581-645) 『(注)漢書』의 反切에서 대개 잘 구분되어 있다고 한다(潘悟雲 2000: 51 재인용). 이와 달리 泥·娘은 切韻 체계에서 차이가 거의 없다는 견해도 있다(Chao 1941). 한편 한국 한자음에서는 둘 사이의 다른 점은 없다고 볼 수 있을 것이다(河野六郎 1968/2010: 123).

94 일반적으로 舌頭音은 치조음, 舌上音은 권설음을 칭하는 것인데 본고에서도 역시 한자음에 관한 술어를 택한다. 덧붙이자면 표에서 제시한 음성 표기는 潘悟雲·張洪明(2013)에 따른 것이되 이는 Baxter·Sagart(2014: 15)에서 知組(retroflex initial series)를 知母(tr), 徹母(trh), 澄母(dr), 娘母(nr), 日母(ny)로 제시한 것과 큰 차이가 없다. 이와 같은 재구 방식은 上古音에 입각하여 *(C)^{r}-가 권설음을 만든 것을 고려한 것으로 볼 수 있다. 본고에서도 필요할 때 이를 같이 표기하기로 한다.

한다고 말하기는 어렵다고 보는 견해이다(朴炳采 1971: 57, 權仁瀚 2006: 65). 이처럼 두 가지 견해가 존재하듯이 이와 같은 문제는 아직까지 한국 한자음 연구에서 과제로 남아 있다.

흥미로운 것은 한국 한자음뿐만 아니라 많은 漢語 남방 방언에서도 聲母에서 舌頭音 및 舌上音의 차이가 구별되지 않는다는 것이다. 즉 切韻 체계의 端母(t-) 및 知母(ţ-)는 /t/ 하나에 대응하고 있다. 그러나 Pulleyblank(1984: 169)에서는 비록 聲母에서 권설성을 반영하지 못하지만, 권설 성분에 해당하는 특징은 여전히 남아 있다고 밝힌 바 있으며, 聲母 대신 韻母에 *-r-가 들어가 있다고 강조하고 있다. 가령 知母(ţ=tr)에 속하는 '罩(MC ţɣau)'은 都教切[95]'[96]으로 나타나는데, 反切 上字 '都'는 端母(t)에 속하며 권설 성분이 없지만 反切 下字 '教'(-raw)를 통해 聲母의 차이를 간접적으로 알려줄 수 있다고 제시하고 있다. 이와 같은 문제를 전면적으로 파악하려면 上古音을 고려할 필요가 있다.

上古音 연구 초기에 李方桂(1971)에서는 상고의 *-r-가 중고 知組 권설음의 형성과 밀접한 관계가 있다고 주장한 바 있다. 이어서 근래 上古音의 연구에서도 대개 같은 견해를 보이고 있다[97]. 구체적으로 중고 설음 권설 성분의 기원에 대하여 鄭張(2003/2013: 129)에서는 *-r-를 상고 후기에 생긴 것으로 파악하며 Pulleyblank(1984: 168)에서는 西漢 및 東漢 사이에 나타났다고 본다. 또한 앞서 2장에서 기술한 바와 같이 *-r-는 切韻 시기에 들어 -ɣ-(>-ɯ-)와 같은 모습으로 변한다는 점도 염두에 둘 필요가 있다(鄭張 1981, 2013: 170). 이처럼 한국 한자음에

---

95 Pulleyblank(1984)는 '都教切'을 중국 남방의 反切이라고 보고 있다.

96 부연 설명하자면 전통 漢語 음운사 연구에서는 舌頭音 및 舌上音을 구분 없이 反切 上字로서 혼용한 것에 대하여 흔히 類隔으로 해석했다(김무림 2022: 208 참고). 그러나 이것은 그저 현상에 관한 기술일 뿐이고 그 원유를 제시하지 못했다.

97 Starostin(1989), 鄭張(2003), 潘悟雲(2000), Baxter·Sagart(2014) 등이 있다.

있어 聲母에 *-r-를 반영하지 못해도 韻母를 통해 차용할 때 *-r-가 들어가는지를 판단할 수 있을 것이다. 이는 端組와 달리 知組에 속하면 대부분 개음 (*-r->)-ɣ-를 지니고 있기 때문이다. 이에 한국 한자음 知組의 역사상의 변화를 다음과 같이 3가지 단계로 분석할 수 있을 것이다[98].

1단계	2단계	3단계
*t	*t^{r}	tɣ(>tɪ/tɪ)
상고(후기)	상고 후기	중고

위에 제시한 것과 같이 <1단계>는 상고 시기(*t-)에서 端組와 知組의 분화가 일어나지 않은 때에 대응하는 것으로 볼 수 있으므로 여기서 *t-는 상고에서 *t-를 그대로 이어받은 경우에 해당하며[99], <2단계>는 상고 후기에 *-r-가 생긴 시기로 보는 것이 타당할 것이다. 이 시기에는 *t- 및 *tr-의 음성적 차이가 존재했을 것이지만 앞서 언급했듯 한국 한자음에서 이를 어떻게 수용한 것인지는 명확히 판단하기 어렵다. 潘悟雲(2017: 23)에서는 ‘C^{r}’에 있는 *-r-를 이차 발음으로 간주하고 있다. 이에 따르면 한국어 계통에 들어와서 기본 자음(C-)만 수용했을 가능성이 있다고 생각할 수 있다. 전술한 Pulleyblank(1984: 168)의 견해를 고려할 때 <2단계>에서 ‘C^{r}’가 ‘Cɣ’로 변한다면 <3단계>와 같이 보는 것이 더 타당할 것이다. 이는 한국 한자음의 知組 뒤에 개음을 지닌 양상이 주된 형식으로(예:됴(朝)) 나타나고 있다는 사실과 부합한다.

98 중고 후기에 ‘ㄷ>ㅈ’이라는 파찰음화가 있지만 본고에서는 검토하지 않는다.

99 *t-는 상고의 유음 및 유음과 관련된 복자음에서 온 것도 있다. 본고에서는 전승 한자음의 知組(ㄷ, ㅌ)에 한정해서 살펴보기 때문에, 가령 유음에서 기원하더라도 이를 모두 *t-로 변화된 상고 후기의 음운으로 보는 것이 타당할 것이다.

그러므로 한국 한자음의 知組 뒤에 개음이 없는 경우가 *-r-가 생기기 전에 대응하는 층위에 속한다고 볼 수 있을 것이다. 따라서 전승 한자음의 知組에 속하는 예 중에서 아래([표 17])와 같은 글자가 上古音적 요소로 간주할 수 있는 예가 될 것이다[100].

[표 17] 知組에 반영된 上古音적 예

(Cl(r)/l(r)C)->)*t-[101]		
知母	徹母	澄母
戇(당)窀(둔) 咤吒(타) 卓椓啄瘃琢(탁)	詫(타) 拆踔(탁) 攄(터)	荼(다)賺湛[102](담) 幢撞(당) 綻(탄)濯濁擢(탁)

한편 본고와 같이 엄익상(1999, 2015: 276)에서는 '荼'를 비롯하여 '卓啄濁(탁), 撞幢(당), 綻(탄)' 등을 제시한 바 있다. 이 논의에서는 여타 澄母字와 비교하여 이들이 후기에 파찰음화(예: ㄷ>ㅈ)를 겪지 않았으므로 이를 上古音의 흔적으로 보았다. 이와 같이 파찰음화가 일어났는가에 주안점을 두어 보는 견해는 본질적으로 개음의 유무와 관련이 있다고 이해할 수 있다. 왜냐하면 개음(-j-)이 없었다면 파찰음화가 나타날 수 없기 때문이다. 다만 이 논의에서 '宅澤'(택<틱)을 포함한 것은 본고와 다르다고 볼 수 있다. 이 부분에 관해서는 후술할 것이지만 간략히 말하자면 '宅澤'(택<틱)은 원래 단모음이었는데 운미 '-i-'이

100 다만 주요 모음인 /이/의 경우 개음이 모음과 합류할 수 있기 때문에 명확한 上古音적 요소로 보기 어려우므로 제외하기로 한다(예:디(知)).

101 아래 표의 한자에 대해서는 여전히 재구음에 있어 차이를 보이지만 대개 '*Cl(r)>t' 혹은 'l(r)C>t', 혹은 원래 *t-였을 것으로 본다. 이들 견해는 유음이 설음으로 바뀌는 것에 대해서는 근본적으로 일치하는 입장을 취한다고 볼 수 있다.

102 多音字인데 여기서는 知組(澄母)에 속하는 발음을 가리킨다. 여타 예도 마찬가지다.

*-r-의 후대형이었을 것으로 생각한다. 즉 이들은 *-r-가 첨가된 층위에 해당된다. 이상과 같이 위의 표에서 제시한 예들은 일차적으로 상고층에 속하는 것으로 간주할 수 있을 것이다[103].

3.2.2. 端組

端組(T-) 파열음(alveolar stop)은 '端(t-), 透(th-), 定(d-)'에 해당한다. 그러나 전승 한자음에서 定母에는 '/ㄹ/, /ㄴ/'으로 나타나는 양상을 보이므로 흥미롭다고 할 수 있다. '恬'(념/렴)(MC dem<*l′e:m 鄭張[104])이 바로 그 예이다.

[표 18] 定母

上古音	중고음 (舌頭)	전승 한자음		
		주요	소수	上古音
*d / *l / *r	d定	ㄷ(181), ㅌ(44)	ㄷ~ㅌ 등(3)	恬(념)

[표 18]에서 제시한 '恬'은 상고 聲母인 *l-에 기인하고 중고음에서는 定母(d-)가 되는 글자이다. 그러나 한국 한자음에서는 주로 /렴/ 및 /념/(속음)으로 나타나고 있다[105]. 이에 대하여 기존 연구에서는 중고음

103 추가적 설명은 3.2.3에서 후술한다.

104 *l′-에서 보인 '′'은 상고 이후 聲母가 파열음으로 변한다는 것을 의미한다. 사실 이는 *l-로 보는 것이 좋을 것이다(潘悟雲 2000). 본고에서는 일단 鄭張의 재구음을 그대로 두기로 한다.

105 河野六郎(1968/2010: 257)에서는 속음을 a-층에 해당하는 것으로 간주하기도 한다. 예를 들어 '叩(고)'를 a-층으로 둔 것이다. 다만 이 논의에서는 속음을 유추음과 관련지어 보는 경향도 있는데, 이에 河野六郎이 말한 속음은 두 가지 의미가 있었다고 이해하는 것이 맞을 듯하다. 하나는 이른 시기의 한자음이며 다른 하나는 중고의 운서음과 일치되지 않는 음이다. 장리리(2022)에서는 한국 한자음의 속음에 고음적 특징이 있을 것이지만 속음은 성격이 복잡한 면이 있으므

만을 고려했기 때문에 만족할 만한 결과를 얻지 못했다고 생각한다. 河野六郎(1968/2010: 111, 341)에서는 18세기의 /텸/을 택하여 <자료편>에 실었으나 문헌에서 /념/ 및 /렴/이 나온 것을 예외로 간주하여 특별한 설명이 없었다. 伊藤智ゆき(2002/2011: 139)의 경우는 한국 한자음의 '恬/념/'이 '粘(념)'에 유추되었다는 추정을 한 바 있다. 그러나 이와 같은 설명은 받아들이기 어렵다. 첫 번째 문제는 유추론에 의하면 '恬' 및 '粘'(념)의 유사성 관계(relation of similarity)가 필수인데 이를 잘 밝혀내지 못하고 있다는 것에 있고, 두 번째 문제는 '恬'이 /념/ 이외에 /렴/으로도 표기된 경우가 있는데 /ㄴ/(娘母ȵ-)의 양상만 고려했다는 점에 있다.

恬(념/렴)의 문제를 포착하기 위해 관련된 전승 한자음의 문헌에서 나타나는 양상을 아래와 같이 정리해서 제시하고자 한다.

(5) ㄱ. 恬 알렴 렴『千字文: 39b』1575 (광주본)

ㄴ. 人亦恬(념)不爲『飜譯小學 7: 15b』1518~16세기(중엽)?[106]

恬 안심 념『新增類合 下: 29b』1576

恬 안졍 념『千字文: 39b』1583 (석봉본)[107]

人亦恬(념)不爲『小學諺解 5: 48b』1588

로 더 타당한 결과를 얻기 위해서는 보다 자세한 검토가 필요하다고 강조한 바 있다. 본고도 이와 같이 유추음인지 고음인지에 대해 답을 내리기 전에 더 정밀하게 살펴보고자 한다.

106 안병희(1992: 535)에 따르면 원간본은 전해지지 않는다. 16세기 말기 내지 그 이후의 중간본이 零本으로, 권 6·7, 8, 9, 10이 전해질 뿐이다. 한편 伊藤智ゆき(2002/2011: 49)에서 『飜小』의 복각 연대는 최소한 16세기 중반 이후로 추정한 바 있다. 어두 법칙을 볼 때도 16세기 중후반으로 추정하는 것은 타당하다고 생각한다.

107 刊年은 발문에 따르면 1587년이지만 內賜本의 연대에 따르면 1588년이 된다. 본고에서는 관례에 따라 1588년을 刊年으로 한다(안병희 1992: 553, 伊藤智ゆき 2007 재인용).

ㄷ. 편안 텸 安也 俗音 념『注解千字文: 39b』1752

이진호(1999)는 (5ㄱ)에 대하여 자세한 논의를 진행한 바 있다. 그의 논의에서 보이는 '알렴(安恬)'은 'ㄴㄹ' 연쇄에 역행적 유음화를 적용한 것이라는 해석은 본고도 동의하는 부분이다. 그러나 이 논의에서는 '알렴(安恬)을 원래 [안념]으로 보고 있기 때문에 'ㄴㄴ' 연쇄를 먼저 'ㄴㄹ'로 되돌리는 유추 과정이 개입된 부분은 필요하지 않다고 생각한다. 결과를 먼저 말하자면 '恬'은 상고 以母(*l-)字이며 [안렴](安恬)은 애초의 모습일 것이다. 중고의 定母에서 나타난 '恬'을 한국 한자음에서 왜 /렴, 념/으로 발음하는지, 그 이유는 上古音에 접근하여 해명할 수 있다.

일찍이 Pulleyblank(1962–1963)에서는 중고음의 /d-/에 두 개의 上古音 기원이 있다고 밝힌 바 있는데, 근래의 上古音 연구도 대개 이를 따르고 있다[108]. 또한 鄭張-潘 및 Baxter·Sagart을 비롯한 다른 연구들도 중고 定母/d-/의 연원(淵源) 중 일부가 상고 以母(*l-)에 있다는 것을 논증한 바 있다. 이와 같은 사실이 '恬'(/렴/, /념/)의 문제를 해결하는 데에 관건이 된다. 상고의 以母는 시대에 따라 그 변천 모습이 복잡하다고 생각할 수 있지만, 앞서 2장에서 기술했듯이 일반적으로 三等의 以母(*l-+-j-)는 중고에 들어 喩母四等[109](j-)에 대응하고 一, 四等의 以母는 중고의 定母(d-)로 변하며 二等은 대개 澄母로 변한 것으로 볼 수 있다(Pulleyblank 1962: 116)[110]. 그러나 흥미로운 것은 중세 한국 전승

108 가령 度 duó < dak < *[d]ˤak 'measure (v.)'; 鐸 duó < dak < *lˤak 'a kind of bell'이 그것이다(Baxter·Sagart 2014: 27). Pulleyblank(1962–1963)에서는 以母를 /*ð/로 제시했는데 나중에 *l로 수정했다.

109 喩母四等은 以母나 羊母로 부르기도 한다. 喩母四等은 원래 3等의 글자이지만 韻圖의 3等 자리는 중고의 云母(3等)가 차지하고 있기 때문에 4等에 배열되었고 喩四로 불리게 되었다(김태경 2015 참고).

한자음의 '恬'(定母四等)은 이와 같은 변천의 길을 가지 않았고 여전히 /l-/과 같은 음가라는 것이다. 따라서 전승 한자음의 '恬'(/렴/, /념/)이라는 음가는 파열음화(*l>d) 과정을 겪지 않고 상고 以母(*l)의 그 모습대로 이어진 것으로 생각된다[111].

이와 같은 주장은 恬의 /념/ 및 /렴/이 앞선 (5)에서 제시한 것처럼 ㄹ-두음 법칙과 관련된다는 점으로 뒷받침된다[112]. 또한 위에 제시한 예를 바탕으로 볼 때 두음 법칙의 제약을 적용하지 않은 (5가)의 '렴'은 상대적으로 이른 시기의 표기이며 한자음에 있어 두음 법칙의 적용 범위가 그리 넓지 않았던 시기 혹은 더 이전 시기에 대응할 수 있을 것이다. 한편 한국어의 두음 법칙 'ㄹ>ㄴ'이 퍼지면서 (5나)와 같이 16세기 말에 'ㄴ'이 주된 형식이 된 것으로 볼 수 있을 것이다[113]. 또한 (5다)에서 /념/을 俗音으로 간주한 점과 恬을 18세기에 /텸/으로 규정한 점은 주목할 만하다. 우선 근세 한국 문헌에서 俗音[114]이라는 것은 앞서 본 한국어의 중세 현실음을 이어받은 것이다. 중요한 것은 여기서 말한 속음 /념/은 실은 漢語 중고음보다 더 이른 시기의 漢語音을 반영하고 있다는 것이다. 1752년의 『注解千字文: 39b』에서 恬을 /텸/으로 고친 것은 명백한 규범음이다. 이 /텸/은 漢語 『廣韻』의 '徒兼切'(定添開四平)[115][116]에 알맞은 음형이고 중세 현실 한자음의 주된 모습을 교정한

110 Schuessler(1974)에서 재인용.

111 이외에 더 타당한 설명은 없을 것이다.

112 현대에 와서 /염/으로 나타나기도 한다(염결, 염담 등).

113 신성철(2018)에 의하면 16세기에는 'ㄹ 두음법칙'이 완만한 확산 추세를 보이다가 17세기 문헌에서 90%를 뛰어넘는 급속한 상승세를 보인다고 한다.

114 李基文(1971/1983: 85, 92)에서는 근대 문헌에서 俗音을 正音의 대립 개념으로 보고 있다. 한편 장리리(2022)에서 중세 및 근세에 강조하고 있는 正音은 중고 운서음이라는 것을 재확인한 바 있다. 이에 한국 근대 문헌, 특히 규범음을 중요시하는 문헌에서 속음으로 칭하는 음은 대개 중고 운서음과 거리가 있다고 이해할 수 있다.

음형이기 때문이다. 다시 말해서 (5)의 내용은 실은 /념/(恬)이 漢語 중고음 이전의 음이라는 것을 시사하고 있다.

또한 '恬'字가 以母로 발음된 역사의 뿌리가 깊기 때문에 'ㄹ(ㄴ)'은 전통 한국 한자음 체계에서 굳어졌다고 생각한다[117]. 전승 한자음 문헌에서 恬/렴(념)/이 두루 보인다는 점 자체가 그 증거가 된다. 실은 위의 (5)에서 제시한 문헌 외에, 河野六郎(1968/2010: 111, 341)에서 또한 『華東』·『全韻玉篇』의 俗音 /념/을 확인한 바 있다. 또한 특히 『千字文』의 여러 판본을 통해서 '恬'의 발자취를 잘 확인할 수 있다. 비록 /텸/이 正音이지만 한국의 여러 문헌으로 고려하면 18세기에 들어와야 그 발음이 수용됐던 것으로 보인다. 그 당시 이와 같은 新層 및 舊層의 경쟁으로 결국 (5다)처럼 '恬'/념/을 속음으로 간주하게 된 것은 아주 자연스러운 일일 것이다.

나아가 전승 한자음의 恬(/렴, 념/)은 대략 漢代 이전의 음운 층위를 반영하고 있다고 볼 수 있다. 전술한 것과 같이 *l-(>d-)는 대개 漢代에 변화가 일어나고, 중고에 이르면서 4等의 '*l-'가 'd-'으로 정착된다. 본고에서 '師古曰, 恬然, 安靜貌也. 恬, 音大兼反'(『漢書』班固·東漢)을 통해 살펴본바, '恬'의 聲母 음가는 東漢 시기에 이미 파열음화라는 과정을 겪었고 /d-/로 나왔다는 것을 재확인하였다. 그 중요한 근거는 大

115 '定添開四平'이라는 전통 한자음의 기술 방법을 통해 '恬'/dem/의 음가를 확인할 수 있다. 더 말하자면 이는 '定母添韻開口四等平聲'을 의미한다.

116 본고에서는 주로 余迺永(2000)의 『(新校互註宋本)廣韻』을 참고한다(<古音小鏡> 재인용).

117 물론 이것은 '恬'字에 담긴 뜻 및 思想과 무관하지 않을 것이다. 주지하다시피 유교 및 불교에 관한 문화는 한자를 매체로 전파되면서 한자 문화권을 만들기도 한다. 이보다 더 이른 시기에 있는 道家를 주목할 필요가 있다. 道家는 중국 선진(先秦) 시대 제자백가의 하나이며 老子와 莊子의 虛無, 恬淡, 無爲의 설을 받드는 학파로 (<우리말샘> 참고), 西漢 시기에 중대한 영향력이 있었다는 점도 감안할 만하다.

(/*da:ds/)는 상고 이래 聲母의 발음이 거의 변하지 않기 때문이다. 따라서 한국 한자음의 恬(/렴, 념/)에 반영된 以母(*l-)의 음가는 늦어도 東漢(25—220년) 이전의 층위를 반영할 수 있다고 생각한다.

아울러 그간의 연구 중 최희수(1986: 66)는 '恬'字를 上古音의 잔재로 피력한 바 있다. 다만 해당 논의도 '恬'의 /념/만 주목하고 있으므로 상고 무성음 泥母(n̥)字에 대응하는 것으로 보는 입장은 본고의 견해와 다르다. '恬'(/념/)을 泥母(n-)字로 본 것은 漢語 음운사에 벗어난 것이며 아무 근거가 없기 때문이다. 다시 정리하자면 전승 한자음의 '恬'은 유추로 보기 어려운 한자이며 上古音적 요소(Ⅰ등급)로 간주할 수 있는 한자다. 부언하자면 '恬'(/념/)의 聲母는 파열음화 하기 전의 모습이기 때문에 漢代 이전의 음을 반영한 것으로 추정할 수 있을 것이다.

3.2.3. 知組

知組(T^r-)에 속한 권설 파열음(retroflex stop)[118]은 주로 知·徹·澄母가 있다. 앞서 언급한 바와 같이 한국 한자음에는 일반적으로 개음을 지닌 설음(ㄷ/ㅌ)이 나타난다. 또한 3.2.3.2.에서 후술하겠지만 전승 한자음에 있어 知組에서는 /ㄹ(ㄴ)/으로 나타나는 모습도 보이므로 주목할 필요가 있다. 이 중에는 전형적인 중고음에서 벗어나서 上古音에 가까운 예가 발견된다.

118 Baxter·Sagart(2014: 80)에 의하면 상고에는 이와 같은 권설음이 없었다. 鄭張(2003/2013: 129)에서는 상고 후치 자음 *-r-로 인해 형성된 권설 장애음은 상고 후기에 나타나기 시작한다고 보고 있다.

3.2.3.1. 知母

[표 19] 知母

上古音	중고음 (舌上)	전승 한자음		
		주요	소수	上古音
*t(>t^r)	ʈ知	ㄷ(40), ㅌ(26)	ㅈ 등 (8)	戇(당)窀(둔)咤吒(타) 卓啄椓琢豖(탁)

[표 19]에 정리된 한자는 앞서 검토했듯 개음-ɣ-(<*-r-)의 유무를 바탕으로 일차적으로 上古音적 요소로 볼 수 있다. 여기에서는 관련된 예를 좀 더 살펴보고자 한다. '戇 어릴 당'은 『類合 下: 33b』에서 확인되는 예지만 선행 연구에서 이와 관련된 논의는 거의 찾아보기 어렵다. '어리다'의 뜻을 감안할 때 『廣韻』의 '陟降切'에 대응할 수 있는데 이는 역시 知母二等(MC ʈɣʌŋ)을 의미하기 때문에 앞서 논했듯 전형적인 중고음의 모습을 반영하였다면 '당' 정도로 나왔어야 될 듯하다. 따라서 본고에서는 '戇(당)'은 상고(후기)의 층위 (OC *kr'->)LH. t^r-[119](>MC ʈɣ-)를 반영한 것으로 추정하며 이는 *-r-가 聲母의 이차 조음에 있을 때인 것으로 보고자 한다.

窀(둔)은 『訓蒙 中: 17a』에서 '窀 무덤 둔'이라고 기록하고 있다. 『說文』에 의하면 '窀'은 '从穴屯聲'이다. 그러나 伊藤智ゆき(2002/2011: 316)에서는 중고음의 양상을 고려해서 窀(둔)을 屯(둔)에 의한 유추음이라고 주장했다. '窀'은 원래 多音字이지만 '무덤'이라는 의미를 고려할 때 『廣韻』의 '陟綸切'과 대응한다. 이처럼 反切 下字(綸)를 통해 개음

119 본고에서 'LH'(Later Han 東漢 재구음)은 주로 Schuessler(2009)를 따른다. 다만 Schuessler(2009)에서 사용한 표기에 대하여 본고에서 약간 수정을 가하는 경우가 있는데, 가령 'ʈ'는 권설 성부(r)를 가진 음형이고 본고에서는 이를 C^r로 표기하고자 한다(C=consonant).

이 있는 양상이나 전승 한자음의 窀(둔)이 개음이 없는 음가로 나타나는 점 등으로 볼 때 개음은 독립적으로 나타나지 않았던 上古音적 요소로 생각된다[120].

咤 및 吒는 원래 이체자이므로[121] 본고에서는 咤(타)를 중심으로 살펴보고자 한다. 『飜小 4: 26a』에서 '母(모)咤(·타)食(식)ᄒᆞ면'을 통해 /타/의 음가가 확인된다. 咤(타)에 대해 논의한 선행 연구는 거의 없는데 이는 과거에 설두음 및 설상음을 명확히 구분하지 못한 것과 무관하지 않을 것이다. 『廣韻』에 의하면 咤는 陟加·陟駕切이고 知母麻韻二等字이다. 실은 치음과 결합하는 麻韻二等字는 대부분 개음으로 인해 'ㅈ' 등과 같은 파찰음이 되는데 이와 달리 咤(타)는 개음의 영향을 받지 않는 것이다. 이는 역시 上古音으로 봐야 설명이 되는 것이므로 본고에서는 上古音적 요소에 두고자 한다.

'卓 고쵹상 탁'은 『訓蒙 中: 6a』에서 확인된다. 이는 『廣韻』에서 나온 '竹角切'처럼 聲母 上字에 권설 성분(r)이 있는 한자이다. 이는 중고음을 반영한 베트남 한자음에서는 卓/trac/으로 나타난다[122]. 江佳璐(2011: 63)에서도 이와 같은 베트남 한자음의 /tr/는 ʈ(=tr)에서 기원한다고 보고 있다. 다만 이 논의에서는 /t/로 나온 모습(예:椿/tʰung/)을 대개 예외로 보았다. 한편 咸蔓雪(2016: 106-107)에서는 베트남 한자음의 知母가 /t/로 나온 것이 上古音의 층위를 반영했을 가능성을 제시하면서 /t/는 漢語 閩南語에서 차용되었을 가능성도 언급하였다.

120 또한 客家 방언에서 'dun3, tun2'과 같은 음형이 확인되지만 '窀'가 어떤 의미에서 쓰이는 발음인지 확인하기 어려우므로 유력한 증거로 삼지 않는다.

121 <異體字字典> 참고.

122 한편 일본 한자음에서는 吳音·漢音/taku/로 확인되지만 趙世海(2012)에 따르면 일본의 개음(拗音)은 한자음을 차용한 후에 생긴 것을 고려할 때 개음이 상대적으로 늦게 나타날 수 있으며 여기에 해당하는 예는 吳音 및 漢音에 있어 명확하게 구분되지 않는다.

閩南語에서 '卓'과 관련된 양상인 'tɔk(文語)' 및 'toʔ(口語)'를 확인할 수 있지만, 본고에서는 전승 한자음은 특정한 방언을 직접 차용한 것보다 上古音의 특징을 계승한 것으로 보고자 한다. 또한 河野六郎(1968/2010: 119)에서는 '卓'(탁)는 『華東』 및 『全韻』에서 속음으로 기록되고 있다는 것을 밝힌 바 있다. 그의 논의에서는 椓(탁)[123]이 『詩經諺解』에서 나타나는 점을 강조하면서 『詩經諺解』를 知組에 대한 처리에 있어서 속음 자료와 같은 성격으로 보고 있다.

이와 더불어, 啄琢豥(탁)[124]도 전승 한자음에서 권설 성분(r)을 받아들이지 않은 이른 기층에 해당하는 예들일 것이다. 주목할 만한 점은 啄椓琢豥(탁)은 같은 聲符(豖*/tʰog/)를 지니며 또한 '啄椓琢'은 종래 同源詞로 간주되기도 한다는 것이다. 『漢語同源詞大典』[125]에 따르면 이들은 뜻이 관련 있을 뿐만 아니라 발음도 가깝다고 한다. Schuessler(2009)에서는 이들의 재구음도 상고부터 漢代까지로 같게 보고 있다. 한편 閩·客家語을 비롯한 漢語 남방 방언에서는 /탁/과 비슷한 모습도 확인할 수 있다[126]. 이에 비해 베트남 한자음에서는 모두 /tr/로 나타나는데 이 음형이 더 충실히 중고음을 보여 주고 있는 것으로 생각된다.

다시 정리하자면 앞서 살펴본 예들은 개음 (*-r->)-ɣ-(>-ɪ-)가 나타나지 않는 知母字이며 上古音적 요소로 볼 수 있는 예들이라 생각한다. 이 중에서 窀(둔)은 유추의 가능성을 배제하기 어려운 글자지만, 유추

123 '椓 말 탁'『訓蒙 中: 9b』.

124 '啄, 딕머글 탁'『訓蒙 下: 4a』; '琢 옥 ᄌᆡ질 탁 옥 ᄀᆞᆯ 탁'『類合 下: 38a』; '豥 ᄃᆞᆯ 탁'『訓蒙 中: 16b』.

125 <zi.tools 字統网>(재인용).

126 豥: 閩南語(汕頭)/tok/; 啄·琢: 閩·客家/tok/ <漢語多功能字庫> 참고. 椓: 客家/tok/ <漢典> 참고.

의 정도성을 고려할 때 上古音적 요소로서 Ⅲ등급에 둘 수 있을 것이다. 한편 '戇(당)咤吒(타)卓啄椓琢涿(탁)'은 Ⅰ등급에 해당할 것으로 추정하고자 한다.

3.2.3.2. 徹母

[표 20] 徹母

上古音	중고음 (舌上)	전승 한자음		
		주요	소수	上古音
*n̥/*th/*ɾ/*l̥	tʰ徹	ㅌ(25), ㄷ(11)	ㅊ 등 (6)	詫(타)拆踔(탁)攄(터) 逞(령)魑(리)

먼저 앞서 언급했던 '詫(타)拆踔(탁)攄(터)'[127]에 대하여 부연 설명하자면 이들은 본질적으로 知母와 같이 상고의 *-r-때문에 중고에 이르면서 권설음(徹母)으로 변하게 된다. 다만 '詫'·'踔'은 각각 앞서 본 '咤'·'卓'에 의한 유추음이라는 가능성을 배제하기 어렵다고 여길 수도 있다[128]. 그러나 '詫'에 대하여 『經典釋文: 386上』에서 '本作「託」'이 확인되는데 託은 一等字에 속하기도 한다. 한편 '踔'은 '从足, 卓聲'이고 <康熙字典>에서 '踔, 本亦作卓' 등을 통해 '踔' 및 '卓'은 원래 같은 발음이라고 봐야 될 듯하다. 또한 일본 吳音에서 대응한 예는 개음이 없으며 漢語 閩南語에서 詫/tʰa/·踔/tʰɔk/이 나타나므로 '詫'·'踔'의 유추 정도성은 ①로 파악할 수 있을 것이다. 즉 Ⅱ등급으로 간주할 수 있다.

나아가 '攄' 및 '拆'은 전승 한자음에 있어서 유추로는 설명할 수

127 '詫 자랑 타' 『類合 下: 34a』; '書信不可開拆(·탁)沉滯' 『飜小 8: 22a』; '踔 구즉셜탁' 『類合 下: 55b』; '攄 펼 터' 『類合 下: 32b』.

128 앞서 언급했던 <Chinese text computing>에 의하면 '咤'·'卓'은 '詫'·'踔'보다 더 자주 쓰인 한자로 볼 수 있다.

없을 것이다. 이 중에서 '拆'에 대하여 申祐先(2015: 82, 101, 218)에서는 '拆'이 鐸部(-ak)에 속하기 때문에 拆/탁/을 魏晉 이전의 층위로 본 바 있다. 본고도 이와 같은 견해와 같이한다. 개음 문제는 중고에 들어 韻母와 더 밀접하다고 볼 수 있다. 다시 말하자면 '拆'은 중고 梗攝二等(-ɣæk)에 속하는 예이다. 4.15.에서 후술하겠지만 梗攝二等의 상고 기원은 鐸部(-ak)에서 온 것들이 있고 *-r-로 인해 중고 梗攝二等이 된 것이다. 이상과 같이 '攄' 및 '拆'은 上古音적 요소에 해당하는 Ⅰ등급에 속하는 예로 추정할 수 있다.

다음으로 逞(령)을 보자. 최근의 上古音 연구에 따르면 逞의 음 변화는 대개 '*l̥heŋʔ >(MC)ʈʰiɛŋ'(鄭張)과 같이 이해할 수 있다. 즉 중고의 徹母(ʈh)에 속한 逞(령)은 상고의 *l̥-에서 기원한 경우가 있다. 이는 以母(*l-)가 상고부터 중고에 이르는 자연 변화 과정(natural process)과 관련되므로 한번 살펴볼 필요가 있다(潘悟雲 2010 참고).

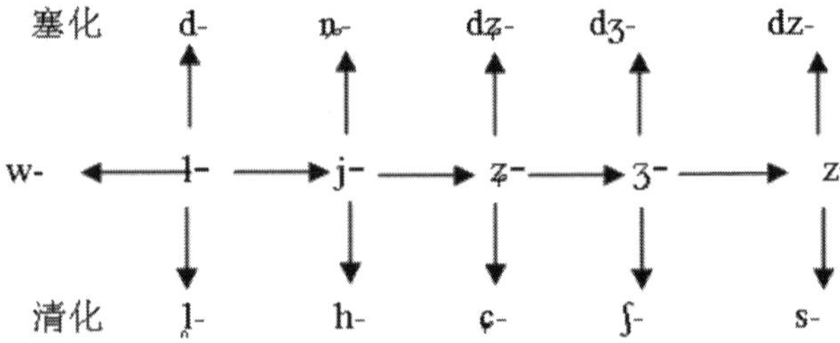

[그림 1] 상고 以母(*l-)의 역사 변천 모습

[그림 1]에서 보는 바와 같이 以母(*l-)는 네 가지의 변화 방향이 있다. 潘悟雲(2010)에서는 Hock(1986： 22)을 기반으로 漢語의 *l-는 범언어적인 발전 양상과 유사한 음성적인 동인을 지닌다고 보고 있다. 이 논의를 요약하자면 음운론적 강도(phonological strength)가 약한

聲母가 강한 聲母로 향해 가는 과정은 일반적인 것이며, 유성음이 무표한 무성음으로 변화하는 것도 자연 변화의 과정이 된다. 그리고 이 논의에서는 이와 같은 강화 과정(fortition)을 통해 자음적 특징이 더 명확해질 수 있으며 다른 자음과 잘 구별되기도 한다고 설명하고 있다. 따라서 '*l- > *l̥-'는 바로 이와 같은 변화에 의해 이루어진 것으로 볼 수 있다. 과거 李方桂(1971)부터 최근의 상고 연구(鄭張 2003/2013: 109, Baxter·Sagart 2014: 69)까지도 以母가 '*l > *l̥ > t(r)h(透·徹母)'라는 변화 과정을 겪었다고 주장하고 있다.

이와 관련해서는 전승 한자음의 逞/령/(<*l̥eŋʔ)을 예로 들 수 있다. 河野六郎(1968/2010: 116-118)에서는 설음인 徹母(ʈh) 3等에 속하는 逞(령), 霊(립)[129]등의 예를 유추음으로 보았으나 이는 다소 성급한 결론인 것으로 보인다. 특히 이와 같은 예들이 앞서 제시한 상고 以母(*l-)의 변천 역사와 밀접한 관계를 보이므로 주목할 필요가 있다. 본고에서는 逞(령)을 상고 以母(*l-)가 무성음화(devocalization) 과정을 거칠 때 나타난 것 혹은 그 전의 음가를 반영한 것으로 생각하고자 한다. 어느 것을 택하든지 그 기본 자음은 /*l-/일 것이다.

우선 逞(령)을 유추음으로 보는 견해가 있으므로 그 타당성의 여부를 확인할 필요가 있다. 伊藤智ゆき(2002/2011: 140)에서는 河野六郎(1968: 375)을 따라 逞(령)이 喩母(j-)에 속하는 郢(령)(<*leŋʔ)에서 유추되었다고 했다. 그러나 유의할 점은 郢(령)은 중고음에 의하면 /영/으로 나타나야 하는 예이다. 3.5.에서 자세히 살필 것인데 郢(령) 역시 上古音에 대응하는 양상이다. 伊藤智ゆき(2002/2011: 184)에서도 郢(령)에 대

129 河野六郎(1968/2010: 117)에서는 霊(립)도 유추음이라고 했지만 『集韻』 및 『類篇』, 그리고 베트남 한자음에서 /립/과 대응하는 양상을 확인할 수 있다. 霊(립)은 본고에서 다룬 문헌에 나타나지 않고 『조야첨재(朝野僉載)』에서만 보이기 때문에 논외로 한다. 다만 그 양상은 상고의 잔재일 가능성이 농후하다.

하여 /ㄹ/이 漢語에 있어서 어떤 실제적인 발음을 반영하고 있을 가능성이 높다고 보고 있다. 다시 말하자면 중고음의 측면에서 볼 때 '逞' 및 '郢'은 각각 설음/ㄷ/ 및 후음/ㅇ/[∅]인데 이는 역시 /ㄹ/를 설명할 수 없다. 이에 한국 한자음의 실제 모습(逞/령/)을 고려하면 더 이른 시기의 漢語를 반영했을 가능성이 있다고 본다. 즉 逞(령) 및 郢(령)을 상고 以母(*l-)를 유지한 것으로 설명하면 문제가 해결될 수 있다[130].

한편 김태경(2015: 225)의 逞(령)이 上古音을 반영하는 것으로 본 관점은 본고를 뒷받침해 줄 수 있지만 구체적인 논거는 본고와 차이가 있다. 이에 대해서는 상고 以母에 속하는 '呈'(澄母ɖ-)라는 聲符를 지니는 글자에 대하여 더 살펴보고자 한다. '呈'과 관련된 글자는 『廣韻』에서 /ㄹ/과 대응할 수 있는 음가를 찾을 수 없다. 음 변화에 따르면 중고에 들어 대부분의 '呈'성부를 지닌 字는 설음이나 치음으로 변한다. 다시 말하자면 전승 한자음에서 보인 /령/은 중고음으로 해결할 수 없는 것이다. 또한 중고 喩母(j-)로 나타난 한자는 '郢 및 浧'밖에 없는데, 전승 한자음에서는 '郢'만 보이고 역시 /령/으로 나타난다. 결론적으로 以母의 변천 역사를 고려할 때 한국 한자음에서 나온 '逞'·'郢'(령)은 상고 以母에 대응하는 것으로 봐야 설명이 되므로 이들은 以母에 대응하는 지체층에 속하는 것으로 볼 수 있을 것이다.

또한 문헌을 통해서 '逞'이 非舌音으로 나온 양상이 보인다. 『集韻』에서는 '逞'에 대하여 '怡成切, 與盈同. 人名. 晉有欒盈, 亦作逞'[131]이라고 記載되어 있다. 중요한 것은 중고로 해석하면 '逞'은 설음(ʈ)이고 '盈

130 '郢'(령)만을 상고층의 양상으로 인정하고 '逞'이 '郢'에 유추한 것이라 제기할 수 있을지도 모르지만 후술할 바와 같이 '逞'이 /ㄹ/의 음가로 나타나는 양상은 漢代 내지 中古에도 계속 보인다.

131 『集韻』에서 다루고 있는 내용은 실은 「史記 · 晉世家」('曲沃攻逞, 逞死, 遂滅欒氏宗. 逞者, 欒書孫也')의 인물 欒盈(혹은 欒逞)을 말하고 있다.

(*l->j-)'과 같은 발음을 할 수 없다는 것이다. 따라서 모두 상고의 以母(*l-)에 대응되는 것으로 파악해야 할 듯하다. 흥미로운 것은 裴駰(宋代)의 『史記集解』에서 역시 같은 이야기를 들어 '『左傳』逞作盈'[132]을 말하고 있다는 것이다. 이를 통해서 '逞'은 문헌에서 以母(*l-)로 나타난 경우가 존재하며 또한 중고에 들어서도 그 음가가 보인다는 것을 확인할 수 있다. 그러므로 전승 한자음에서 나타난 逞(령)은 상고의 以母(*l-)를 반영한다는 결론을 내도 무방할 것이다.

아울러, 전승 한자음의 문헌에서 보인 逞(령)의 양상을 언급하고자 한다. 河野六郎(1968/2010: 352)에서는 逞/령/이 『全韻』에서 속음으로 나타난다고 말한 바 있다. 이외에, 흥미로운 것은 대부분의 문헌, 가령 『小學2: 39b』, 『論語2: 52b』, 『飜小3: 4b-5a』에는 모두 『論語』의 내용 '逞령顏안色식ᄒᆞ샤 怡이怡이(약)'을 인용하고 있다는 것이다. 주지하다시피 『論語』는 春秋 시기에 대응한 논저이며 앞선 본 『史記』에 못지않게 상당히 권위성을 지니고 널리 알려지는 문헌이다. 이와 같이 '逞'(령)에서 두음 법칙까지 적용하지 않는 점은 대표음을 표기에 반영하려는 인식이 강력했기 때문인 것이라 여길 수도 있다(신성철 2018)[133]. 이상으로 볼 때 전승 한자음의 逞(령)을 유추음으로 본 관점은 문제가 있으므로 上古音적 요소(Ⅰ등급)로 간주할 수 있을 것이다. 또한 전승 한자음의 逞/령/은 파열음화를 겪기 전의 모습이므로 漢代 이전의 층위를 반영한 것으로 추정할 수 있다.

다음으로 魑(리)에 대하여 보고자 한다. 魑는 최근의 상고 재구음(鄭張)에 따르면 */rhel/(rh=r̥)과 같이 파악할 수 있다. 앞서 기술했듯이 무성 유음인 *r̥-가 중고에 이르면서 설음 파열음으로 되는 경우가 존재

---

132 『左傳』이라는 史書에서 '逞'을 '盈'으로 쓰기도 한다고 말하고 있다.

133 이에 비해 '郢'은 /녕/으로 나타나기도 한다.

한다. 한편 중세 전승 문헌인 『改法 2: 39b』에서는 '곧고대 다 魑魅(리믹)魍魎'과 같이 魑의 음가 /리/에 주목할 만하다. 魑는 중고음에 의하면 徹母($ţ^h$-)에 해당하는 것이므로 원칙적으로 한국 한자음에서 'ㅌ'이나 'ㄷ'으로 나온다. 이에 대하여 伊藤智ゆき(2002, 2011: 140)에서는 魑(리)가 중고 '離(리)'에서 유추된 것으로 주장한 바 있다. 두 글자가 같은 성부(离)를 가지고 있다는 점은 물론 간과할 수 없는 사실이지만 본고에서는 이와 같은 견해에 대하여 비판적으로 살펴보고, 이를 上古音에 접근해 바라보는 것이 더 타당함을 제시하고자 한다.

우선 漢語 방언과 관련된 증거를 통해서 魑(리)의 정음성을 확인할 수 있다. 흥미로운 것은 客家·粵방언 모두 두 가지 음가를 보유하고 있다는 것이다. 魑(리)는 치음인 /ci/외에 각각 /li/ 및 /lei4/ 등을 같이 확인할 수 있다[134]. 이와 같이 산에 있는 도깨비(山神)를 의미하는 魑의 여러 음가는 층위의 차이로 이해할 수 있다(陳忠敏 2006 참고). 또한 주목할 만한 것은 清나라 때에 방언 문헌에서 '魑'를 來母(l-)로 발음한 것을 기록하고 있다는 것이다. 가령 閩방언의 『戚林八音』에서 '柳'字를 통해 聲母의 음가를 확인할 수 있다. 또한 비슷한 시기의 粵방언에 관련된 운서인 『分韻撮要』에서는 '來'字를 통해 '魑'의 발음을 보여주고 있다[135]. 더욱이 베트남 한자음에서도 /si/외에 /ly/가 나타나므로 '魑'의 來母 음가가 잘 보존된 것으로 생각할 수 있다. 따라서 한국 한자음에서 '魑'가 /리/로 발음된 것도 비슷한 궤도에 있을 것으로 추정할 수 있다.

한편 Schuessler(2007, 2009)에서는 '魑螭离'를 同源詞로 보고 있다. 다시 말하자면 이들은 원래의 의미와 발음이 같은 한자다. '螭'도 중고

134 <漢典> 및 <漢語多功能字庫> 참고.

135 <字統网> 참고.

의 徹母字지만 『經典釋文: 139下』에서 '勑知反'이 나타나고 있다는 점은 중요하다. 왜냐하면 反切 上字인 '勑'는 來母字라는 사실이 본고의 주장을 지지할 수 있는 유용한 증거이기 때문이다. 한편 '螭'를 'l-'로 발음한 음형도 閩南·客家 방언에서 두루 확인된다(<漢典>). '离'도 마찬가지다. '山神'을 의미할 때 역시 상고에는 來母에 대응하고 중고에 들어 徹母로 변하게 된 것이다. 요약하자면 '魑'/리/는 도깨비의 이름으로 음 변화의 지체층에 속하게 된다고 추정할 수 있을 것이다.

결론적으로 전승 한자음의 '魑'가 /리/로 발음된 것은 上古音의 잔재일 가능성이 크지만 유추 작용으로 인한 것일 수도 있음을 부정하기 어렵다. 따라서 유추 정도성을 고려하여 魑(리)는 ①에 해당하므로 上古音적 요소의 Ⅱ등급에 속하는 한자로 말할 수 있을 것이다. 또한 '魑'/리/의 聲母는 역시 파열음이 변하기 전의 기층에 속하는 것이기 때문에 漢代 이전의 음형일 것이다.

3.2.3.3. 澄母

[표 21] 澄母

上古音	중고음 (舌上)	전승 한자음		
		주요	소수	上古音
*d/*l/*r	ɖ澄	ㄷ(65), ㅌ(45)	ㅈ 등 (5)	茶(다)賺湛(담)撞幢(당) 擢濯濁(탁)綻(탄)

[표 21]에서 볼 수 있듯이 중고의 澄母/ɖ-/는 상고 기본 자음인 파열음 혹은 유음에서 온 경우가 있다. 표의 上古音으로 간주한 예들은 앞서 언급한 바와 같이 知組(Tr-)에서 개음 -ɣ-(<*-r-)가 나타나지 않으므로 일차적으로 上古音적 요소로 본 것들이다. 먼저 '茶(다)'를 보자. 그동안 茶(*rla:>(LH)d^{r}a>(MC)dɣa)는 많은 주목을 받아 왔다. 河野六郎

(1968)에서는 이를 속음으로 간주했으나 이에 대한 자세한 설명은 없었다[136]. 엄익상(1998)에서는 전승 한자음의 茶(다)를 上古音의 흔적으로 밝힌 바 있으며 澄母에 속한 茶(다)가 파찰음화(ㄷ>ㅈ)를 겪지 않았으므로 上古音으로 간주한다고 하였다[137].

최근의 上古音의 연구를 고려하면 전승 한자음의 茶(다)는 '荼'가 轉注[138]를 통해 분화된 한자일 것이다(鄭張 2003). 더 말하자면, 고대 漢語의 '荼'자는 一等字였는데, 潘悟雲(2018)에서는 '荼'(*-a-)가 음 변화가 느린 지체층에 있으므로 나중에 二等 麻韻(*-ra-)에 혼입된다고 보았다. 전승 한자음의 茶(다)는 개음이 영향을 미치지 않았던 시기의 음이기 때문에 二等 麻韻에 합류하기 전의 모습으로 볼 수 있거나 개음이 聲母와 더 밀접한 시기에 대응할 수 있다고 생각한다. 다시 정리하자면 茶(다)는 파열음화를 겪은 것이지만 개음의 영향을 받지 않은 음형이므로 漢代/dˤa/에 대응할 수 있다고 생각한다.

다음으로 '賺'(담)을 보자. '賺'은 『訓蒙 下: 9b』(예산본)에서 '소길 담'이라고 확인되며, 伊藤智ゆき(2002)에 따르면 '/잠/'이라는 음형이 여타 판본에서 나타나기도 한다. 이는 전술한 茶(다, 차)와 같이 층위의 차이로 이루어진 결과로 볼 수 있을 것이다. 다시 말해서 파찰음화된 賺의 /잠/이 중고 후기에 대응하고, /담/은 중고 이전의 음가에 해당할 것이다. 즉 중고 후기의 賺/잠/이 파찰음화된 원인은 개음이 존재한다

136 '茶 차 다'『訓蒙 中: 11a』.

137 엄익상(1998/2008: 274-275)에 따르면 비록 한국에서 차를 마시기 시작한 시기는 대략 신라 시기로 잡아야 될 듯하지만, 茶/다/는 漢語 남방음이 전래되었거나 茶의 古字인 荼가 苦菜의 의미로 한반도에 이른 시기에 전래되었다고 볼 수 있을 것이다.

138 漢字 六書의 하나이다. 이는 이미 있는 漢字의 뜻을 확대하거나 발전시켜 다른 뜻으로 쓰는 방법으로 낱말의 뜻을 나타내는 문자이다. 이는 또한 音이 바뀌기도 한다. 그 예로 '악(樂)'이 즐거울 락, 노래 악, 좋아할 요로 읽히는 것 등을 들 수 있다<한자사전>(네이버) 참고.

는 것을 시사한다. 이와 달리 賺/담/에서는 개음이 나타나지 않는 것으로 이해할 수 있다. 즉 앞서 강조한 바와 같이 상고 후기에 나타난 권설 성분 C^{r}-는 聲母의 이차 조음이던 시기 혹은 그 이전의 층위를 반영한 것이다. 한편 전승 한자음의 '賺'(담)과 같이 비교할 만한 漢語 방언은 閩南語(/tʰaŋ/) 및 贛방언(tʰan)을 들 수 있다.

나아가 湛(담)을 보겠다. 이는 역시 여러 음가를 지닌 多音字이다. 『類合 下: 31a』의 '안졍훈 믈 담'이라는 설명을 통해서 이는 『廣韻』 '水皃(又沒也安也)'를 뜻하는 湛(徒減切)에 대응한다고 볼 수 있다. 즉 反切로 湛은 澄母二等에 속한 음가라고 판단된다. 한편 전승 한자음에도 또한 '黮(담)'(定/透母一等)이라는 글자가 있지만, 湛(담)은 '黮(담)'에 의한 유추음일 가능성이 희박하다고 생각한다. 湛(담)은 더 기본 한자이기 때문이다[139]. 더욱이 湛(담)과 비슷한 모습으로 閩南語 /tam/ 및 粤방언/da:m1/이 있다. 아울러 撞幢(당)[140]도 일상적으로 쓰이는 상용 기본 한자이며 유추로 설명하기 어려울 것이다. 이에 본고에서 이들을 모두 澄母二等에 속하고 개음이 반영되지 않는 층위에 두고자 한다.

다음으로 '擢' 및 '濯'을 보자. 이들은 『說文』에 의하면 같은 聲符인 '翟'을 공유하고 있을 뿐만 아니라 『經典釋文: 373上』에서 '擢'은 '音濯, 司馬云 拔也'와 같이 '擢'과 '濯'은 상고 후기 내지 중고 전기에도 같은 발음이었을 것으로 보인다[141]. 이와 더불어 '濁'(탁)도 『集韻』에서 '擢·濯'과 같이 '直角切'로 해석하고 있으며 『經典釋文: 214下』도 '濯'은 '音濁'이라고 하므로 이들이 일치한 발음을 가졌을 것으로 볼 수 있다. 이에 전승 한자음에서 '擢·濯·濁'/탁/은 유추로 볼 가능성이 거의 없다

139 <Chinese text computing> 참고.

140 '撞 다틸 당'『類合 下: 47a』; '幢 번 당'『訓蒙 中: 7b』.

141 '擢 쌔혈 탁'『類合 下: 21a』; '濯 셜 탁'『類合 下: 08a』; '濁 흐릴 탁' 『類合 下: 48b』.

고 말할 수 있으며 이들은 上古音으로 해석해야 설명될 수 있다. 아울러 『訓蒙 下: 7b』에서 나타난 '綻 싸딜 탄'도 전승 한자음에 있어서 유추 및 중고음으로 설명할 수 없는 예이다. 다시 강조하자면 上古音에 입각해야만 綻/탄/의 음가가 해명된다.

한편 이와 같은 예들은 漢語 방언의 古音 특징이 농후한 閩南語에서 擢/tɔk/, 濯/tak/, 濁/tak/, 綻/tan/ 등으로 확인할 수 있다. 반면에 여타 漢語 방언에서는 대개 개음으로 인해 파찰음화로 형성하게 되었으며 베트남 한자음에서 주로 /tr-/와 같이 나타나고 있다[142]. 정리하자면 澄母에 속한 모든 예를 上古音적 요소(Ⅰ등급)로 간주할 수 있을 것이다.

3.3. 脣音

3.3.1. 개관

상고 漢語(OC)에 있어 脣音 체계는 중고음(MC)에 비해 무성 비음 계열이 존재하고 있다는 것을 주목할 만하다[143]. 특히 선행 연구에서는 이와 같은 계열이 중고에 이르러서 어떻게 변해왔는지, 또한 한국 한자음에서 어떤 모습으로 나타나는지가 주된 관심이 되었다. 한국 한자음(SK)의 주된 형은 대체로 중고의 양상과 같이하지만 이에 벗어난 부분도 없지 않다. 이 절에서는 우선 그간의 연구에서 쟁점이 되는 점을 짚어 보고 나아가 한국 한자음에 있어 上古音적 요소를 띤 脣音의 양상을 찾아보고자 한다.

142 江佳璐(2011: 63)에서 베트남 한자음의 tr-는 중고 이후의 층위로 보고 있다.

143 이 글에서 상고 재구음(OC) 및 체계는 주로 鄭張·潘을 따르되 필요할 때는 Baxter·Sagart(2014) 등도 함께 고려하기로 한다. 중고음(MC)도 마찬가지다.

[표 22] 脣音

上古音	중고음	전승 한자음[144]		
		주요	소수	上古音
*p	p 幫	ㅂ(148), ㅍ(59)	ㅂ~ㅍ 등(8)	
*pʰ/*m̥	pʰ 滂	ㅂ(75), ㅍ(42)	ㅂ~ㅍ 등(4)	撫(무)
*b	b 並	ㅂ(194), ㅍ(71)	ㅂ~ㅍ(5)	
*m	m 明	ㅁ(261)	ㅂ 등(4)	

[표 22]에서 볼 수 있듯이 중고음 切韻 체계에 따르면 重脣音(bilabials)에는 幫(p), 滂(p^h), 並(b), 明(m)만이 있다. 전승 한자음의 幫(p)·並(b)은 주로 '/ㅂ/, /ㅍ/'으로 나타나되 전자가 다수에 대응한다. 滂(p^h) 역시 주로 '/ㅂ/, /ㅍ/'으로 나타나고 있으며 둘 간의 차이가 아주 크지는 않은 것으로 보인다. 한편 明(m)는 압도적으로 'ㅁ'으로 나타난다. 중고음 후기에 들어서는 이와 같은 重脣音 계열에서 새로운 脣輕音(labiodentals)이 생긴다[145]. 河野六郎(1968/2010: 153)에 의하면 『廣韻』 反切로부터 귀납해 본 切韻 체계에는 脣輕音 계열이 아직 존재하지 않았고, 脣輕音의 존재가 명백해지는 것은 당나라 시대에 慧琳(736—820년)이 지은 『一切經音義』의 反切에서 확실하게 나타난다고 한다[146]. 흥미로운 것은 한국 한자음의 15·16세기 문헌을 바탕으로 살펴볼 때 脣重音 'ㅂ, ㅍ, ㅁ'의 양상만 반영되어 있다는 것이다.

144 후술할 바와 같이 본고에서는 전승 한자음은 輕脣音화가 일어나지 않았다는 관점을 하고 있으므로 중고(후기)에 輕脣音으로 본 글자 수를 중순음에 합쳐서 계산했다는 점을 밝혀 둔다.

145 脣輕音에는 '非pf, 敷pf^h, 奉bv, 微ɱ'이 있다.

146 王力(2010/2018: 259)는 晩唐 내지 오대(五代)(836-960)에 들어서야 경순음이 나타난다고 주장하고 있으나, 橋本貴子(2021)에서는 平山(1967: 219-223) 및 潘悟雲(1983: 23-4) 등과 같이 8세기 이후에 나타난 것으로 보고 있다.

이에 대하여 朴炳采(1971: 89-96)에서는 중순음과 경순음이 변별되었던 흔적이 없다고 보고 한국 한자음의 순음은 중고음 초기 이전의 古層에 기반을 둔 것으로 제시하고 있다. 최희수(1986: 94-6)에서는 중순음과 경순음의 분화 여부를 上古音과 중고음의 주요한 기준으로 삼아서 이와 같은 한국 한자음의 양상은 上古音에 대응된다고 피력하고 있다. 같은 맥락의 근래 연구인 魏國峰(2014: 71-72)에서도 한국 한자음의 주된 층은 경순음이 생기기 전에 있었다고 주장하고 있으며 또한 이런 순음 양상은 上古音까지 대응될 수 있다는 가능성을 인정하고 있다.

이상과 같은 연구에서는 한국 한자음은 輕脣音화가 일어나기 전 시기의 漢語를 차용한 것으로 보고 있다. 그러나 고대 한국어 고유 체계에는 輕脣音이 없기 때문에 이런 특징이 꼭 上古音이나 전기 중고음에서 온 것인지는 의심할 여지가 있다. 왜냐하면 근래의 연구에서 한국 한자음의 주된 층위가 대략 후기 중고음에 대응한다고 보는 관점을 감안할 때 輕脣音화가 일어났을 가능성도 排除하기 어렵기 때문이다[147].

河野六郎(1968/2010: 161)은 山攝3等乙에 속한 '阪·坂'/판/ 등은 輕脣音化를 일으킨 것이라 제기한 바 있는데 이 문제를 더 짚어 보기 위해서는 輕脣音化의 발생 조건을 살펴봐야 한다. 河野六郎(1968/2010: 154), Baxter(1992: 47) 등에서는 輕脣音化가 일어나는 조건에 대하여 논한 바 있는데, 이를 다시 종합하면 'p → f/__-ɪ(j)- [V, +back]'로 제시할 수 있다. 관건이 되는 것은 한국 한자음의 순음 뒤에 개음 -ɪ-이나 -j-이 존재한다고 말하기 어렵다는 점이다. 다시 말해서 한국 한자음의 실제

147 魏國峰(2014)에서 8-9세기, 伊藤智ゆき(2007)에서 (唐末) 9-10세기로 본 주장이 그것이다. 물론 선행 연구에서 전승 한자음은 주로 7-8세기를 반영한 것으로 보는 연구도 있지만, 앞서 언급했듯 輕脣音化가 8세기 후반에 일어난 점을 고려할 때 이와 같은 주장에서는 輕脣音化가 일어난 것을 더 타당하다고 본다.

모습에서 순음뿐만 아니라 아후음 뒤에도 그 개음(-ɪ-)이 독립적으로 보이지 않는다.

가령 후술할 元韻 3等C('ㅓ')를 통해 볼 때 'ㅓ'는 개음이 생기지 않는 층위를 반영했거나 개음이 나타난 초기의 모음에 흡수된 것으로 이해해야 될 듯하다[148]. 요컨대, 전체적인 양상을 파악할 때 전승 한자음에는 輕脣音化가 일어날 수 있는 조건이 만족되지 않는다. 더욱이 Starostin(1989/2012: 5)에서도 상고 漢語 재구에서 3等 개음이 없다는 주장이 제기되는 이유 중 하나는 한국 전승 한자음에 3等 개음이 잘 나타나지 않는다는 사실과 관련이 있다고 밝힌 바 있다. 따라서 한국 한자음에는 3等 개음(-ɪ-)가 잘 나타나지 않기 때문에 輕脣音化가 일어날 수 없는 시기의 양상으로 봐야 될 것이다.

물론 이와 같은 견해는 전승 한자음의 주층 및 그 이전의 층위에만 적합하다. 한국 한자음의 후기 차용어를 함께 고려하면 輕脣音化를 반영한 모습이 확인된다. 蕭悅寧(2014: 171, 194)에서는 근세 漢語를 반영한 16-19세기의 譯學書를 통해 이때의 한국 한자음에서 輕脣音化된 순음은 주로 'ㅍ' 및 소수의 'ㅎ'으로 나타난다고 밝힌 바 있다. 또한 'ㅍ'가 상대적으로 정연하게 나왔다는 것 또한 중요한 지적이지만, 무엇보다 'ㅎ'와 혼용한 예(貨物: 포믈)를 제시한 점이 더욱 눈길을 끈다고 생각한다. 왜냐하면 음성적으로 파악할 때 [f]은 순치 마찰음이고 'ㅂ'(혹은 ㅍ)은 양순 파열음이어서 차이가 적지 않기 때문이다. [f]와 같은 발음 방식을 지닌 'h'이나 'ɸ'로 발음한 것은 아주 자연스러운 일이다[149]. 그러나 전승 한자음에서는 이와 같은 혼용의 양상을 발견하

148 앞서 2장에서 기술했듯이 중고 전기에 싹이 튼 3等 개음은 그 세력이 약하다(潘悟雲·張洪明 2013).

149 漢語 閩南語, 일본어가 그것이다. 사실 현대 한국어가 영어의 [f]를 받아들일 때도 역시 같은 모습이 보인다. 비록 맞춤법에서 순음(ㅍ)으로 규정하고 있더라도

기 어렵다. 이에 輕脣音化가 전승 한자음에서 주층에 반영된다는 견해 역시 받아들이기가 어렵다.

또한 모음 및 개음의 양상을 함께 고려할 때 역시 輕脣音化로 보기 어려운 면이 보인다. 가령 伊藤智ゆき(2002/2011: 284)에서 凡韻(-iam)의 순음을 輕脣音化로 주장하고 있지만, 이 논의에서도 輕脣音化로 해석하는 문제점을 제기한 바 있다. 즉 輕脣音化를 겪었다면 '밤, 밥' 등과 같은 모음이 'ㅏ'로 실현되어야 하는데 실은 '범(凡), 법(法)' 등으로 나타나고 있는 것이다. 한편 廢韻에서 '폐'처럼 개음이 나타나는 모습도 輕脣音化가 일어나지 않았다는 것을 의미한다. 왜냐하면 輕脣音化를 겪었다면 개음이 탈락하기 때문이다[150]. 따라서 본고에서는 전승 한자음의 순음은 대개 輕脣音化가 본격적으로 나타나기 전에 漢語 층위를 반영한 것으로 생각하고자 한다. 上古音의 층위와 명확히 구분하기 어려울 때가 적지 않지만 여타 자음의 양상과 함께 고려하면 보다 타당한 논의를 얻을 수 있을 것이다. 본고에서는 輕脣音 계열을 포함하지 않은 切韻 체계(潘悟雲·張洪明 2013)를 따르고 있음을 다시 한번 밝혀 둔다.

'ㅎ'으로 발음하는 자연스러운 발음의 선택을 막기 어렵다고 할 수 있을지도 모른다.

150 伊藤智ゆき(2002/2011: 239)에서는 이러한 '폐'가 통상적인 輕脣音化에서는 [ɪ]가 약화되는 데 반해 전설화한 [i]가 약화되고 있음을 반영하는 것은 아닐까 추정한 바 있다. 그러나 輕脣音化가 일어나면 개음이 탈락하는 것은 이 음운 현상의 기본 규칙인데, 규칙을 어기는 설명은 받아들이기가 어렵다. 다만 본고에서도 비음은 아후음보다 개음(ɪ)을 상대적으로 민감하게 반영한다고 생각한다. 특히 주요 모음이 전설인 경우가 더욱 그렇다. 가령 蒸韻 3等(-iiŋ)의 경우 아후음과 결합하는 데에는 'ㅡ'와 대응하나 비음은 'ㅣ'와 대응하고 있다. 이는 순음의 발음 위치가 더 앞쪽에 있다는 사실(전방성[+ant])과 무관하지 않을 것이다.

3.3.2. 幫組

幫組(P-) 파열음은 15·16세기의 전승 한자음에서 원칙적으로 'ㅂ, ㅍ'으로 나타난다. 그러나 滂母에서 /ㅁ/으로 나타나는 양상이 발견되는데 이는 중고음에서 벗어난 모습이므로 특별히 주의를 기울일 필요가 있다.

[표 23] 滂母

上古音	중고음	전승 한자음		
		주요	소수	上古音
$*p^h$/$*m̥$	p^h 滂	ㅂ(75), ㅍ(42)	(4)	撫(무)

앞서 언급한 바와 같이 切韻 체계(MC)가 대표하는 중고음과 달리 상고 脣音의 체계에서 가장 눈에 띄는 특징은 무성 비음(清鼻音 voiceless nasals) 계열이 존재한다는 점이다. 최근의 상고 이론에 따르면 *m̥-는 중고에 들어 양순 파열음 p^h-(滂母)가 된다. 이에 대하여 潘悟雲(2018)에서는 무성 비음의 기원은 *hm-[151]이며, 'h-'은 뒤의 비음의 조음 방식에 따라 그 발성 양상을 바꿀 수 있다고 제시하였다. 즉 이는 비음이 조음될 때 연구개의 하강 동작이 일찍 일어나면 구강이 폐쇄되어 'h-'가 비강으로 나가게 되어 무성 비음이 형성되는 것으로 이해할 수 있다. 또한 그의 논의에서는 *m̥-는 음성적으로, 특히 지각에 있어 p^h-와 매우 가까우므로 중고에 내려와서 滂母(p^h-)에 합병된다고 설명하고 있다.

무엇보다 한국 한자음에서 滂母(p^h-)字가 明母(m-)로 읽힌 예가 보인다는 사실은 주목할 필요가 있다.『訓蒙 下: 14a/32a』에서 나온 '믄질

151 鄭張(2003)에 의하면 *hm-에서 m은 기본 聲母이다.

撫(무)'字가 그것이다. 우선 '撫'에 대하여 그간의 연구에서는 대부분 유추음이나 예외로 처리하고 있다(河野六郎1968, 朴炳采 1971: 95, 權仁瀚1997/2019, 伊藤智ゆき 2007, 魏國峰 2014: 69, 申祐先 2015: 99, Qian 2017: 63). 구체적으로 河野六郎(1968/2010: 167)에서는 '撫'는 聲符인 '無'에 의해 '/무/'로 읽힌다고 보고 있는데 여타 논의도 이와 크게 다르지 않다. 그러나 이와 같은 견해는 上古音의 가능성을 고려하지 않은 것이며, 또한 후술할 것과 같이 역사상 '撫'가 상고 漢語에서 明母字와 假借 관계를 지닌 사실을 외면한 것이다.

이에 본고에서는 '撫'를 소위 유추음이라고 보는 견해를 납득하기 어렵다고 생각한다. 우선 앞서 살펴본 바와 같이 전승 한자음의 문헌에 나타나는 양상을 통해서 볼 때 '撫'/무/라는 발음이 음 변화에 의한 작용에 더 적합한 것으로 생각한다. 유추의 임의적이라는 특징과 달리 중세 시기의 전승 한자음 문헌에서 '撫'/무/는 모두 같은 모습으로 나타나고 있다. 즉 이는 전통적인 한자음으로 정착되고 대개 언중들에게 모두 받아들여지고 있으며 또한 널리 쓰이고 있다고 생각할 수 있다. 참고로 규범적 발음인 중고음에 맞는 '撫'/부/는 오히려 전승 한자음에서 나타나지 않고 근세의 문헌에서만 나타나고 있다. 구체적으로는 아래와 같이 정리할 수 있다.

'撫'/무/	'撫'/부/[152]
飜譯小學	三韻聲彙(1751)
小學諺解	奎章全韻(1796)
孟子諺解	
訓蒙字會	
新增類合	
書經諺解	
華東	

다시 강조하자면 滂母(ph-)에 속하는 '撫'가 중고음을 반영하였다면 /ㅂ(ㅍ)/으로 나타나는 것이 일반적인데, 위에 제시한 한국 근세 문헌의 것들이 이에 해당하며 흔히 규범음으로 칭하기도 한다. 그러나 중세 시기의 전승 한자음의 문헌에서는 撫/무/만으로 나타나고 있다. 이에 이와 같은 모습은 중고음보다 더 이른 층위를 반영했을 가능성을 제기할 수 있다. 나아가 앞에서도 강조했듯이 유추음은 본질적으로 오독음이기에 흔히 어려운 한자나 생소한 한자를 잘못 발음한 것일 가능성이 크다고 볼 수 있다. 그러나 撫/무/는 그렇게 보기 어렵다. 한국 한자음 문헌에서 자주 나타나는 점도 그렇고, 고대 漢語에서 '撫'는 常用字[153] 이며 높은 빈도로 쓰인 한자로[154] 간주할 수 있다는 점을 볼 때 역시 이것이 오독음으로서 널리 펴져 나갔다고 보기는 어려울 것이다.

다음으로 여타 한자음의 양상과 비교하여 살펴보고자 한다. 일본 한자음에서 '撫'은 '呉音 フ(/hu/), 漢音 フ(/hu/), 慣用音 ブ(/bu/)'라는 발음이 확인된다[155]. 앞서 강조했듯이 일본 한자음의 慣用音ブ(/bu/)는 더 이른 음운 층위에 속할 가능성이 있다. 덧붙이자면 유성 파열음인 ブ(/bu/)는 明母(m)가 唐代에 탈비음화를 겪은 후 /mb/에 대응한 것으로 이해할 수 있을 것이다[156]. 즉 상고의 *m̥-이 明母로 정착한 다음에 일어

152 河野六郎(1968/2010: 167) 참고.

153 『古漢語常用字字典』(참고).

154 덧붙이자면 통계학에서는 일반적으로 0.05 혹은 0.01을 표준값으로 계산한다 (Hubbard, Raymond ; Bayarri, M J. 2003). 본고에서 고대 漢語에 사용된 대략 110,000개의 한자를 바탕으로 0.01의 기준치로 분석했을 때도 '抚'는 570번째에 있으며 충분히 고빈도에 속하는 한자로 확인되었다. <Chinese text computing> (https://lingua.mtsu.edu/) 참고.

155 藤堂明保(1978/1990)에 의한다.

156 ブ(/bu/)는 聲母가 유성 파열음(voiced stops)이며 일본어의 자음 체계를 고려하면 두 가지의 가능성이 있다. 하나는 明母(m)가 唐代에 탈비음화를 겪은 후 /mb/에 대응되는 것이고 다른 하나는 沼本克明(1986: 17-18)에서 제시한 것처럼 중고음의 p^h(滂母)에 속하는 글자는 일본 呉音·漢音에서 모두 원칙적으로 ハ(ha)행음이

난 음 변화일 것이다(*m̥ → m →mb).

흥미로운 것은 베트남 한자음에 대한 연구에서도 '撫'에 관한 논의를 찾아볼 수 있다는 것이다. 江佳璐(2011: 126)에서는 /mô/로 나온 음가를 예외로 보고 있으며 오독음으로 간주하고 있다. 한편 咸蔓雪(2016: 88-93)에서는 '撫/vô/'에 대하여 깊이 있게 설명하지 않지만, 이와 같은 발음은 중순음에서 온 것이며 상고 혹은 이른 중고음에 반영된 것으로 주장한다. 아울러 江佳璐(2011)에 의하면 베트남 한자음 체계에서 '撫'에는 'mô, vô(vũ), phủ'라는 발음이 있다. 베트남 한자음의 순음 체계에서 b, ph는 각각 幇·並母 및 滂母에 대응하며 m이 明母에 대응하는 양상은 원칙적인 것이고(咸蔓雪 2016: 80), 이는 한국 한자음과 매우 유사하다. 이처럼 /phủ/는 중고에 내려와서 滂母(敷母)[157]에 대응하는 것으로 설명할 수 있고, /mô/(>vô/vũ)가 明母(>微母)를 반영한 것이라는 점은 짐작하기 어렵지 않다. 중요한 것은 베트남 한자 사전에서 撫/*mô/라는 발음은 摹(明母/m/)와 통한다는 것을 재확인할 수 있는 점이다[158]. 즉, 撫는 베트남 한자음에서 明母로 발음된다.

이어서 漢語 方言과 관련된 양상을 살펴보자. 우선, '撫(무)'에 관하여 閩南語에는 文語 및 口語의 발음이 차이가 난 현상(文白異讀)이 눈에 띈다. 口語에 해당하는 '(mu>)bu'[159] 및 文語에 대응하는 'hu'는 공존하

나오지만 吳音 가운데 유성음이 존재하는 것이 吳音의 母胎音을 반영했을 가능성이다. 즉 沼本克明(1986: 17-18)은 滂母의 기원이 유성음에서 왔을 가능성을 제시하고 있으며 이는 앞의 咸蔓雪(2016)과 비슷한 견해다. 사실 어느 가능성을 선택하든지 그 결과는 동일하다. 전자의 경우는 상고의 *m̥-이 明母로 정착하는 모습에 해당하며, 후자는 /p^h/滂母의 상고 기원 음을 의미하는 것인데 역시 *m̥-(>m)이다.

157 江佳璐(2011: 191, 286)은 모든 발음을 敷母로 간주하고 있다.

158 <Từ điển Hán Nôm> (참고).

159 <教育部臺灣閩南語常用詞辭典>에서는 /bú/를 俗音으로 간주하고 있고 <漢典>에서는 /mu/白讀音으로 표시하고 있다.

고 있다. 杜佳倫(2014: 357)에 따르면 閩南語 明母의 탈비음화가 口語音에서 일차적으로 일어나는 한편 (滂母>)敷母 등 순경음 글자는 閩南語 체계에서 '(f>)h'로 실현된다. '撫'의 통시적인 변화(*m̥>p^h>f)를 고려할 때 口語의 /(mu>)bu/가 더 이른 시기의 음을 반영하고 있다는 것을 알 수 있다. 즉 상고의 무성 비음인 /*m̥-/은 閩南語에서 明母로 정착한 후 탈비음화가 일어난 것이다. 한편 客家·粵 방언에서도 각각 상고 및 중고에 대응한 층위인 /m/, /f/가 보인다[160]. 정리하자면 '撫'이 明母로 반영된 것은 상고의 잔재이지만 현재 살아 있는 漢語 방언 및 여타 한자음을 통해서 볼 때 '撫'이 明母로 발음된 것은 어느 정도 일반화된 모습에 속한다고 할 수 있다.

이제 上古音에 접근해서 '撫'가 /무/로 정착된 원류를 보고자 한다. 먼저 '撫'와 관련된 해성(諧聲)류를 아래와 같이 제시할 수 있다(潘悟雲 2018, 葉玉英 2020).

(6) ㄱ. (OC)*m̥>(MC) p^h 滂母 撫墲嘸

ㄴ. (OC)*m̥ʰ>(MC) h 曉母 幠膴鄦

ㄷ. (OC)*m>(MC) m 明母 無憮嫵

위에서 제시한 예 6(ㄱ, ㄴ, ㄷ)는 모두 같은 해성부(無)를 지니므로 상고(OC)에 있어 음운론적으로 가까운 글자이다. 다만 중고음에서 각각 파열음·마찰음·비음에 대응하게 되면 더 이상 해성류로 볼 수 없다[161]. 여기서 '撫'에 초점을 두어 보자면 무성 비음 /m̥-/이야말로 상고

160 <漢典> 참고.

161 潘悟雲(2018, 2020)에 의하면 聲母의 기본 해성 원칙은 같은 발음 위치 및 같은 발음 방법을 하는 자음은 서로 해성할 수 있고 하나의 해성류로 볼 수 있다는 것이며 여기서 기식이나 청탁은 상관이 없다.

의 비음과 해성하며 중고에 파열음이 된다는 것을 잘 설명할 수 있다. 한국 한자음의 주층에 따르면 '撫'*m̥aʔ(>MC pʰɨo)에서 pʰ(滂母)는 /ㅍ/(ㅂ)으로 나와야 될 것이다. 그러나 '撫'은 그렇지 않고 /무/로 나오고 있다. 고대 한국어의 자음 체계를 감안할 때도 '撫'의 聲母/*m̥/를 /m/로 받아들인 것이 최적의 선택일 것이다. 다시 말해서 上古音의 층위에 대응한 것으로 봐도 문제가 없을 것이다.

다음으로 문헌을 통해서 '撫'/무/(<*m̥)의 음가를 재확인하고자 한다. 葉玉英(2020: 222-223)은 출토 문헌을 통해서 '撫'를 무성 비음으로 발음한 것은 전국(戰國)시기 楚나라까지 거슬러 올라갈 수 있다고 피력하고 있다. 그의 논의에 따르면 '亡' 성부로 이룬 무성 비음들은 '無' 성부 계열의 무성 비음과 매우 밀접한 관계를 갖는다. 이 논의에서는 楚나라의 竹簡에서 '撫' 및 '㠩'은 假借[162]의 관계를 지니기도 한다고 제시하고 있다. 이에 고대 문헌을 통해 '撫'字가 비음과 가깝다는 것을 확실히 볼 수 있다고 생각한다. 더욱이 『集韻』(校本)에서 '斐父切' 외에 '摹(/모/)'와 같이 '蒙晡切'('或從無亦書作摸')에 대응하는 것을 記載하고 있다는 점도 본고의 주장을 지지할 수 있는 부분이다[163]. '撫'가 明母 /m-/로 발음되는 것은 중고의 일부 문헌에서도 그 흔적을 보인다.

이상과 같이 撫/무/가 明母로 정착한 모습은 전승 한자음뿐만 아니라 여타 한자음에서도 확인되는 일반화된 양상이므로 유추로 해석하는 것보다는 上古音의 잔재로 설명하는 것이 더 타당할 것이다. 마지막으로 이와 같은 현상에 대하여 간략히 부언하고자 한다. 潘悟雲(2010)에

162 앞서 언급했듯이 假借는 六書의 하나이며 간단하게는 발음이 같거나 가까운 한자끼리 서로의 음을 빌려 쓸 수 있다고 이해할 수 있다.

163 관련된 내용은 『康熙字典』에서도 재확인할 수 있다. 한편 '「後漢·蔡邕傳」: 邕自書冊於碑, 使工鐫刻, 立於太學門外, 其觀視及摹寫者, 車乘日千餘兩.'에 대하여 '摹'(m-)는 或作撫, 亦作摸라고 해석하고 있다.

서는 한 언어의 변화 규칙은 대개 신문법학파가 주장하는 것처럼 규칙적으로 볼 수 있으나 언어의 공간은 초공간(hyperspace)이고 언어의 변화는 언어적 요인 이외에 다른 요소도 섞여 있기 때문에 같은 종류의 발음에도 각각의 단어가 다양한 변화 속도를 가질 수 있다고 설명하고 있다. 아울러, 다수 어휘들이 진행되는 시기를 본체층(本體層)이라고 하며, 이보다 빠르게 일어나는 음운 변화를 초전층(超前層), 늦게 일어나는 음운 변화를 치후층(滯後層)으로 부르고 있다[164][165]. 따라서 '撫/무/'는 漢語의 발전에 있어 지체층에 해당하는 것으로 볼 수 있으며 평행적으로 이와 같은 모습은 한국 한자음에서도 확인된다.

하나밖에 없는 희귀한 예이므로 한국 한자음의 주된 층을 살필 때 이와 같은 예를 예외로 간주할 수도 있지만, 점점 모호해진 古層을 고찰할 때에는 사소한 증거까지 빠뜨리지 않는 태도를 지녀야 함은 더 강조할 필요가 없다. 결론적으로 '撫'/무/는 유추의 정도성이 ①에 해당하므로 본고에서는 上古音적 요소에 해당하는 Ⅱ등급에 둘 수 있을 것이다.

3.4. 齒音

3.4.1. 개관

2장에서 기술했듯이 상고 漢語의 기본 聲母 체계에서 齒音은 단순하다고 볼 수 있다[166]. 특히 潘悟雲(2020)에 따르면 齒音에는 마찰음 계열

164 안영희(2015)에서도 관련된 이야기를 소개한 바 있다.

165 본고에서는 '치후층'을 '지체층'으로 칭하기도 한다.

166 다만 앞선 2장에서 기술한 것처럼 복자음 체계에서 sC- 및 sCl-에서 기원한 것

만 있었다(*s, *sh, *z)[167]. 그러나 중고에 들어 齒音 체계가 복잡해지는데 그 예로 마찰음이 파찰음으로 변한 것을 들 수 있다. 또한 중고에 들어 개음의 영향을 받기 때문에 적지 않은 변화가 생기기도 한다. 가령 二等에 있어 *C^{r}-로 인해 권설 치음이 생기게 된다. 한편 三等에는 상고 전치 자음 *C^{j}-가 중고에 들어 구개성 개음으로 변하므로 설면 치음이 형성되기도 한다[168]. 이상과 같이 중고에 들어 치음 체계는 齒頭音(alvelor sibilants) 및 正齒二等(retroflex sibilants), 그리고 正齒三等(palatal)과 같이 조음 위치에 따라 나눌 수 있다[169].

본고에서는 무엇보다 한국 한자음에서 上古音적 요소를 반영할 수 있는 특징에 주목하고자 한다. 앞서 말했듯이 二等 권설 치음은 중고에 들어 형성된 것이며 이 절에서는 주로 치두음과 정치음 三等을 중심으로 살펴볼 것이다. 기술의 편의를 위해 치두음 및 정치음을 나눠서 살펴보기로 하며 우선 精組에 대해 살펴보고자 한다.

도 있다.

167 이와 같은 내용은 鄭張(2003)의 '*ʔs, *s^{h}, *z'를 바탕으로 수정한 것이다.

168 앞서 언급했듯 Baxter·Sagart(2014)에서 三等 설면 치음의 개음은 상고에 없었고 중고에 와서 새롭게 생긴 것으로 본 관점은 鄭張-潘과 차이가 있다. 후자는 李方桂(1971)를 따른 것으로 볼 수 있을 것인데, 이는 즉 상고에서 개음*-j-가 있었다고 보는 관점이다. 다만 鄭張-潘은 상고에서 *-j-를 전치 자음으로 간주하고 있으며 나아가 潘悟雲(2018a)에서 이차 조음의 성분(C^{j}-)으로 주장하고 있다. 즉 *-j-를 중고의 개음과 같다고 보지 않는다.

169 한편 중고 치음에 대하여 Baxter·Sagart(2014: 15)는 精組를 ts-, 莊組를 tsr-, tsrh, dzr-, sr-, 章組를 tsy-, tsyh-, dzy-, sy-, zy-로 표기하고 있다. 앞서 舌音 부분에서 언급하였듯이 이와 같은 재구음은 개음과의 관계를 더 잘 보인다는 장점이 있다.

3.4.2. 精組

[표 24] 齒音(精組)

<table>
<tr><th rowspan="2">上古音[170]</th><th rowspan="2">중고음</th><th colspan="2">전승 한자음</th><th rowspan="2">上古音</th></tr>
<tr><th>주요</th><th>소수</th></tr>
<tr><td>*s</td><td>ts 精</td><td>ㅈ(135), ㅊ(34)</td><td>ㅈ~ㅊ(5)</td><td rowspan="5">晬(슈)
殲(셤)</td></tr>
<tr><td>*sʰ</td><td>tsʰ 淸</td><td>ㅊ(96), ㅈ(30)</td><td>ㅈ~ㅊ
등(5)</td></tr>
<tr><td>*z</td><td>dz 從</td><td>ㅈ(94),
ㅊ(23)</td><td>ㅈ~ㅊ 등(5)</td></tr>
<tr><td>*sl</td><td>s 心</td><td>ㅅ(228)</td><td>ㅅ~ㅈ 등(17)</td></tr>
<tr><td>*lj</td><td>z 邪</td><td>ㅅ(68)</td><td>ㅅ~ㅿ
등(2)</td></tr>
</table>

[표 24]에서와 같이 근래의 연구에 따르면 중고 치두음인 精組(Ts-)는 주로 상고 치음 마찰음에서 온 것이며 邪母는 상고 以母와 후치 자음이 결합한 *l^j-에서 기원한 것이다. 한국 한자음에서는 精·從에 /ㅈ/, 淸에 /ㅊ/, 心·邪에 /ㅅ/으로 대응하는 것이 주된 양상이다. 그러나 이와 같은 원칙적인 양상에서 벗어나는 모습도 보인다. 본고에서는 이와 같은 양상을 上古音에 접근해서 검토해 보고자 한다.

[표 25] 精母

<table>
<tr><th rowspan="2">上古音</th><th rowspan="2">중고음</th><th colspan="2">전승 한자음</th><th rowspan="2">上古音</th></tr>
<tr><th>주요</th><th>소수</th></tr>
<tr><td>*s</td><td>ts 精</td><td>ㅈ(135), ㅊ(34)</td><td>ㅈ~ㅊ(5)</td><td>晬(슈)
殲(셤)</td></tr>
</table>

170 치음 계열에서 精組 및 莊組 등의 상고 기원은 2장에서 기술했듯이 복자음에서 온 것도 적지 않으나 한국 한자음과 크게 관련이 없는 경우에는 여기서 제시하지 않는다.

[표 25]에서 보는 것과 같이 중고 精母는 상고 *s-에서 온 것이 있다. 한편 한국 한자음에서는 원칙적으로 /ㅈ/으로 나타난다. 다만 精母에 속한 예인 '晬'(MC 精灰合一去)는 한국 한자음에서 /슈/(쉬)[171]로 나오고 있다. 그간의 연구(河野六郎 1968)에서는 '晬'(슈)를 예외로 본 바 있다. 또한 粹/슈/(心母)와 같은 한자에 의한 유추음일 가능성도 존재하므로 '晬'(슈)에 대해서는 더 확인할 필요가 있다.

우선 晬/슈/(*suːds>tsuoi)는 『廣韻』에서 子對切(ts-)만으로 나타나고 있으나, 『王三』 및 『龍龕手鏡』(高麗本)[172]에서 '雖遂·子對切'을 확인할 수 있다[173]. '雖遂切'는 /ㅅ/에 대응하는 음가이다. 이와 같이 볼 때 /ㅅ/으로 나타나는 양상은 예외로 볼 수 없을 것이다. 나아가 고대 한국어의 치음 체계에서 /ㅈ/ 및 /ㅅ/이 구별되어 존재한다는 견해는 거의 합의되어 있다[174]. 이에 한국 한자음의 精母 /ㅈ/를 /ㅅ/으로 본 이유는 漢語에 있다.

한편 咸蔓雪(2016: 119)에서 제시했듯이 베트남 한자음의 精組는 역시 /s-/에 대응되는 양상이 있다. 그의 논의에서는 이와 같은 양상은

171 『全韻』의 속음으로 나타난다(河野六郎 1968/2010: 132). 다만 姜信沆(編)(1991)에 따르면 『全韻』에는 晬가 '쵀 正 쉬'에 해당한다. 이처럼 문헌에 따라 차이가 생길 수 있으나 이 절에서는 聲母를 중심으로 고찰하므로 韻母의 차이는 일단 논외로 봐도 문제가 없을 것이다.

172 遼나라(997년) 때에 승려 行均이 편찬한 한자의 字典이다. 현재는 한국에 南宋 때에 나온 목판본이 있으며 보물 제130호로 지정되어 있다(<국어국문학자료사전(1998)> 네이버). 여기서는 이체자 '睟'에서 위와 같은 反切을 확인할 수 있다.

173 또한 『洪武正韻』(1375년), 『字彙』(明), 『正字通』(淸)에서도 晬/슈/에 관한 발음인 '須兌切'과 '須銳切'이 보인다. 한편 『字彙』, 『正字通』에 '晬'(일주년/돌)은 민간 용언으로 수록된 특징을 지니므로 더 이른 층위를 반영한다고 볼 수 있을 것이다. 부언하면 『正字通』에서는 '今俗謂生子日歲曰晬俗'으로 적혀 있다(<異體字字典>참고).

174 권인한(1999), 魏國峰(2014: 162-163), 이승재(2013, 2016: 408), XU YE(2019: 174-185) 등의 연구에서는 고대 한국 한자음에 /ㅈ/이 존재했다고 보고 있다. /ㅈ/의 발음 위치를 다르게 보고 있긴 하지만 발음 방법이 모두 파찰음이라는 것에 대해서는 일치된 견해를 보인다.

상고 漢語(*s-)에서 왔을 가능성이 크다고 주장하고 있다. 즉 일부의 예가 /s-/로 멈추고 더 변화하지 않으므로 상고의 잔재가 남게 된다고 보고 있다. 그러나 '晬'(슈)는 베트남 한자음에서 '-tối'로 확인되므로[175] 여기서는 유력한 증거가 되기 어렵지만 漢語 吳방언(溫州)에서 /sai/가 보인다.

이상의 漢語 치음의 발달 과정을 볼 때 精母에 속한 '晬'(슈)는 *s-와 같은 마찰음일 때 대응된 양상으로 볼 수도 있다. 그러나 유추의 정도성(②·③)을 고려하면 본고는 전승 한자음의 '晬'(슈)를 上古音적 요소에 해당하는 Ⅲ등급에 두고자 한다.

또한 殲/셤/(<*sem)도 이와 같은 양상에 속한다고 생각된다. '殲, 다 주길 셤'은 『新類 下: 25a』에서 나타난 것인데, 魏國峰(2017: 56) 및 Qian(2017: 88)에서는 殲/셤/에 대하여 각각 예외와 纖(心母)에 의한 유추로 설명한 바 있다. 그러나 본고에서는 문헌 자료 및 漢語 방언을 통해서 殲/셤/을 더 이른 층위에 해당하는 음으로 보고자 한다.

가령 '殲'은 『集韻』에서 '思廉切(s-) 및 將廉切'(ts-)을 확인할 수 있으며 『廣韻』에는 '子廉切'(ts-)과 같은 파찰음의 음가만 있다. 앞에서 강조했듯이 치음의 통시적 변화를 기반으로 볼 때 마찰음(s-)은 상고에 대응하는 것이고 파찰음(ts-)은 중고에 형성된 모습이라 볼 수 있다. 나아가 漢語 방언에서 '殲'에 대하여 客家 方言(梅縣)의 /siam/과 閩南語(漳浦) /siam/을 찾아볼 수 있다. 이로 볼 때 전승 한자음에서 보이는 '殲'은 精母가 마찰음이었을 때를 반영한 것으로 볼 수 있을 것이다. 따라서 본고는 '殲'의 유추 정도성(①)을 감안하여 이를 上古音적 요소에 해당하는 Ⅱ등급에 두고자 한다.

---

175 咸蔓雪(2016: 115)에 따르면 精組가 베트남 한자음에서 't-'로 나온 것은 文語音에 해당한다.

3.4.3. 章組

[표 26] 齒音(章組)

上古音	중고음	전승 한자음		
		주요	소수	上古音
*t(k/p)^{j}	ʨ 章	ㅈ(117), ㅊ(20)	ㅈ~ㅊ 등(22)	瘨(딘)肫(둔)枳忮(기)
*t(k/p)^{hj}	ʨh 昌	ㅊ(47), ㅈ(6)	ㅅ 등 (9)	
*d(g/b)^{j}	dʑ 禪[176]	ㅅ(103), ㅈ~ㅊ(6)	(6)	嗜(기)
*m(n/ŋ)^{j}	ɲ 日	ㅿ(26), ㅿ~∅(51)	∅ 등 (16)	稔(님) 恁(님)
*l̥^{h}(m̥^{h}/n̥^{h}/ŋ̊^{h})^{j}	ɕ 書	ㅅ(97), ㅈ(6)	ㅎ 등 (4)	
*ɢl^{j}[177]	ʑ 船	ㅅ(26)	ㅎ 등 (4)	

[표 26]에서 제시한 것과 같이 중고의 章組(Tsj-)는 상고의 전치 자음 *-j-와 밀접한 관계를 지닌 것으로 이해할 수 있다. 또한 章組는 원칙적으로 한국 한자음에서 치음에 대응하고 있다. 그러나 주된 양상에서

176 權仁瀚(2019: 289)에서 보인 正齒音 三等 船, 禪에 대한 견해는 潘悟雲·張洪明(2013) 및 Baxter·Sagart(2014: 15)와 다른데, 이는 漢語 음운사의 쟁점 중에 하나라고 생각한다. 한국 한자음에 모두 /ㅅ/으로 나온 船母는 그 음가를 /ʑ/ 마찰음으로 짐작할 수 있는데 邵榮芬(1982)에서는 중고 韻圖가 이 두 聲母의 자리를 잘못 배정한다고 지적한 바 있다. 다시 말해서 船, 禪은 각각 /ʑ/, /dʑ/에 대응한다. 이 문제에 대해 간단하게 언급하자면 梵語(Sanskrit)와 대역에서 禪母를 범어의 /j/[dʑ]에 대응한 사실이 있고, 漢語 方言에서 船母를 마찰음으로, 禪母를 파찰음으로 주로 발음한 경향이 있으며, 또한 해성 체계에서 역시 禪母는 파열음 定母·澄母 등과 가깝고 반면에 船母는 마찰음인 心母·邪母 등과 긴밀하다(潘悟雲 2000: 46-8)는 것과 관련된다.

177 [표 26]에서 제시한 船母의 上古音(*ɢl^{j})은 주로 潘悟雲(2017: 49)을 따른 것인데 鄭張(2003)에서는 *ɦlj-을 설정한다. 상고의 3等 *G는 중고에 들어 ɦ-(云母)로 변하기 때문에 潘悟雲 및 鄭張의 재구음은 크게 다르지 않다.

벗어난 것도 보인다. 본고에서는 이와 같은 양상은 上古音과 관련이 있다고 생각하므로 더 중점적으로 자세히 살펴보고자 한다.

[표 27] 章母

上古音	중고음	전승 한자음		
		주요	소수	上古音
*t(k/p)ʲ	tɕ 章	ㅈ(117), ㅊ(20)	ㅈ~ㅊ 등(22)	疹(딘)肫(둔)枳忮(기)

[표 27]에서 보는 바와 같이 중고 章母는 상고의 *tj-에서 기원하기도 한다. 이와 관련하여 우선 한국 한자음의 章母에 나타나는 '疹'[178]를 주목할 만하다. 이와 관련해서 리득춘(1985/1994: 69-70)에서 '疹'[179]을 上古音으로 간주한 바 있다. 그의 논의에서는 주로 淸나라 錢大昕[180]을 따라 漢語 상고의 설음이 중고로 내려와서 치음으로 변한 것을 근거로 들었다. 한편 伊藤智ゆき(2002/2011: 165)에 따르면 疹(딘)은 知母인 珍(딘)에 유추된 것으로 보았다. 나아가 Qian(2018: 94)에서는 '疹'(딘)을 上古音으로 본 주장은 합리적이지만 유추음일 가능성을 부정하기는 어렵다고 제시하였다. 따라서 본고는 이와 같은 견해를 재검토할 필요가 있다고 본다.

먼저 疹(딘)이 오독음일 여부를 확인할 필요가 있다. 여타 한자음 및 漢語 방언에 疹(딘)이 어떻게 나타나는지는 중요한 정보가 될 수 있다. 여기서 일본 吳音 및 漢音에서 /tin/으로 나타난 것을 확인할 수

178 '疹 두드러기 딘'은 『訓蒙 中: 16a』에서 확인되지만 이체자인 '瘮'로 썼다.

179 李得春(1985/1994: 70)에서는 '畛'도 上古音의 잔재로 파악하고 있는데, 그럴 가능성이 아예 없지는 않지만 본고에서는 여타 한자음과 漢語 방언을 함께 고려해서 볼 때 가능성이 적다고 판단되어 上古音적 요소에서 제외한다.

180 錢大昕의 『十駕齋養新錄』을 따른 것이다.

있다는 점은 주목할 필요가 있다. 나아가 대부분의 漢語 방언에서 '疹'는 치음 파찰음으로 나타나지만 閩방언 (建甌 등)에서는 설음(t-)에 대응하는 발음을 확인할 수 있고, 또한 湘방언 (雙峰)에서도 /t-/가 나타나므로 역시 중요한 증거가 된다고 생각한다[181].

한편 문헌을 통해서 볼 때 『集韻(校本)』 및 『龍龕手鏡』(高麗本)에서 설상음에 대응하는 反切인 '丑刃切'(ʈ^{h}-)을 확인할 수 있다[182]. 따라서 유추음의 정도성을 고려할 때 '疹'은 ①에 해당하므로 본고에서는 '疹'을 上古音적 요소에 해당한 II등급에 둘 수 있다고 본다.

다음으로 역시 중고 章母에 속한 '肫'[183]에 대해 살펴보겠다. 최근의 상고 연구에 따르면 '肫'은 '*t^{j}un>tɕ^{w}in'과 같은 변천 과정을 통해서 중고에 이르면서 치음 파찰음으로 형성된다. 그러나 한국 한자음에서 /쥰/ 및 /둔/(肫)이 모두 나타나므로 눈길을 끈다. 특히 /둔/은 上古音에 대응한 설음으로 생각해 볼 수 있다. 더 말하자면 漢語 음운사적 변화 과정에 있어 章母가 치음으로 나오게 된 것은 중고 개음(*C^{j}->-j-)의 작용하에 형성된 것이다. 이에 한국 한자음의 '肫'/둔, 쥰/은 舊層 및 新層을 모두 가지고 있는 양상이라 하겠다.

한편 그간 리득춘(1985/1994: 69-70) 및 최희수(1986: 87)에서는 肫/둔/을 上古音의 잔재로 보아야 한다고 강조한 바 있으나 그 밖의 다른 증거를 제시하지 못했다[184]. 이와 달리 한국 한자음의 肫/둔/에 대하여 伊藤智ゆき(2002/2011: 165)에서는 성부'屯'에 의한 유추음이라고 주

181 <漢語多功能字庫> 및 <漢典> 참고.

182 <古音小鏡> 및 <異體字字典> 참고.

183 '肫 멀더건 둔'『訓蒙 下: 3b』.

184 이들 논의에서는 또한 질(桎), 툐(招) 등을 제시하여 이들이 上古音을 반영한 것임을 주장했지만 과거의 上古音 재구음만으로 얻은 결과이기 때문에 논거가 부족하다고 판단되어 일단 제외하기로 한다.

장했다. 따라서 肫/둔/은 더 검토할 필요가 있어 보인다.

우선 肫/둔/이 오독음이 아닌지를 확인할 필요가 있다. 흥미로운 것은 한국 한자음뿐만 아니라 일본·베트남 한자음[185]에서도 肫/둔/이 치음과 설음 두 가지 음형을 지니고 있다는 것이다. 이에 이들은 평행적인 모습일 가능성이 큰 것으로 보인다. 이외에, 漢語 방언에서는 주로 '肫肝'(腎臟을 의미함)라는 어휘를 통해 't-'를 보유하고 있다는 것이 확인된다. 특히 客家 및 平話[186] 방언에서 'd-, t-' 라는 양상을 두루 볼 수 있다. 이상으로 유추의 정도성(①)과 함께 고려해서 본고에서는 肫/둔/을 上古音적 요소에 해당하는 Ⅱ등급에 두고자 한다.

나아가 [표 27]에서 제시했듯이 중고 章母(tɕ)는 상고의 $*k^j$-에서 기원한 경우도 존재한다. 한국 한자음에서는 이와 관련한 枳·忮(기)를 들 수 있다[187]. '枳(k^jeʔ)'에 대해서는 신아사(2006)에서 上古音에 속한 예로 제시한 바 있다. 이 논의에서는 枳(기)를 『廣韻』의 '居紙切'(kiᴇ)이라는 反切音을 반영한 것으로 해석하였으며 또한 상고 章組와 見組(K-) 간의 諧聲 관계를 중요시하여 /기/는 '*krj-(>tśj-)'에 해당한다고 보았다. 본고에서는 대체적으로 이와 같은 견해와 같은 입장을 취한다[188]. 부언하자면 비록 『廣韻』에서 또한 치음에 대응한 '諸氏切'이 보이지만 이는 牙音인 '居紙切'에 비하면 新層에 속한 음일 것이다. 枳(기)는 한국 한자음에 있어 上古音으로 해석한 것보다 더 나은 설명이 없을 것이다. 이에 본고에서는 枳(기)를 上古音적 요소에 해당한 Ⅰ등급에 두고자 한다.

185 일본 한자음의 吳音에서 don, zyun이 확인되며 漢音도 비슷하다. 한편 베트남 한자음에서 đồn, thuần은 설음에 대응한 것이고 truân, chuân은 치음에 대응한 모습으로 나타난다.

186 <漢典> 참고.

187 '枳 팅ᄌᆞ 기' 『訓蒙 上: 5b』; '忮(:기)티아니ᄒᆞ며 求티아니ᄒᆞ면' 『논어 2: 48a』.

188 다시 강조하자면 최근의 上古音 이론(鄭張-潘)에 따르면 $*k^j$-는 복자음이 아니고 '*-j-'를 전치 자음으로 해석하고 있다.

한편 '忮'에 대해 申祐先(2015: 275)에서는 상고 재구음에 따라 이들이 上古音을 반영한 것임을 제기한 바 있으나 자세한 설명이 없었다. 김태경(2016: 227)에서도 '忮'를 상고 漢語음을 반영한 예로 택하고, 이 한자는 『全韻』에서 속음으로 나타난 것임을 강조한 바 있다. 본고에서도 이것이 上古音을 반영했을 가능성이 있다고 생각한다.

한편 伊藤智ゆき(2002/2011: 165)에서는 忮(기)를 '妓·技'들에 의한 유추음이라 보았다. 그러나 문헌으로 볼 때 '奇寄切, 音芰' 및 '居企切, 音䭼'(『集韻』)라는 것을 통해 牙音의 음가가 확인되며 베트남 한자음에서도 忮는 /ki/로 나타난다. 더욱이 牙音으로 보이는 '忮'가 漢語 방언(客家·粵)에서 두루 보인다. 이에 유추의 정도성과 함께 고려하면 忮(기)는 ①에 해당하므로 上古音적 요소로서 Ⅱ등급의 한자로 파악해도 무방할 것이다.

다음으로 禪母(dʑ)와 관련된 예를 보자.

[표 28] 禪母

上古音	중고음	전승 한자음		
		주요	소수	上古音
*d(g/b)ʲ	dʑ 禪	ㅅ(103), ㅈ~ㅊ(6)	(6)	嗜(기)

[표 28]에서 제시한 것 같이 중고 禪母는 상고의 *gʲ-에서 기원하기도 한다. 전승 한자음에서 보인 嗜(기)는[189] 중고음에서는 禪母에 속하며 원칙적으로 한국 한자음에서 /ㅅ/으로 나타난다. 이처럼 주된 양상에서 벗어난 嗜(기)에 대하여 기존 연구에서는 두 가지 견해를 보이고 있다. 하나는 중고음을 중요시한 견해로 흔히 耆·鬐(기)와 같은 한자에

189 '嗜 즐길 기' 『訓蒙 下: 6b』.

의한 유추로 설명하는 것이다(伊藤智ゆき 2002/2011: 167)[190]. 다른 하나는 김태경(2016: 224) 등 상고 漢語를 반영한 것으로 주장하는 견해이다. 이 논의에서는 '嗜'(从口耆聲)는 群母(g-) 글자 '耆'와 성부가 같다는 근거를 제시하고 있으며, 또한 '嗜'가 『全韻』에서 속음인 '기'로 나타난 것은 전승 한자음에서 오래된 것이라는 점을 시사한다고 강조하고 있다. 이와 같은 두 견해 모두 충분한 증거를 제시하고 있지 않다고 생각되지만, 본고에서는 후자의 견해를 더 타당한 것으로 생각하고자 한다. 그 이유는 다음과 같다.

우선 '嗜'를 '耆'의 음과 같이 발음한 것은 반드시 유추라고 말하기 어렵다. 段玉裁가 『說文解字注』에서 '古多假耆爲嗜'를 제기했듯이 고대 漢語에 嗜·耆는 서로 假借의 관계를 지니고 있으므로 모두 발음이 같은 것으로 볼 수 있다. 이와 관련해서 「孟子·告子上」에서는 '口之於味也, 有同耆也', 「漢書·於定國傳」에서 '少時耆酒多過失'[191] 등을 통해서 상고 漢語에 있어 耆는 '嗜'를 대신 나타내는 경우를 확인할 수 있다. 요컨대, 고대 漢語에 있어 '耆·嗜'를 혼용한 양상은 흔하다고 볼 수 있을 것이다. 즉 전승 한자음의 '嗜'字는 여전히 '耆'群母(g-)와 같이 발음할 수 있다.

흥미로운 것은 전승 문헌에서도 이와 같은 혼용된 모습이 보인다는 것이다. 가령 『類合 下: 39a』에서 '嗜 耆 즐길 기'가 확인된다. 또한 『孟子 11, 17b』에서는 '口ㅣ 味예 ᄒᆞᆫ가지로 耆홈이 이시며(약)'라는 구문에서 '耆'가 실은 '嗜'와 통용되고 있음을 알 수 있다. 다시 말해서 한국 한자음의 '嗜·耆'는 고대 漢語와 같은 용법(假借)을 보유하고 있다. 실은 중고에 들어 '嗜'는 원칙적으로 (禪母)치음으로 발음해야 되고, 같은 의미를 뜻하는 '耆'도 치음(時利切)의 음가를 지닌 것으로[192]보

190 申祐先(2015) 및 Qian(2018)에서도 비슷한 견해를 하고 있다.

191 顏師古注에서 '耆, 讀曰嗜'로 주석했다.

아야 할 것이다. 그러나 전승 한자음에서는 '嗜'뿐만 아니라 '耆'도 역시 모든 문헌에서 '기'만 보인다[193]. 이에 본고에서는 '嗜'의 /기/는 上古音을 반영했을 가능성이 크다고 본다.

그러나 '嗜'가 牙音으로 나타난 양상은 여타 언어 자료에서 확인하기가 어렵다. 본고에서는 유추의 정도성을 고려해서 '嗜'를 上古音적 요소에 해당하는 Ⅲ등급에 두고자 한다.

다음으로 日母에 대하여 살펴보겠다.

[표 29] 日母

上古音	중고음	전승 한자음		
		주요	소수	上古音
*m(n/ŋ)ʲ	ɲ 日	ㅿ(26), ㅿ~∅(51)	∅ 등 (16)	稔(님) 恁(님)

日母는 상고에 있어 설음인 泥母에 속한다고 볼 수 있으나[194] 본고에서는 切韻 체계에 따라 기술하므로 章組에 두어 보기로 한다. 한국 한자음에 있어 중세 중기 초반에 日母(ɲ)은 흔히 'ㅿ'으로 나타난다고

192 즉 '耆'는 아음 및 치음을 모두 지닌다는 것이다. 『廣韻』에서는 '노인'의 뜻에 해당하는 아음(群母)만 제시되었지만 『集韻』에서 두 음가가 모두 제시되어 있다(<古音小鏡> 참고).

193 權仁瀚(2005/2009: 69, 72) 참고.

194 魏國峰(2014: 65)에서는 金德平(1988) 및 黃笑山(1995: 136-137)을 따라 中唐의 不空(A.D. 705-774) 이전의 譯經師 善无畏(A.D. 637-735) 등은 모두 禪母 [(d)ʑ]로 범어의 'j-', 日母로 범어의 'ñ'(경구개 비음)을 音譯했지만 不空 이후에는 日母로 범어의 'j-', 娘母로 범어의 'ñ'를 音譯하였다는 것을 감안하여 中唐 이후에 日母 마찰음 성분이 생겼다는 것을 암시한다고 하였다. 이와 같은 논의는 Pulleyblank(1962-3)에서도 확인되는데, 그의 논의에 따르면 7세기 말 이전의 日母는 오직 'ñ'경구개 비음과 역음을 했다(潘悟雲 2000: 52 재인용). 결론적으로 切韻 시기 및 그 이전의 娘·日은 비음일 것이다. 이처럼 章太炎에서 주장한 '上 · 古音娘日二紐归泥'라는 설은 현재에도 큰 문제가 없다고 생각한다.

볼 수 있을 것이다. 그러나 비음으로 나타나는 양상 역시 보이므로 유의할 필요가 있다. 앞서 밝혔듯이 日母字는 切韻 시기 및 상고 시기에 비음이었다. 그동안의 연구에서는 한국 한자음의 '稔(님), 恁(님) '[195]을 대부분 산발적인 예외로 처리하고 있다.

먼저 '稔(님)'에 대하여 河野六郎(1968/2010: 127)에서는 유추로 간주한 바 있으나 이에 대한 자세한 논의는 없었다. 伊藤智ゆき(2002/2011: 171)에서는 더 구체적으로 稔(님)은 '념(念)'의 'ㄴ'에 전염(contagion)된 결과로 보았다[196]. 그러나 이들 견해는 모두 만족할 만한 설명이 되지 못한다고 생각한다. 유추의 관점에서 볼 때 '稔(님)'이 '념(念)'에 영향을 받아 /념/으로 나타나는 것은 자연스럽지만 '님'처럼 聲母만 유추된다는 주장은 추가 설명이 필요할 것이다. 또한 전염으로 설명할 때는 일반적으로 의미상의 관련성이 있다고 하는데(Hock 2021: 217) 稔은 '穀熟又年'(곡식이 무르익음이나 곡물이 일 년에 한 번 여물어 익음)이라는 의미로 볼 때 '념(念)'과 의미 면에서 거의 관련이 없으므로 전염의 용법과는 거리가 있다고 생각한다. 이에 유추로 본 주장은 받아들이기 어렵다.

이와 달리 魏國峰(2014: 66)에서는 '稔(님)'뿐만 아니라 '恁(님)'도 유추에 의한 예가 아니라고 하면서 이들의 聲母인 /ㄴ/은 주 층위보다 조금 이른 시기인 切韻 시기부터 中唐 시기까지 日母가 아직 순수한 비음인 /ɲ/로 된 시기의 음에 대한 반영이라고 주장했다. 이와 같이 이들을 유추음으로 보지 않는 견해는 본고의 입장과 같다[197]. 다만 비음

195 '稔 니글 님' 『訓蒙 下, 8b』, '恁 너 님' 『訓蒙 下, 10b』. 한편 河野六郎(1968)에 따르면 '稔'은 『全韻』에서 속음인 '염'으로 읽힌다고 했지만, 본고에서 확인한 바로는 '稔, 임 穀熟又年'이다.

196 伊藤智ゆき(2002/2011: 171)에서는 감염(contamination)이라는 용어를 쓴다.

197 漢語 閩 · 客家· 粵 방언에서 비음의 양상을 두루 볼 수 있으며 일본의 呉音 및 베트남 한자음에서 모두 /ㄴ/이라는 사실이 그 증거가 된다.

의 양상은 上古音을 반영할 수 없다고 본 魏國峰(2014)에서는 전승 한자음은 중고 후기라는 하나의 층위에만 반영된다고 주장한다.

그러나 日母(ɲ)가 상고부터 切韻 시기까지 비음이기 때문에 언어 사실 그 자체만을 생각할 때 上古音에 대응시키는 것에는 문제가 없을 것이다. 특히 '稔·恁(님)'과 같은 경우 일본 漢音에서 /zin/으로, 吳音에서 /nin/으로 나타난 사실을 볼 때 이들은 上古音부터 南北朝까지에 해당한 異層同讀의 모습으로 볼 수 있다. 나아가 비록 日母字 대부분이 8세기 이후 유성 파찰음(dʑ)으로 발음되어 몇몇 예는 주된 층에서 벗어난 지체층에 해당될 수 있다. 潘悟雲(2000: 53)에서도 '穰'(日母)을 변화가 느린 예로 들었던 바 있다. 이 논의에 따르면 8세기 후기에 비록 대부분의 日母字가 파찰음화를 겪지만 慧琳은 여전히 '穰'를 梵語의 'ñ'으로 대역했다.

따라서 한국 한자음의 주된 층에서 벗어난 '稔(님), 恁(님)'에 보인 /ㄴ/은 上古 및 南北朝 시기의 음에 대응할 수 있으므로 Ⅲ등급의 上古音적 요소에 두기로 한다.

3.5. 喉音

3.5.1. 개관

근래의 상고 연구 성과에 의하면 상고 漢語에는 구개수음(Uvular consonants) 계열이 있었다는 점이 눈길을 끈다. 본고는 이들이 중고로 넘어오면서 변화했는지, 그리고 상고부터 중고로의 변천 과정은 한국 전승 한자음에서 어떻게 반영되었는지를 관심 있게 살펴보고자 한다. 특히 한국 한자음에서 上古音적 양상을 보이는 모습들을 중심으로 검토하려 한다.

[표 30] 喉音

上古音	중고음	전승 한자음		
		주요	소수	上古音
*q$^{(r)}$	ʔ 影	∅(261)	ㅎ 등 (18)	欷(긔)
*q^{h}/*m̥^{h}	h 曉	ㅎ(163)	ㄱ 등 (8)	耗(모)
*g/*G	ɦ 匣	ㅎ(272) ㄱ(27)	ㄱ~ㅎ 등(12)	蹊畦(계)系繫(계)畦(규) 暇(가)匣(갑)翮(격)莖(깅) 蝎蠍(갈)褐(갈)憾(감)
*G$^{(r/l)}$. *G(l)/*l	j 雲·以	∅(203)	ㅎ등 (10)	鸐(륙)肜(륭)融(륭)郢(녕/령) 饁燁(녑)飲(님)

[표 30]에서 볼 수 있듯이 중고음 음운 체계에 따르면 喉音(laryngeals)은 影(ʔ), 曉(h), 匣(ɦ), 雲(ɦj), 以(j)母가 있다[198]. 이들은 대개 상고의 구개수음에서 변화해 온 결과라는 사실이 중요하다. 특히 중고의 以母에 두 가지 기원이 있다는 점은 유의할 필요가 있다. 한편 전승 한자음에서 影(ʔ)·雲(ɦj)·以(j)는 주로 'ㅇ[∅]'으로, 曉(h), 匣(ɦ)은 주로 'ㅎ'으로 나타나고 있다. 또한 喉音 계열에서는 牙音 못지않게 아후음의 혼용 양상이 역시 눈에 띈다.

喉音의 발달 맥락을 고려할 때 예외처럼 나타나는 牙音(ㄱ)은 오히려 上古音과 음운론적으로 더 가깝다고 생각한다. 다시 말해서 상고 구개수음은 전승 한자음에서 牙音에 대응될 가능성이 있다. 과거의

198 앞서 기술했듯 云(ɦj), 以(j)母는 각각 韻圖 3, 4等에 해당하나 일반적으로 중고(후기)에서 /j-/ 하나로 보는 경향도 있다. 한편 근래의 潘悟雲·張洪明(2013) 및 Baxter·Sagart(2014)에서는 중고 以母(j-)를 치음 三等과 같이 배정하고 있으나 본고에서는 以母의 상고 기원을 고려하므로 이를 후음과 같이 살펴보기로 한다.

연구에서는 대부분 上古音에 구개수음이 있다는 것을 알지 못했기 때문에 흔히 고대 漢語에는 아후음의 혼용으로만 설명했다.

3.5.2. 影組

먼저 影母에 관련된 예를 보자.

[표 31] 影母

上古音	중고음	전승 한자음		上古音
		주요	소수	上古音
$*q^{(r)}$	ʔ 影	∅(261)	ㅎ 등 (18)	欹(긔)

'欹'(*qˤal>ʔɣiᴇ)는 『廣韻』[199]에 따른 중고음에서는 影母(ʔ)字인데 한국 한자음에서 '欹 기울 긔' 『訓蒙 下, 8a』로 나타나는 점이 눈길을 끈다. 우선 '欹'는 『說文』에 수록되지 않은 한자이지만 '기울다'(不正)와 같은 뜻에서 '攲'라는 이체자로 '去其切'과 같이 기재되고 있다[200]. 즉 한국 한자음의 /긔/는 『廣韻』에 없는 음을 가진다고 이해할 수 있다. 伊藤智ゆき(2002/2011: 177)에서는 '欹'를 '奇'에 유추된 음이라고 주장했지만 장리리(2022)에서는 漢語 방언(閩/$k^{(h)}$i/, 客家/ki/, 粵/kei/)을 통해서 '欹'가 /ㄱ/으로 발음된 모습이 한자음의 일반화 양상이라 강조한 바 있다. 나아가 『集韻』(丘奇切) 및 『龍龕手鏡』(高麗本)(去奇反) 등과 같은 문헌에서 역시 /ㄱ/을 확인할 수 있다. 이외에 일본 한자음의 吳音 및 漢音에는 모두 /ki/가 나온다. 따라서 한국 한자음의 欹/긔/는 오독음

199 『王三』에는 於離切만 있다.

200 『廣韻』에서 확인된다. 이와 같이 潘悟雲은 『集韻』에서 쓴 '攲'라는 이체자를 통해 /k-/라는 음가를 밝힌 바 있다(<東方語言學>).

일 가능성이 오히려 희박하다.

이와 같은 견해는 『廣韻』의 影母에 대응하는 음가만 바라본 결과일 것이다. 여기서 명시할 필요가 있는 점은 影母로 발음된 것은 '猗'와 통용된 것이며 감탄의 뜻을 의미한다는 것이다. 이와 달리 한국 한자음의 '欹 기울 긔'는 '攲(溪母)'의 뜻과 같으며 /kʰ/를 이어받은 것이라 생각한다. 요약하자면 '欹'가 구개음(*q)이었을 때만 '攲(溪母)'의 역할을 할 수 있고 假借의 관계가 형성될 수 있다. 더욱이 중고에 들어 '欹'(*q>ʔ)가 음 변화를 이루게 되면 『廣韻』 및 『玉篇(零卷)』과 같이 주로 중고 影母에 대응하는 감탄사의 뜻만 제시되었을 것으로 생각된다. 이에 한국 한자음의 '欹'/긔/는 上古音을 받아들인 것으로 추정할 수 있다.

다음으로 曉母에 속하는 예를 살펴보자.

[표 32] 曉母

上古音	중고음	전승 한자음		上古音
		주요	소수	
*qʰ/*m̥ʰ	h 曉	ㅎ(163)	ㄱ 등 (8)	耗(모)

[표 32]에서 제시한 것과 같이 중고에 曉母(h-)字는 전승 한자음에서 원칙적으로 /호/로 발음되나 '耗'(업서갈 모 『類合 下: 60b』)가 /모/로 나타나고 있다는 점이 눈에 띈다[201]. 그간의 연구에서는 이를 '毛(모)'에 의한 유추음(朴炳采 1971: 44-46, 伊藤智ゆき 2002/2011: 181 등)으로 본 견해가 많았다. 이와 달리 장리리(2022)에서는 여러 문헌에 대한 검토를 통해 '모'가 耗의 本音일 것이라는 추정을 제기한 바 있다. 이 논의의 요점을 인용하면 다음과 같다.

201 『長壽』에서도 나타난다(伊藤智ゆき 2002).

(7) 가. 「前漢·高惠高后文功臣表(第四)」: 靡有孑遺, 耗矣. <註> 孟康曰 : 耗音毛, 無有毛米在者也. 師古曰: 孟音是也, (중략), 今俗語獨謂無爲耗, 音毛.

나. (耗又通作毛) 『後漢·馬衍傳』: 飢者毛食.

다. (耗又通作毛) 『宋·佩觿集』: 河朔謂無曰毛.

'모'(耗)라는 음도 이른 시기에 있다고 확인할 수 있다. (가) '耗音毛'와 (나) '飢者毛食'는 각각 直音法과 통가자의 관계를 확인할 수 있다. (중략) 牟潤孫(1990: 449)에 따르면 (耗)毛와 無는 後漢시기부터 서로 통하여 썼으며, 唐代에도 마찬가지이다. 또한 오늘날 중국 방언에서 湖南省, 閩·粵지역 역시 '無'를 '毛'로 칭하고 있다고 하며, 이들은 古音을 잘 보유한다고 했다. 무엇보다 『訓蒙』이 '耗'의 통가자 '毛'를 기록하면서 (다)와 같이 '河朔謂無曰毛'를 인용하고 있다.

이상과 같이 '없애다' 및 '없다'라는 의미에서 '耗'가 /모/로 발음된 것은 상고(前漢)까지 올라갈 수 있으며[202], 또한 위에서 제시한 문헌 및 漢語 남부 방언의 용법과 발음을 통해서 전승 한자음에서 보인 '耗'/모/는 오독음이 아니라는 견해에 대하여는 본고도 찬성하는 바이다. 이와 같은 맥락에서 『集韻』의 '耗, 謨袍切'도 증거가 될 수 있다. 다만 장리리(2022)에서는 '耗'의 본음을 明母에 대응하는 음가만 추정했고 上古音 체계로 이 문제를 깊이 관찰하지 못했다. 근래의 上古音 성과를

202 耗의 다른 의미 중에는 벼를 뜻하는 경우가 있으며 흔히 '秏'로 쓴다. 부연 설명하자면 『說文』에서는 '秏'만 수록되고 있는데, '秏'가 '없다'라는 의미가 생긴 다음에 '耗'字로 나타난다고 이해할 수 있을 것이다. '『水經注』曰 : 燕人謂無爲毛, 故有用毛爲無者, 又有用秏者. 初讀莫報切, 旣又讀呼到切, 改禾旁爲耒旁, 罕知其本音本義本形矣' 『說文解字注』에서 재인용된 것이다.

바탕으로 볼 때 '耗'의 本音은 /m/보다는 /*m̥^{h}/(鄭張)로 보는 관점이 더 타당할 것이다. 후자만 문헌에서 나타난 明母 및 曉母 모두를 설명할 수 있기 때문이다[203]. 이에 '耗'(모)는 上古音적 요소에 해당하는 Ⅱ등급에 둘 수 있을 것이다.

다음으로 匣母에 관련된 예를 살펴보자.

[표 33] 匣母

上古音	중고음	전승 한자음		
		주요	소수	上古音
*g/*G	ɦ 匣	ㅎ(272) ㄱ(27)	ㄱ~ㅎ 등(12)	蹊嵠(계)系繫(계)畦(규) 瑕(가)匣(갑)翮(격)莖(긩)蝎蠍(갈) 褐(갈)憾(감)

[표 33]에서 제시한 것과 같이 중고 匣母는 상고의 연구개 및 구개수음에서 기원하며 1·2·4等에만 해당하고 원칙적으로 /ɦ/으로 나타난다(潘悟雲 2000: 350)[204]. 이처럼 전승 한자음의 匣母가 'ㅎ'에 대응한 것은 주된 모습이나 /ㄱ/으로 나온 예도 무시하기 어려울 정도로 많이 존재한다. 이에 대하여 과거의 연구(河野六郎1968: 56, 朴炳采1971: 44-46, 伊藤智ゆき2002/2011: 181 등)에서는 이들을 주로 유추로 해석했다. 다만 /ㄱ/에 대응하는 글자의 양이 적지 않고 더욱이 여타 한자음

203 潘悟雲(2018b)에서 자세한 설명을 참고할 수 있다.

204 匣母의 기원과 여타 후음의 관계는 아래와 같다(潘悟雲 2000: 350).

상고		중고
*g(3等)	>	gi群母
*g(1·2·4等) *G(1·2·4等)	>	ɦ匣母
*G(3等)	>	ɦi雲母

에서도 두루 보이므로 예외로 설명하는 견해는 의심하지 않을 수 없다.

范淑玲(2009: 39)에 의하면 일본 한자음에 있어 특히 萬葉假名에서는 匣母字가 /k,g/와 상관관계를 보인다고 한다. 다만 일본 한자음은 중고음에 대응하는 경우 여전히 牙音으로 나타나므로 上古音과 명확히 구분하기 어렵다. 한편 江佳璐(2011: 51-52)에서는 베트남 한자음의 匣母에 대응한 예(盒, 陷 등)가 /k-/로 나타난 현상에 대하여 上古音 *g-를 반영했을 가능성이 있다고 주장한 바 있다. 이외에 漢語 方言의 閩南語(예: 糊含寒厚 등) 및 吳語(예: 厚懷陷 등)에서도 匣母에 속하는 글자가 牙音으로 나타난 것을 확인할 수 있다. 邵榮芬(1991/1997: 39)에서도 閩語 및 吳語의 匣母가 /g-/로 나타난 것은 上古音의 흔적이라고 밝힌 바 있으며 이와 같은 상고의 특징은 漢代 漢語 및 梵語의 역음과 관련된 문헌에서도 확인할 수 있다고 강조했다. 이 논의에서는 Coblin(1983)에서 제시한 阿含(āgama)[205], 恒河(gaṅga)를 들어 설명하고 있다. 요컨대 대부분 匣母는 중고 시기에 마찰 후음(ɦ)으로 바뀌지만, 일부는 여전히 상고의 파열음 모습을 보유하고 있다.

다음으로 한국 한자음에서 匣母가 /ㄱ/으로 나타난 예를 보자. 흥미로운 것은 본고에서 살핀 예들의 경우 상고의 *g(群母)에서 온 예가 많다는 것이다. 이들을 표로 정리하면 다음과 같다[206].

205 (唐代)玄應의 역음에서 '阿含' 대신에 '何伽摩'를 택한 것을 볼 때 匣母는 중고에 들어와서 확실한 변화가 있었다고 볼 수 있다(邵榮芬 1991/1997: 39). cf. 含 *gɯːm>ɦəm, 伽*g>gi

206 申祐先(2015: 300)에서 이와 관련된 내용을 제기한 바 있다. 이 논의에서는 유추의 가능성을 인정하면서 아음으로 나타난 것이 匣母의 초기 모습일 가능성도 있다고 했지만 자세한 논의는 제시하지 않았다.

207 <異體字字典>에 의하면 蝎 및 蠍은 이체자의 관계이다. 『說文』에서는 '蝎'만 수록

[표 34] 匣母에 반영된 上古音적 예

전승 한자음	上古音	중고음	문헌	베트남 한자음	漢語方言 /k(g)/
ㄱ. 蹊 계(L)	*geː	匣齊開四平	作⿰目奚		閩·客家
ㄴ. 系 계(R)	*geːgs	匣齊開四去	作繫		閩·客家·粵·贛
ㄷ. 畦 규(L)	$*g^{w}eː$	匣齊合四平	音圭		閩·客家·粵
ㄹ. 暇 가(R)	*graːs	匣麻開二去	音賈/假		
ㅁ. 匣 갑(H)	*graːb	匣狎開二入	音甲		閩·客家·粵·平
ㅂ. 翮 격(H)	*greːg	匣麥開二入	莖翮雙聲	cách	閩·客家·吳
ㅅ. 莖 깅(L)	*greːŋ	匣耕開二平			閩·客家·粵·贛
ㅇ. 蝎(蠍)갈(H))[207]	*gaːd	匣曷開一入	居曷切		閩·客家·粵·贛
ㅈ. 褐 갈(H)	*gaːd	匣曷開一入	居曷切	cát	
ㅊ. 憾 감(R)	*gɯːms	匣覃開一去	本又作感		閩·粵·平

(34 ㄱ) 蹊는 『訓蒙』에서 '길 계'이며, 『孟子 14: 12b』에서 같은 의미의 /계/가 확인된다. 중요한 것은 蹊에 '⿰目奚'라는 이체자가 존재한다는 것이다[208]. 『廣韻』에 蹊만 수록된 것 같지만 『集韻』에서는 '蹊, 或又作⿰目奚'도 확인된다. 나아가 『龍龕手鏡(高麗本)』의 '⿰目奚, 苦奚反' 및 『說文』의 '⿰目奚, 苦兮切'를 통해서 전승 한자음에서 나타난 '계'의 정음성을 재확인할 수 있다.

(34 ㄴ) 系는 『訓蒙』에서 '간 계 (宗派也)'라고 적혀 있다. 엄익상(2008: 485)에서는 系를 고음을 유지한 예로 살핀 바 있다. 이 논의의 결론은 匣母가 상고 시기에 아음이라는 점을 고려해서 얻은 결과라

되었지만, 漢語 방언에서는 주로 '蠍'로 나타난다. 한편 한국 한자음에서는 蝎·蠍이 모두 확인되는데 蝎은 주로 /갈/로 확인되며, 蠍은 『訓蒙 上: 11b』에서는 '蠍 젼갈 헐', 『飜小 6: 30a』에서는 '全蠍 젼갈'로 나타난다. 이에 '젼갈'은 『訓蒙』에서 고유어화된 것처럼 보일 수 있고 /헐/보다 더 이른 시기의 음형이라는 것을 엿볼 수 있다. 더 말하자면 蝎·蠍은 중고에 들어 분화되어 각각 후음인 匣母 및 曉母에 대응된다. (cf. 蠍$*q^{h}ad$)

208 <異體字字典> (참고).

할 수 있다. 본고도 이와 같았을 가능성이 크다고 생각한다. 이를 뒷받침해줄 근거를 더 들자면, '系'는 『說文』에서 '繫也'라고 하는데 '繫, 古詣切'이라는 음가도 같이 확인할 수 있다. '系'보다 '繫'가 전승 한자음 문헌에서 더 많이 나타나고 있으며 모두 /계/이다. 한편 『廣韻』에서는 '繫'에 3개의 反切이 각각 '胡計切/古詣切/苦奚切'로 나타나고 있다. 漢語의 음 변화 규칙을 고려할 때 '胡計切'과 같은 후음에 대응하는 발음은 후기에 나타난 것으로 이해할 수 있다. 이와 관련해서 客家 방언에 속한 梅縣에서 나타난 '/ke/(白)' 및 /hi/ (文)'[209]라는 文語 및 口語의 겹쳐진 양상은 참고할 만하다.

(34 ㄷ) 畦는 『訓蒙』에서 '이랑 규, 正音奚'로 제시되어 있다[210]. 이에 대하여 최현미(2006)에서는 /ㄱ/은 /ㅎ/(奚)이 존재하기 전에 반영된 음으로 추정하고 있으며 또한 『全韻』에서 대개 匣母字에 /ㅎ/이 반영되었다는 점을 고려해서 『訓蒙』에서 /규/로 나타나는 匣母字를 고대 한국어 시기에 형성된 한자음이 중세 한국 한자음에까지 이어져 내려온 것으로 보고 있다. 또한 '畦'는 『集韻』에서 '涓畦切'(k-)로 나타나고 있다. 그런데 『集韻』에서는 『廣韻』과 같이 후음에 대응하는 '玄圭切'(ɦ-)로 제시되어 있다. 이를 바탕으로 보면, 본고에서는 앞서 匣母의 기원을 감안하여 牙音은 더 이른 시기의 음에 대응하고 喉音은 중고에 들어 형성된 음가라고 보고자 한다. 비록 河野六郎(1968), 朴炳采(1971) 등에서 畦/규/가 '圭'에 의해 유추된 것으로 주장하지만 上古音(*g-)을 반영했을 가능성 역시 존재한다. 한편 漢語 방언에서는 '菜畦'라는 어휘로 /k/가 閩·客家·粵 방언에서 두루 보인다. 이에 종합적으로 볼 때 畦/규/는 유추의 정도성 ①에 해당하고 上古音적 요소로 간주하여 Ⅱ등급의 한자

209 <漢語多功能字庫> (참고).

210 '田五十畮曰畦' 『說文』.

로 볼 수 있을 것이다.

(34 ㄹ) 暇/가/는 『類合』에서 '겨를 가'로 설명되고 있는 예이다. 伊藤智ゆき(2002/2011: 181)에서 '暇/가/'는 '假'에 의한 유추음이라고 봤지만 이와 달리 장리리(2022)에서는 漢代의 문헌 『揚子·方言』·『王粲·登樓賦』와 이 문헌에 대응하는 『註』를 통해서 暇를 /가/로 발음한 것은 漢代뿐만 아니라 그 후 西晉내지 唐代까지의 문헌에서 확인할 수 있는 음가로 논증한 바 있다. 따라서 본고에서는 유추의 정도성을 고려하여 暇/가/는 Ⅲ등급에 대응하는 上古音적 요소로 볼 수 있을 것이다.

(34 ㅁ)의 匣(갑)은 『訓蒙』에서 '匣 집 갑'으로 나타난다. 특히 『集韻』에 제시된 '古狎切'(見母)이라는 음가가 눈에 띈다. 『康熙字典』에서는 이를 또한 '又音甲'이라고 더 명확하게 해석하고 있다. 실은 '又音甲'이라는 音注는 『經典釋文 40下』[211]에서 인용한 「尚書音義上·夏書·禹貢第一」에서 나타난 바 있다. 이처럼 '匣'의 /k-/라는 음가를 재확인할 수 있다. 이외에, 『集韻』에서는 '轄甲切'(ɦ-)이 보이는데 앞서 살펴본 것처럼 『集韻』에는 상고 및 중고에 대응하는 反切이 모두 존재하는 경향이 보인다. 아울러 匣의 /갑/에 대응하는 양상은 漢語 남부 방언에서 두루 볼 수 있는 어형이다.

(34 ㅂ~ㅊ)에 대해서도 같은 논증 방식을 전개할 것이므로 여기서는 자세한 내용을 생략하기로 한다. 다만 요점은 위의 표에서 제시한 것과 같이 주로 문헌 및 漢語 방언의 양상을 통해 전승 한자음에서 나타난 음가의 정음성을 확인할 수 있다는 것이다[212]. 이처럼 본고의 입장은 주로 오독음으로 바라본 그간의 견해[213]와는 다르다는 점을 밝혀둔다.

---

211 본고에서는 1983년의 (影印)通志堂本인 『經典釋文』을 따른다(<古音小鏡>재인용).

212 학자마다 견해가 다를 수 있지만 咸蔓雪(2016)에서는 베트남 한자음은 주로 10세기의 중고음을 반영하는 것으로 본다. 이를 감안할 때 위의 표에서 2개의 예만 이 대응되는 점은 충분히 이해할 만하다.

이상과 같이 살핀 전승 한자음의 예들은 오독음보다 漢語의 변천 과정에서 지체층에 속한 예일 것으로 생각된다. 즉 모두 중고 후음으로 변하기 전의 상고/*g/에 대응한 음가일 것이다.

다음으로 雲·以母에 관련된 예를 살펴보자.

[표 35] 雲·以母

上古音	중고음	전승 한자음		
		주요	소수	上古音
*G(r/l)· *G(l)/*l	j 雲·以	∅(203)	ㅎ등 (10)	鸐(륙)肜(륭)融(륭) 郢(녕/령)歓(님) 饁爗(녑)

[표 35]와 같이 상고 *G(r/l)에서 온 중고 雲母는 일반적으로 (ɦj->)/j-/와 같은 음가로 볼 수 있다. 이처럼 전승 한자음에서는 원칙적으로 /ㅇ/으로 나타난다. 다만 饁(녑)·爗(녑)· 歓(님)[214]은 그렇지 않다. 이와 같은 문제를 해결하려면 근래 上古音의 연구를 고려하지 않을 수 없다.

먼저 Baxter·Sagart(2014: 28)에서 들었던 '公'(*C.qˤoŋ)이라는 聲符와 관련된 예를 보자.

> 瓮 (MC 影母) 'uwng < *qˤoŋ-s (cf. 뚝배기)
>
> 容, 宂[215] (MC 以母3等) yowng < *[ɢ](r)oŋ (cf. 용기)

213 伊藤智ゆき(2002/2011: 181) 등이 있다.

214 歓(님)은 원래 影母字에 속하지만 伊藤智ゆき(2002/2011: 179)에서는 이는 전승 한자음에 있어 以母에 합류했을 것이라 추정한 바 있다. 본고는 이와 같은 견해에 찬성한다. 한편 咸蔓雪(2016: 165)에 따르면 베트남 한자음에서도 影組에서 /l-/와 같은 예가 발견되고 이 논의에서는 이와 같은 양상을 상고층에 속한 것으로 보고 있다.

이 논의에서 지적한 바와 같이 Karlgren을 비롯한 과거 연구들은 위와 같은 예를 '公'과 관련시키지 못했다. 이와 달리 Baxter·Sagart(2014)에서 이와 같은 예를 同源詞로 보고 더욱 합리적인 재구음으로 설명하고 있다. 이와 관련해서 또한 潘悟雲(2017: 48)에서 들었던 예를 함께 볼 필요가 있다.

舁 (MC 以母)jiɔ<*laʔ<*ɢlaʔ (cf. 마주 들다)

揚 (MC 以母)jiɐŋ<*laŋ<*ɢlaŋ (cf. 티베트 동원어 /laŋ/, 날리다)

이들은 이상의 예들을 역시 同源詞로 보고 있으며, 즉 의미 및 발음도 가까운 한자로 본다. 이처럼 同源詞는 상고 漢語 재구에서 중요한 역할을 하고 있다. 『說文』에서는 '舁'를 '共擧也'로 설명하고 있으며 '揚'을 '飛擧也'로 그 뜻을 풀이하고 있다. 한편 '*ɢl->*l->j-'[216]와 같은 과정을 통해 중고 以母/j-/가 형성된 것을 확인할 수 있다.

본고에서는 이와 같은 同源詞의 복자음[217]의 변화 양상에 중점을 두어 전승 한자음의 饁(녑)·爗(녑) 및 飮(님)을 해석해 보고자 한다. 근래 상고의 재구음을 활용해서 아래와 같이 관련된 예의 변천 과정을 추정해 볼 수 있다[218].

215 『玉篇』에서 㝐은 고대 문헌에서 '容'을 의미한다. 즉 일반적으로 이체자로 보고 있다(<異體字字典> 참고).

216 潘悟雲(2018a)에서 또한 '*ɢl->ɦl->l->j-'와 같이 해석하나 큰 차이가 아닐 것으로 보인다.

217 潘悟雲(2017, 2018a)에서는 이차 조음에 있는 *C^r-를 복자음(Cr)과 달리 '복자자음'으로 칭하기도 하다. 양자에는 차이가 있지만 본고의 논의에 크게 영향을 미치지 않으므로 복자음 하나로 칭하기로 한다.

218 중고에 들어 三等에 속하는 이와 같은 글자는 韻母에 변화가 있지만 여기서는 聲母를 중요시하는 입장에서 韻母 부분을 생략하기로 한다.

가. 飮 *q^{r}ɯmʔ(s) > *rɯmʔ(s) > 님

나. 饁 *ɢ^{r}ap > *rap > 녑(렵)

다. 燁 *ɢ^{r}ip > *rip > 녑[219]

(가) '飮'에 대하여 潘悟雲(2017: 48)에서는 이와 같은 재구 체계를 설명할 때 '飮'이 漢語 閩南語의 실제 口語에서 /rim/처럼 발음됨을 강조한 바 있다. 즉 *q^{r}-에서 '-r-'가 남아서 기본 聲母의 자리를 잡게 된 양상을 설명했다. 전승 한자음의 '飮'(님)도 같은 변화에 속한다고 생각한다. 이와 같이 (나)의 饁(녑) 역시 일반 雲母의 변화 과정과 달리 상고 *G-가 먼저 탈락하고 '-r-'를 기본 자음으로 하여 나타난 어형일 것이다. 한편 饁(녑)은 客家 방언에서 /rap7/과 같이 발음된 경우를 확인할 수 있다[220]. 이에 饁(녑)·飮(님)은 복자음의 유음을 반영한 것으로 생각할 수 있다. 한편 伊藤智ゆき(2002/2011: 180)에서 말했듯이 이들은 또한 한국어 내에서 'ㄹ>ㄴ'의 변화를 겪었다. 다만 모든 예가 그런 과정을 겪지는 않는다. 실은『小學 4: 34a』에서 饁은 /렵/으로 나타나고 있다.

다음으로 중고 以母에 속하는 예를 보자. 전승 한자음에서 鸑(륙)·肜(륭)·融(륭L)·郢(녕, 령R)과 같은 예가 눈길을 끈다.

가. 鸑 *luk > 륙

나. 肜 *luŋ > 륭(俗)

다. 融 *luŋ > 륭(L)

219 鄭張(2003)에서 '燁'에 대한 상고 재구음은 최근의 여타 체계와 차이가 보인다. 이에 본고에서 '燁'의 상고 재구음을 潘悟雲(*/ɢ^{r}ip/)에 따른다(<古音小鏡>재인용). 이는 Baxter·Sagart의 */ɢwrəp/과 비슷하다.

220 <漢典>(音韻方言) 참고.

라. 郢 *leŋʔ > 령(R)

위에 제시한 것과 같이 이들은 전승 한자음에서 중고음의 /j-/에 해당하는 /ㅇ/을 전사하지 않고 /ㄹ(ㄴ)/으로 나타난 이들을 상고 以母(*l)의 모습 그대로 이어 받아들였을 가능성이 크다. 이에 대해 河野六郎(1968)에서는 '리(니)-'와 '이-'의 혼란으로부터 생긴 부정 회귀(false regression)의 형태라고 서술했지만, 伊藤智ゆき(2002/2011: 183)에서 지적했듯이 이 예들이 보이는 문헌에서는 그런 변화 현상이 일어나지 않았다. 또한 남광우(1973: 102-104)에서는 원래 한자음이 '엽, 유, 요, 융'인 것에 훈독상의 이유로 초성에 'ㄴ, ㄹ'을 덧붙이는 경우가 있었다고 해석했으나, 伊藤智ゆき(2002/2011: 183)에서는 실제로 볼 때 같거나 유사한 환경에 있음에도 불구하고 이 현상이 생기지 않는 경우가 많다고 반대되는 견해를 제시했다. 이에 대한 문제는 역시 문헌을 통해서 확인할 수 있다(예:有(이실 유), 育(칠 육)).

伊藤智ゆき(2002)에서는 이러한 /ㄹ/이 漢語에 있어서 어떤 실제적인 발음을 반영하고 있을 가능성이 높다고 결론을 냈다. 또한 以母가 [ɾ] 또는 [d]와 같이 발음되는 경우가 존재한다는 추정을 하고 있으나 중고음에만 입각하여 만족할 만한 결과를 얻지 못했다. 이와 관련해서 潘悟雲(2000: 272)에서는 以母는 상고 후기에 [ɾ] 또는 [d]와 같은 양상이 나타날 수 있다고 밝힌 바 있다. 즉 상고 *l-에 해당하는 것이지 중고의 *j-가 아닌 것이다.

본고에서는 이와 같은 문제들은 上古音에 접근해야 쉽게 풀릴 수 있다고 강조하고자 한다[221]. 한편, 위에 제시한 예를 부연 설명하자면

221 權仁瀚(1997/2019: 268)에서 차자표기 관련 자료를 통해서 역시 以母가 /ㄹ/로 나타난 양상은 상고 漢音을 반영한 층위로 밝힌 바 있다. 가령 이 논의에서 들었던 '加耶[或云 加羅]<사기44·이사부>'가 그것이다.

(가)의 '鬻'은 多音字인데 '팔다'라는 의미에서 /*luk/에 대응한다. 한국 한자음에서 역시 '팔다'라는 의미와 관련된 鬻(륙)[222]을 확인할 수 있다. 또한 河野六郎(1968)에서 속음으로 간주한 (나)의 肜(륭)은 融(륭L)과 같은 小韻에 있으므로 같은 음가로 나온 것이 자명한 일이다[223]. (마)郢에 대해서는 앞선 3장(3.2.2)에서도 논의한 바 있으므로 생략하도록 한다.

3.6. 정리

지금까지 한국 한자음의 聲母에 반영된 上古音적 요소에 대하여 살펴보았다. 이 절에서는 上古音적 요소로 간주한 한자를 등급으로 나눠 정리하고자 한다. 전술한 바와 같이 'Ⅰ'(등급)은 명확하게 上古音을 반영하는 한자음이며 유추로 보기 어려운 것들에 해당하고 'Ⅱ'(등급)은 上古音을 반영했을 가능성이 보이지만 유추의 정도성이 ①에 해당하는 것이며, 'Ⅲ'(등급)은 上古音을 반영했을 가능성이 존재하나 유추의 정도성이 ②·③에 대응하는 것이다. 이와 더불어 중고 전기(南北朝) 음형이 上古音과 명확히 분별되지 못하는 異層同讀도 'Ⅲ'(등급)에 두기로 한다. 지금까지의 논의를 바탕으로 전승 한자음의 聲母에서 확인되는 예의 목록을 아래 표에 제시하면 같다[224][225].

---

222 '百里奚ㅣ 秦人 養牲ᄒᆞᄂᆞᆫ 者의게 ᄉᆞᄉᆞ로 鬻ᄒᆞ야'『孟子 9: 36a』 참고.

223 伊藤智ゆき(2002/2011: 356)에서 언급한 바 있다.

224 본고의 上古音 및 중고음은 주로 鄭張-潘을 따르되 上古音을 더 세분하여 '>'뒤에 漢代 音을 함께 제시한다. 漢代 音은 주로 Schuessler(2009)를 따른 것이나 필요할 때는 Starostin(1998-2003)의 재구음을 '/' 앞에 두기로 한다. 유의할 것은 Schuessler(2009)가 漢代 재구음에서 3等 개음이 있다고 주장한 것이 그 밖의 다른 주장과 차이가 있다는 것이다. 본고에서는 鄭張-潘 및 Baxter-Sagart, 그리고

[표 36] 전승 한자음 聲母에 반영된 上古音 목록

번호	上古音(>後漢)		중고음		전승 한자음	등급
1	*ŋgreːwʔ	–	ŋɣau	疑肴開二上	齩/교/ X	II
2	*ŋgraːŋs	>ŋrēŋh/	ŋɣɛŋ	疑耕開二去	硬/경/ H	II
3	*ŋgɯːl(s)	–	ŋuʌi	疑灰合一平(去)	磑/개/ R	II
4	*ŋguː	ŋou	ŋɑu	疑豪開一平	翺/고/ L	III
5	*ŋgɯl	–	ŋɨi	疑微開三平	沂/긔/ L	II
6	*ŋgruːds	>ŋuɛs	ŋɣuɛi	疑皆合二去	聵/괴/ H	III
7	*l´eːm	>dem	dem	定添開四平	恬/념/ L	I
8	*troːŋs	>trɔŋ	ʈɣʌŋ	知江開二去	戇/당/ R	I
9	*tun	>truin	ʈiuɪn	知真合三平	窀/둔/ L	III
10	*ʔr´aːg(s)	>tra	ʈɣa	知麻開二平(去)	咤吒/타/ H	I
11	*rteːwɢ	>trɔk	ʈɣʌk	知覺開二入	卓/탁/ H	I
12	*rtoːg	>trɔk	ʈɣʌk	知覺開二入	啄椓琢/탁/H	I
13	*tog	–	ʈɨok	知燭開三入	瘃/탁/ H	I
14	*hr´aːgs	>trha	ʈʰɣa	徹麻開二去	詫/타/ X	II
15	*(t-)ŋ̊ʰraːg	>trhak	ʈʰɣæk	徹陌開二入	拆坼/탁/ H	I
16	*rtheːwɢ(s)	>trhɔk	ʈʰɣʌk	徹覺開二入(去)	踔/탁/ X	II
17	*rha	>trhia	ʈʰɨʌ	徹魚開三平	攄/터/ X	I
18	*l̥eŋʔ	>trhieŋ	ʈʰiᴇŋ	徹清開三上	逞/령/ RH	I
19	*rhel	>ɟaj / trʰie	ʈʰɣiᴇ	徹支開三平	魑/리/ X	II
20	*rlaː	〉dra	ɖɣa	澄麻開二平	茶/다/ L	I
21	*dreːms	–	ɖɣɛm	澄咸開二去	賺/담/ R	I
22	*r'uːmʔ	>ɖrɛm	ɖɣɛm	澄咸開二上	湛/담/ R	I
23	*rdoːŋ(s)	>drɔŋ	ɖɣʌŋ	澄江開二平(去)	撞/당/ X	I
24	*rdoːŋ(s)	>drɔŋ	ɖɣʌŋ	澄江開二平(去)	幢/당/ HL	I

Starostin에 따라 3等 개음은 상고에 없었다고 보는 입장임을 다시 한 번 밝힌다. 또한 Schuessler(2009)에서는 /ʈ/를 표기하고 있는데 본고에서는 표기를 통일하고자 /tʳ/로 제시한다. 한편 漢代 재구음이 확인되지 못한 경우에는 '-'로 두기로 한다.

225 이 절에서는 전승 한자음의 성조와 관련된 내용을 주로 伊藤智ゆき(2002) 및 權仁瀚(2009b)에 따라 제시한다(L=平聲, R=上聲, H=去聲, X=未詳). 다만 『詩經』 및 『全韻』 등에서 나온 예는 성조가 없으므로 '-'로 표시하기로 한다.

25	*r ´ e:wɢ	>drɔk	ɖɣʌk	澄覺開二入	擢/탁/ X	Ⅰ
26	*r ´ e:wɢ(s)	>drɔk	ɖɣʌk	澄肴開二入(去)	濯/탁/ H	Ⅰ
27	rdo:g	>drɔk	ɖɣʌ	澄覺開二入	濁/탁/ H	Ⅰ
28	*rde:ns	>drɛn	ɖɣɛn	澄山開二去	綻/탄/ R	Ⅰ
29	*mhaʔ	>phwa	pʰɨo	滂虞開三上	撫/무/ R	Ⅱ
30	*ʔsu:ds	–	tsuʌi	精灰合一去	晬/슈/ –	Ⅲ
31	*ʔsem	>tsiam	tsiᴇm	精鹽開三平	殲/셤/ X	Ⅱ
32	*tjɯnʔ	>trhɨn	tɕiɪn	章真開三上	疹瘨/딘/ H	Ⅱ
33	*tjun	>tśuin	tɕiuɪn	章真合三平	肫/둔/ L	Ⅱ
34	*kljeʔ	–	tɕiᴇ	章支開三上	枳/기/ R	Ⅰ
35	*kjes	–	tɕiᴇ	章支開三去	忮/기/ R	Ⅱ
36	*gjis	>g(h)jəś/	dʑiɪ	禪脂開三去	嗜/기/ R	Ⅲ
37	*njɯ:m	>ń(h)ə́m	ɳ̟iɪm	日侵開三上	稔/님/ R	Ⅲ
38	*njɯm(ʔ)	>ń(h)əm	ɳ̟iɪm	日侵開三平(上)	恁/님/ R	Ⅲ
39	*qral	–	ʔɣiᴇ	影支開三平	攲/긔/ L	Ⅱ
40	*hma:ws	>m̥āwh /hɑu	hɑu	曉豪開一去	耗/모/ X	Ⅱ
41	*ge:	>ge	ɦei	匣齊開四平	蹊嵠/계/ L	Ⅱ
42	*ge:gs	>ge	ɦei	匣齊開四去	系繫/계/ R	Ⅱ
43	*gwe:	–	ɦwei	匣齊合四平	畦/규/ L	Ⅱ
44	*gra:s	>ghrāh /ga	ɦɣa	匣麻開二去	暇/가/ R	Ⅲ
45	*gra:b	>ghrāp /gap	ɦɣap	匣狎開二入	匣/갑/ H	Ⅱ
46	*gre:g	>gɛk	ɦɣɛk	匣麥開二入	翮/격/ H	Ⅱ
47	*gre: ŋ	>gɛ ŋ	ɦɣɛ ŋ	匣耕開二平	莖/깅/ L	Ⅱ
48	*ga:d	>gɑt	ɦɑt	匣曷開一入	蝎/갈/ H	Ⅱ
49	*ga:d	>gɑt	ɦɑt	匣曷開一入	褐/갈/ H	Ⅱ
50	*gɯ:ms	>gəm	ɦʌm	匣覃開一去	憾/감/ R	Ⅱ
51	*lug	>juk	jɨuk	以屋開三入	鬻/륙/ H	Ⅰ
52	*lu ŋ	>ju ŋ	jɨu ŋ	以東開三平	肜/륭 L	Ⅰ
53	*lu ŋ	>ju ŋ	jɨu ŋ	以東開三平	融/륭 L	Ⅰ
54	*le ŋ ʔ	–	jiᴇ ŋ	以清開三上	郢/녕 R	Ⅰ
55	*qrɯms(ʔ)	>ʔə́m	ʔɣiɪm	影侵開三去(上)	飮/님/ HR	Ⅰ

56	*ɢrab >wap	ɦɣiɛp 雲葉開三入	饁/녑/ H	I
57	*ɢrib >wap·ləp	ɦɣiɛp 雲緝開三入	熚/녑/ X	I

위[표 36]의 聲母에 반영된 주요 양상을 정리하면 다음과 같다. 우선 牙音에 있어서 疑母가 /k-/로 나타난 점은 上古音의 잔재(*ŋg-)로 추정할 수 있다고 생각한다(예: 硬(경)). 또한 舌音에서 恬(념), 逞(령), 魑(리)와 같이 유음으로 나타난 양상은 상고 전·중기를 반영할 수 있으므로 눈길을 끈다. 이처럼 舌音의 知組 개음이 상고의 $*C^{r-}$와 관련된 것에 입각하여 전승 한자음에서 개음(*-r->-ɪ-)이 결여된 양상을 바탕으로 권설 성분(*r)의 영향을 받기 전의 上古音적 요소를 찾아 정리해 보았다(예: 茶(다)). 그리고 脣音에서는 상고의 무성 비음이 한국 한자음에서 중고음의 파열음으로 변하지 않고 비음과 대응한 것을 상고의 잔재로 보았다(예: 撫/무/).

나아가 齒音의 경우 우선 精組에 보인 파찰음 대신 마찰음으로 나타난 점을 주목하여, 관련된 예를 검토해 보았다(예: 睟/슈/). 이와 같이 齒音 章組에서 舌音 및 牙音이 기원한 양상($*n^{j-}$, t^{j-}, k^{j-})을 통해 上古音적 요소를 살펴보았다. 이외에 喉音에서는 상고의 구개수음을 반영한 양상(예: 欹/긔/)과 무성 비음이 비음으로 반영된 모습(예: 耗/모/), 그리고 상고 以母(*l-)와 같이 유음으로 나타난 전승 한자음(예: 鬻/륙/)을 기반으로 이들이 上古音을 반영한 것임을 밝혔다. 유의할 점은 匣母에서는 상고 구개수음과 같이 나타난 양상이 대거 출현했다는 것이며, CL형 복자음에서 전승 한자음의 유음이 후기에 기본 자음으로 보유된 예가 보인다는 점이다(예: 飮/님/).

04 한국 한자음 韻母에 반영된 上古音

이 장에서는 한국 한자음의 韻母(운모 finals)를 살핀다. 즉 중성 및 종성을 중심으로 上古音적 요소에 대하여 고찰한다. 上古音의 주요 모음 체계는 중고에 들어와서 크게 변하지 않으나 각 모음이 부담하는 영역에서 차이가 존재한다(潘悟雲·張洪明 2013). 이와 같은 변화는 개음의 출현과 밀접한 관련이 있다. 한편 운미의 체계도 긴 역사를 걸쳐 오는 과정에서 변화가 일어나고 탈락한 양상과 새로 나타난 경우가 모두 존재한다. 이에 이 절에서는 우선 상고 재구음과 중고음을 비교함으로써 이 변천 관정에서 한국 한자음의 양상을 포착하고자 한다. 앞서 3장과 같이 본고의 관심은 상고층에 속하는 모습을 중요시하므로 그 밖의 다른 층위에 대해서는 자세히 다루지 않는다.

기술에는 十六 攝(rhyme group)[226] 체계를 활용할 것이다. 부언하자

226 十六 攝은 『廣韻』의 206韻을 기반으로 귀납한 것인데 『切韻』의 체계와 대략 같지만, 차이도 없지 않다. 논의를 진행하는 과정에서 이런 차이를 제기할 필요가 있을 때는 명시할 것이다 (가령 『廣韻』에서 추가된 合口韻들이 있다). 또한 선행 연구들은 通攝부터 기술하는 방식을 취했지만, 본고에서는 운미의 양상을 중심으로 귀납의 방식으로 논의를 진행하고자 한다. 후술할 것처럼 陰聲 운미(-∅, -i, -u)에 속하는 果攝부터 살펴보기로 한다.

면 이는 주요 모음과 운미에서 유사한 韻을 하나의 攝으로 귀납한 것이다. 한국 한자음의 上古音 층위를 고찰하는 데에 있어 이와 같은 제시 방법은 유용하다고 생각한다. 아울러 음절 결합에 있어 聲母도 적극적으로 고려하면서 함께 제시하고자 한다. 이와 같은 체계하에 한국 한자음의 주된 층위에서 벗어나 고음적 색채를 보이는 요소에 주안점을 두어 살펴보고자 한다.

4.1. 果攝

果攝(ɑ)에는 一等 歌韻 및 三等 戈韻이 있다[227]. 여기서는 한국 한자음의 상고층과 관련된 一等韻을 중심으로 살펴보겠다. 一等韻은 『廣韻』에 따라 開口 歌韻 및 合口 戈韻으로 나눌 수 있다. 그러나 애초에는 『切韻』에 開口 歌韻밖에 없었다[228]. 앞서 밝혔듯이 소위 合口韻은 /w/개음이 들어 있어야 되는 것인데, 상고에는 아직 독립된 合口 개음이 없었다(鄭張 2003). 따라서 본고에서는 원칙상 合口韻을 고찰하지 않을 것이나 상고의 양상을 띤 요소가 보이는 경우에 한정해 검토의 대상에 포함시키고자 한다. 이 절에서는 특히 기존 연구(河野六郎1968 등)에서 중고음에 입각하여 해결하지 못한 운미-i에 관한 문제에 대하여 上古音에

227 그러나 潘悟雲·張洪明(2013)에서 밝혔듯이 중고 三等韻에는 사실 상고의 기원이 없고, 몇몇 예들은 切韻 시기 이전에 中原 이외의 지역에서 차용된 것이다. 특히 불경 음역에 흔히 보이는 伽·迦 등이 그것이다. 다시 말해서 果攝 三等韻은 이른 시기에 외래어를 음역한 데에서 형성된 것이다.

228 중고음에 대한 연구에서 果攝은 일반적으로 歌韻 및 戈韻을 모두 포함하여 다루고 있지만, 부언하자면 『切韻』에는 '戈韻'이 없었고 이는 후기 『廣韻』에서 이루어진 韻이다. 본고는 이와 관련된 내용을 『王三』를 통해 재확인했다. 또한 이에 대해서는 李榮(1956: 75)에서도 밝힌 바가 있다.

접근하여 살펴보고자 한다.

4.1.1. 歌韻 一等

[표 37] 歌韻 一等

上古音		중고음	전승 한자음	
			주요	上古音
歌$_1$*al>ɑi[229]		ɑ	ㅏ	ㅐ
牙	見			箇(개)
	疑		我(아)	我(애)[230]
脣	明		磨魔(마)	磨魔(매)[231]

[표 37]에서 보는 바와 같이 중고의 歌韻(/ɑ/)은 상고 歌$_1$(*ɑl>ɑi)에서 온 것이다. 전승 한자음에서 歌韻이 /ㅏ/로 나타나는 것은 주된 양상이다[232]. 중요한 것은 한국 한자음에서 주된 층과 같지 않은 색다른 모습

229 본고에서는 상고부터 중고에 이르러 韻部의 재구 및 변화에 대해 주로 Baxter(1992)(Jacques 2006 재인용), 潘悟雲(2000, 2020), 鄭張(2003), 潘悟雲·張洪明(2013), Baxter·Sagart(2014)를 참고하되 鄭張-潘 체계에 따라 제시하고자 한다. 또한 [표 37]에서 제시한 것처럼 '*al>ɑi'의 'ai'는 1~2세기의 漢代 음형으로 볼 수 있을 것이다. 漢代에 대해서는 Schuessler(2009)의 논의를 적극적으로 참고하기로 한다. 이와 같은 근래의 상고 재구음은 주로 <古音小鏡>(http://www.kaom.net/)를 참고한다(이하 동일함).

230 伊藤智ゆき(2002)에 따르면 『飜小』에 '我'/애/라는 발음도 있다고 하지만 權仁瀚(2005/2009)에서는 /아/만을 제시하고 있다. 더욱이 본고에서도 '我'/애/를 직접 찾지 못하였으므로 논의의 대상에서 제외하나 참고로만 제시하기로 한다.

231 伊藤智ゆき(2002)의 <자료편>에 따르면 魔(/매/)라는 발음은 『四法(1577 송광사판)』에서 보인다고 했지만, 오구라문고 소장판본(1467)에서는 /마/만이 보인다. 일차 자료로 魔(/매/)를 확인하지 못하므로 본고에서는 일단 이를 논외로 하나 참고로 제시하기로 한다.

232 본고는 한국 한자음의 上古音적 요소를 고찰하는 것을 목적으로 하므로 중고음에 대응하는 주된 모습은 자세히 살펴보지 않겠으나 필요할 때만 제시하기로 한다. 더 자세한 내용은 河野六郎(1968), 朴炳采(1971), 權仁瀚(1997, 2006, 2019), 伊藤智ゆき(2002), 申祐先(2015), Qian(2017) 등을 참고할 수 있다.

도 적지 않게 존재하고 있다는 것이다. 특히 歌韻에서 운미 '-i'가 나타나는 특징은 주목할 만하다. 근래 上古音의 연구 성과에 따르면 이는 歌韻의 상고 기원에서 운미 '–l'를 지닌 데에서 기인한 것이다. 더 자세히 말하자면 $歌_1$/*al/는 상고 후기(漢代)에 들어가면서 운미는 '*–l>-i' 라는 변화가 일어나고 중고에 들어 소실된다(潘悟雲 2000: 204, 鄭張 2003/2013: 165, Baxter·Sagart 2014: 251-256, 279). 이에 본고에서는 한국 한자음 歌韻에서 보인 –i운미는 上古音적 요소일 가능성이 크다고 보고자 한다.

한국 한자음 歌韻에서 보인 '(-l>-i)'운미에 대해서는 그간의 연구에서도 많은 관심을 가져왔다. 河野六郎(1968/2010: 207)에서도 /개/(個)[233]에 대하여 논한 적이 있으나 명확한 답을 얻었다고 말하기는 어렵다. 이 논의에서는 歌韻에 속한 字 중에 '箇, 鵝, 舵, 唾, 破'는 '-ai'로 나온 것이 漢語 방언에서 두루 보일 수 있으므로 이런 양상은 漢語가 원래 갖고 있었던 형태로 보고 있으나, 또한 '-i'는 한국어의 특수한 사정으로 인해 덧붙은 것이라고 주장하기도 하므로 확실한 입장을 보여주지 못했다.

伊藤智ゆき(2002/2011: 193)에서는 '-i'를 한국어의 특수한 사정에서 나타난 것으로 보는 견해에 동의하지 않으며 실제로 한국어에서 운미 '-i'가 첨가되었다고 해석할 수밖에 없는 예는 그 수가 적다고 지적했다. 또한 伊藤智ゆき(2002/2011: 251)에서는 蟹攝에 보인 운미 '-i'를 검토하면서 이에 대한 구체적인 증거를 제시했다. 가령 '此/치/'

233 그의 논의에서는 '個'가 『全韻』의 속음으로 /개/로 나타난다고 했지만 본고가 확인한 『全韻』(姜信沆(編) 1991) 등에서는 /개/가 '個'의 속음이라는 것을 볼 수 없었고 『奎章全韻』에서 관련된 내용을 재확인했다. 한편 『全韻』에서 '個'는 '箇同'로 기록되어 있으며 '個' 및 '箇'는 이체자로 보기도 하므로(<異體字字典>) 본고에서는 '箇'를 주된 대상으로 삼기로 한다.

는 조사 'ㅣ'가 적혀 있기 때문에 'ᄎᆡ'의 'ㅣ'는 조사가 아니라는 것을 명백히 밝혔다. 또한 申祐先(2015)에서는 한국 한자음에서 운미 '-i'가 나타난 양상은 제한적인 환경에 있고 규칙적인 면이 있다고 보므로 소위 한국어의 특수한 사정에서 나타났다고 보는 주장(河野六郎 1968)을 받아들이기 어렵다고 반대하고 있다.

한편 '-i '운미를 명확하게 漢語 上古音이 지닌 양상으로 주장하는 견해를 주목할 만하다. 최희수(1986: 196)에서는 李方桂(1971)(*-ar) 및 王力(1978)(*-ai) 등 초·중기 학자의 상고 재구음을 고려하여 운미를 지니는 한국 한자음의 '대(大)[234] 및 개(箇)'는 上古音의 잔재로 볼 수 있다고 주장하고 있다. 또한 伊藤智ゆき(2002/2011: 191)에서도 이와 관련된 예들이 漢語 방언에서 운미 '-i'를 지니는 사실을 고려함으로써 전승 한자음이 도입될 당시에 漢語에서 歌韻字가 운미 '-i'를 지니는 현상이 실제로 있었을 것이라 보고 있다. 申祐先(2015: 82-84)에서는 上古音 층위를 고려하면서 漢語 남부 방언 등과 적극적으로 비교함으로써 운미 '-i'를 지니는 것은 고대 歌韻의 양상일 것이며 上古音을 반영한 것이라고 명확하게 피력하고 있다.

본고도 상고 歌$_1$(*ɑl>ɑi)의 운미가 한국 한자음에서 보존되었을 가능성이 있다고 생각한다. 하지만 관련된 예를 더 자세히 검증할 필요가 있다. 먼저 개(箇)[235]에 대하여 살펴보겠다. 최근의 上古音 재구 체계들에서는 箇(*ka:ls>(LH)kai>(MC)ka)에 대해 대개 일치되는 주장을 보이고 있다. 즉 '箇'는 상고에 있어 운미(-l(>i))를 지니고 있다는 견해를 확인할 수 있다. 또한 앞서 언급했듯 '箇'가 漢語 방언에서 '-ai'로 두루 나타난 것(河野六郎 1968)을 볼 때 전승 한자음의 '箇'/개/에서 나타난

234 본고에서는 '대(大)'를 중고에 대응하는 양상으로 본다.

235 '只有自家一箇(/개/)身與心...(약)' 『小學 5: 87a』

운미(-i)도 같은 양상일 것이며, 즉 원래 上古音의 모습을 반영한 것으로 생각할 수 있다. 덧붙이자면 현재 漢語 閩南語(潮州 등)에서 箇는 'kai, ko'가 모두 나타나고 있는데 'kai'는 原始 閩南語에 대응됨을 확인할 수 있다[236].

한편 '磨'는『訓蒙 中: 6b』에서 '磨 ·매 :마'로 나타나고 있다. 申祐先(2015: 80)에 따르면 /매/라는 발음이 고유어화된 한국 한자음이므로 /매/는 口語 층에 보존된 양상에 해당하는 것으로 보인다. 鄭張(2003/2013: 04)에서는 여타 한자음과 비교하면서 한국어의 /磨/는 상고 漢語를 반영한 것으로 주장하고 있다. 이 논의에서는 베트남 한자음의 磨/mài/도 같은 기층에 있다고 보고 있다. 이와 같이 江佳璐(2011: 120)에서도 베트남 한자음에 대한 층위 분석에서 磨/mài/는 상고의 歌部에 대응한 것이라 피력하고 있다.

나아가, 漢語 방언의 文語 및 口語를 함께 지니는 방언을 통해 위의 주장을 뒷받침해 줄 수 있다. 예컨대 福州 방언에서 磨의 文語와 口語는 각각 /mɔ/, /muai/이고, 建甌 방언에서는 각각 /mɔ/, /muɛ/[237]로 나타나고 있다. 따라서 운미 /-i/를 지닌 음형은 더 이전의 층에 해당하는 것으로 재확인된다. 이상과 같이 한국 한자음의 磨/매/는 上古音을 반영한 것으로 간주할 수 있을 것이다. 전승 한자음에서 보인 磨의 '매'와 '마'는 각각 舊層 및 新層에 해당하는 것으로 이해해도 무방할 것이다. 다시 정리하자면 본고에서는 '箇, 磨'를 上古音적 요소로 파악하고자 하며 이들은 모두 漢代 歌$_1$部(-ai)를 반영한 것으로 생각된다.

236 원시 閩南語(PMin)에 관한 내용은 Schuessler(2009)를 따른다.

237 <漢語多功能字庫> 및『漢語方音字匯』(2003)(참고).

4.1.2. 戈韻 一等

[표 38] 戈韻 一等

上古音		중고음	전승 한자음	
			주요	上古音
歌₃*ol>ʷɑi		wɑ	ㅘ ㅏ	ㅐ ㅙ ㅚ
舌	透		妥(타)	妥(태)
齒	精		鎖瑣(솨)	鎖瑣(쇄)

[표 38]에서 보는 바와 같이 중고의 戈韻(/wa/)은 상고 歌₃(*ol)라는 韻部에서 온 것이다. 한편 전승 한자음에 戈韻이 /ㅘ, ㅏ/로 나타나는 것은 主層의 양상이다. 전자는 아후음에 대응하며 후자는 설음에 대응한다. 여기서 주목할 만한 점은 戈韻에 있어 開口든 合口든 운미-i를 지니는 모습을 보인다는 것이다. 이와 같은 양상은 앞서 본 歌韻과 동궤에 있을 것이다.

먼저 '태(妥)'를 살펴보겠다[238]. 李潤東(1997: 139)에서는 과거의 상고 재구음(Karlgren 및 李方桂)에 따라 운미의 양상을 중요시하며 '태(妥)'를 上古音으로 주장하고 있다. 최근의 上古音 재구에 따르면 妥는 */n̥o:lʔ/이며 중고음에 들어 /tʰuɑ/정도로 파악할 수 있다. 이에 전승 한자음의 '태(妥)'[239]에서 간직하고 있는 운미-i는 상고 歌部의 잔재로 볼 수 있다고 생각한다. 한편 『詩經 13: 9a』에서 '타(妥)'가 확인되는데[240], 여기에서의 뜻은 앞선 본 것과 큰 차이가 아니므로 /태/ 및 /타/는 음운의 역사 층위의 차이를 반영한 것으로 이해할 수 있다(陳忠敏

238 '妥 ᄌᆞ옥 태 帖 ᄌᆞ옥 텹' 『類合 下: 53a』에서 확인할 수 있으며, '妥帖'은 일 따위를 탈 없이 순조롭게 끝냄을 뜻한다『표준국어대사전』.

239 伊藤智ゆき(2002)에서 말한 바 있듯이 한국어 모음인 /ㅏ/는 후설모음까지 대응할 수 있다. 따라서 妥의 /-ㅐ/는 /oi/를 전사했을 가능성이 있을 것이다.

240 祀(/ᄉᆞ/)ᄒᆞ며 뻐 妥(/타/)ᄒᆞ며 뻐 侑(/유/)ᄒᆞ야 뻐 큰 福(/복/)을 介(/개/)케 ᄒᆞ놋다.

2006: 787). 즉 /태/에서 보인 운미-i는 주된 층에서 벗어난 古層에 대응한 모습일 것이다. 이에 대하여 申祐先(2015: 80, 110)에서는 '태(妥)'를 蟹攝 灰韻에, '타(妥)'를 果攝에 두어 분석했다. 부언하자면 상고에 있어 歌部 및 微部(>MC 灰韻)는 모두 (*-l>-i)운미를 지니고 있으며 이들이 자주 諧聲하여 밀접한 관계를 보이는 것은 사실이다. 다만 근본적으로 '태(妥)'에서 보인 운미-i는 상고 漢語에 기인한 것이다. 이와 관련된 내용은 『集韻』에서 '通回切' 및 '吐猥切'과 같이 재확인되며[241] 『經典釋文 409下』(爾雅音義上·釋詁第一)에서 '(郭)他回反'[242] 등도 보인다. 즉 이들은 모두 운미-i를 반영한 反切 (下字)이다. 後漢이후 운미가 점점 없어진 과정을 고려할 때 같은 한자에 운미-i를 반영한 反切字를 쓴 것은 운미가 완전히 사라지지 않았던 모습에 대응한 것이다[243].

다음으로 '쇄(鎖瑣)'[244]를 살펴보고자 한다. 최희수(1986) 및 李潤東(1997: 139)에서는 이와 같은 예를 上古音에 대응될 수 있는 예로 보면서 '쇄'는 上古音에서부터 중고음으로의 변화과정을 반영한 것이라 주장하고 있다. 이는 앞서 제시한 歌$_3$ *ol>wɑi와 같이 이해할 수 있을 것이다. 다만 전승 한자음의 주 모음이 이미 合口로 변하고, 上古音적 요소에 해당되는 것은 운미만으로 보아야 될 듯하다. 伊藤智ゆき(2002/2011: 193)에서는 Karlgren(1940: 553-554)을 따라 漢語 방언에서도 운미-i를 확인할 수 있는 '쇄(鎖瑣)'는 한국 한자음이 도입될 당시

241 각각 '安坐也一曰執器下於心或作綏'와 '爾雅止也一曰安也'로 해석하고 있다.

242 郭璞의 『尔雅注』(313-317년) 反切을 인용한 것으로 이해할 수 있다. 원문은 '孫他果反 郭他回反'이다. 전자는 중국 삼국 시기인 孫炎의 『尔雅音义』을 인용한 反切일 것이다.

243 그러나 河野六郎(1968/1979: 447)에서 妥/태/는 주격조사와 결합한 것으로 보았고, Qian(2018: 109)에서도 이를 따르고 있다. 이와 같은 견해의 문제점은 앞서 언급했는데, 더욱이 妥/태/는 형용사이므로 뒤에 주격조사가 올 필요는 없을 것이다.

244 '鎖 ᄌᆞ믈쇠 쇄' 『類合 下: 43a』; '瑣 ᄒᆞᆨ ᄇᆞᄉᆞ 쇄' 『類合 下: 61a』.

의 漢語 실제를 반영했을 가능성이 크다고 주장하고 있다. 鄭張(2003/2013: 04)에서 역시 전승 한자음의 '쇄(鎖)'를 상고층에 대응하는 예로 주장하고 있다. 본고도 이와 같은 견해에 동의한다. 다만 申祐先(2015: 316)에서는 '瑣'가 '碎'의 뜻에 가깝기 때문에 '碎'에 유추된 것으로 보았다. 이와 같은 해석은 전염(contagion)[245]으로 접근한 것으로 보이는데 실은 중세 시기 문헌을 볼 때 '瑣 및 碎'의 뜻은 거리가 꽤 있었을 것으로 생각된다. 『類合 下: 59b』'碎 ᄇᆞ쇌 쇄'에서 보이듯이 '碎'는 '부수다'(동사)처럼 이해할 수 있지만 '瑣'는 '횩 ᄇᆞᄉᆞ 쇄' 『類合 下: 61a』이며 '작다'(형용사)로 해석할 수 있다. 이에 본고에서는 전승 한자음에서 '瑣'/쇄/를 '碎'/쇄/에 의한 유추음일 가능성이 낮다고 생각한다[246].

이와 관련해서 '왜(倭)'[247]에 대하여 살펴볼 필요가 있다. 伊藤智ゆき(2002/2011: 193)에서는 '왜(倭)'가 접미사 '-i'를 첨가한 결과(와+ㅣ)일 가능성을 제시하면서 漢語 원음을 반영한 것이라는 견해를 제시했다. 또한 申祐先(2015: 80)에서 '倭/왜/'는 '矮/애/'에 의한 유추음일 가능성이 있다고 제기했다. 그러나 문제가 되는 것은 '왜(倭)'가 언제 나타났느냐에 있다. 河野六郎(1968)에 의하면 '왜(倭)'는 『全韻』에서 나타난 속음이라고 했지만 본고에서 문헌을 재검토한바 관련된 내용을 찾을 수 없었다[248]. 따라서 '왜(倭)'는 본고에서 살피는 대상으로 보기 어려우

245 박진호(2016) 참고.

246 漢語에서 '碎'를 '瑣'와 같이 형용사로 쓰는 것도 적지 않지만, 전승 한자음의 문헌을 통해서 볼 때 그런 용법이 흔하지는 않다. 더욱이 '碎'는 또한 『長壽 25a,b』 등에서 /새/라는 발음이 제시되어 있으며(예: 碎身/새신/) 역시 동사로 나타난다.

247 '倭 예 와, 韃 다대 달, 羌 되 강'(『訓蒙 中: 2b』 참고)에서 보이는 바와 같이 일본을 의미하는 倭는 /와/로 나타난다.

248 본고에서는 (1902)『全韻』 및 姜信沆(編)(1991)『全韻』을 재확인했다.

므로 선행 연구에 대해서는 더 논의하지 않기로 한다[249]. 다만 『全韻』에서 '倭 위 順貌回遠(倭)遲'가 보이는데 여기의 '倭'/위/는 앞서 본 일본을 의미하는 것이 아니며 『詩經 9: 3a』[250]에서 보이는 '倭遲(/위디/)'와 같고 '구불구불하다'라는 뜻을 지닌다. 이때의 '倭'/위/는 후술할 支韻B에 속하는 것으로 이해하는 것이 좋을 것이다. 비록 '倭'/위/의 상고 기원이 歌3(*qˤol)에서 온 것이며 운미'-i'를 지니고 있지만 이와 같은 양상은 중고에서도 보이므로 上古音적 요소만으로 보기 어렵다. 더욱이 支韻B(合口)에는 '-ㅟ'가 원칙적인 양상이다. 다시 말하자면 倭의 /왜/는 한국 중세 문헌에서 확인하기 어려우므로 논의에서 제외되고 /위/는 중고 支韻B에 대응하는 모습이기 때문에 운미는 上古音을 반영했을 가능성이 낮다고 본다[251].

이상과 같이 전승 한자음에서 확인된 '妥, 鎖, 瑣'는 상고 후기 歌$_3$(*oi)에 대응하는 운미-i를 반영한 것으로 볼 수 있을 것이다. 추가적으로 말하자면 전승 한자음 歌(戈)韻에서 운미를 지니는 것은 상고 漢語 연구에 있어 중요한 대상이 된다. 鄭張(1983, 1984)에서는 친족어 同源語, 그리고 태국 및 베트남의 이른 차용어 등을 들어 歌韻의 운미가 '-i'라고 논증한 바 있으며, 또한 앞서 제시했듯 한국 한자음에서 보인 '箇, 磨, 鎖'[252] 등도 역시 여기에 속한 예라 주장했다.

249 일본을 의미할 때 /왜/로 발음한 것은 오히려 18세기 등의 근세 문헌에서 더 자주 보인다(가령 『倭語類解』 등).

250 四牡ㅣ 騑騑ᄒᆞ니 周道ㅣ 倭遲(/위디/)ᄒᆞ도다.

251 특히 倭와 같은 기원을 지닌 委, 萎 등을 볼 때 /위/는 주된 층에 대응한 것으로 생각한다(伊藤智ゆき 2002/2011: 258 참고).

252 '개(個) 및 왜(倭)'도 포함했지만 이와 같은 견해는 河野六郎(1968)의 <자료편>을 기반으로 한 것으로 생각한다. 앞서 살폈듯이 이 두 한자는 전승 한자음 문헌에서 확인하기 어렵기 때문에 본고에서는 의견을 보류하기로 한다. 다만 '個'를 '箇'의 이체자로 생각하면 上古音적 요소에 속한 예에 둘 수 있을 것이다.

4.2. 假攝

假攝(a)에는 麻韻 二等 및 麻韻 三等이 있다. 후자는 주로 聲母인 精母·章母만 결합하기 때문에 흔히 麻韻 三等A류로 보기도 한다. 여기서는 二等 및 三等에서 개음의 양상을 주된 내용으로 살피고자 한다. 왜냐하면 개음 문제는 上古音 및 중고음을 판정하는 분수령이라 할 수 있기 때문이다. 아울러 설음 운미의 소실 여부에 관한 부분도 포함해서 살펴보고자 한다.

4.2.1. 麻韻 二等

[표 39] 麻韻 二等

上古音		중고음	전승 한자음		
			주요	소수[253]	上古音
魚 *ra 歌$_1$ *ral>rai		(ɣ)a	ㅏ	ㅑ	ㅐ
脣	幫				壩霸(패)
齒	莊		詐(사)		詐(새)
	崇		乍(사)		乍(새)
喉				嚇(햐) 등	

[표 39]에서 보는 바와 같이 중고 麻韻(開口) 二等은 상고의 魚部 및 歌$_1$部에서 기원한 것이다. 이에 두 가지 부분을 유의할 필요가 있다. 하나는 麻韻 二等韻은 상고부터 온 개음(*-r->-ɣ->-ɯ->-ɪ-))의 후대형이 포함되었을 가능성이 있다는 것이며, 다른 하나는 歌$_1$部(*ral)에서 온 경우에는 漢代까지는 운미 (*-l>)-i가 나타날 수 있다는 점이다. 이를

253 韻母에 대한 논의에서 살필 만한 '소수'에 해당하는 예만 언급하기로 한다.

바탕으로 전승 한자음의 양상을 살펴보겠다. 위 표에서 볼 수 있듯이 /ㅏ/로 나타나는 것이 원칙적인 것이고 주요 양상에 해당된다. 다만 /ㅐ/라는 어형도 확인할 수 있다는 것은 주목할 만하다.

전승 한자음에 있어 麻韻 二等에 나타나는 /ㅐ/는 상고의 운미를 반영하는 모습이라고 볼 수 있지만, 앞서 말했던 상고 歌$_1$部(*al>ai)에서 왔다는 해석과는 같지 않다. 왜냐하면 위에 제시한 예들이 모두 상고 魚部에서 온 것들이기 때문이다. 이와 관련해서 李潤東(1997: 140-141)에서는 초·중기 上古音의 재구음(Karlgren·董同龢·周法高·王力[254])에 따라 패(覇壩)[255]를 상고에서 중고로의 변화과정의 음이며 上古音의 흔적으로 추정한 바 있다. 또한 申祐先(2015: 83)에서는 상고 후기 魚部 및 歌部가 혼입한다는 논의(羅常培·周祖謨 1958/2007: 22-26)를 따라 麻韻에서 보인 'ㅐ(ai)'[256]를 魚部가 歌部에 혼입하여 이루어진 결과로 주장하고 있다.

이처럼 상고 二等의 魚部가 漢代에 歌部(*-rai)에 합류된다는 것을 보면(王力 1985/1997: 99, 潘悟雲 1999b/2000: 193, 204) 이 둘은 음성적으로 소리가 비슷했다고 볼 수 있을 것이다. 앞서 언급했던 '覇·壩'는 '詐·乍'(ㅐ)[257]와 같이 상고 魚部의 입성운 鐸部(-ak)에 해당하는 예들이고, 이들은 모두 去聲[258]字이며 상고의 모습은 *-ra:(k)-s와 같이 볼 수 있다. 나아가 西漢 시기에 -rags > -rai 라는 변화과정이[259] 있기 때문

254 周法高 및 王力에서는 각각 운미 -ɪ, -i를 지닌 것으로 보고 있다.

255 '覇 사홈 패'(1575光州) 『千字文: 24b』, '壩 언 패' 『訓蒙 上: 3b』.

256 申祐先(2015: 82)에서 '/외/瓜'를 고유어화된 口語 층으로 간주하고 있으나(『類合上: 11a』에서 확인할 수 있음), 여기에는 聲母 /k/見母가 어떻게 사라졌는지를 설명해야 하는 문제가 있다.

257 '而逡巡之詐受佛降'(ᅀᅵ쥰슌지, 새슈불항.) 『長壽, 47b』; '乍食鐵丸(새식텰환)' 『長壽: 53a』.

258 2장에서 언급했듯이 상고의 *-s 운미는 중고에 들어 거성으로 변한다.

에 魚部 및 歌部가 혼입하게 된다. 따라서 전승 한자음의 /ㅐ/는 漢代 시기의 魚部가 歌部에 혼입한 결과에 해당하므로 上古音적 요소로 볼 수 있다. 한편 咸蔓雪(2016: 190)에서 역시 상고 歌部에 온 麻韻字는 베트남 한자음에서 운미/-j/가 보인다고 밝힌 바 있다.

이외에, 전승 한자음에 있어 또한 /ㅑ/와 관련된 양상(예: 햐(嚇))가 나타나고 있다. 이는 麻韻 二等의 주요 모음이 개음과 결합한 결과로 이해할 수 있을 것이다. 다만 앞서 기술한 것처럼 二等의 *-r-는 대개 A.D. 500년에 들어 아후음 및 순음 뒤에 탈락하고(Baxter 1992), 이에 『切韻』가 대표하는 중고 전기의 음운 체계는 대부분 二等 개음(-ɣ->-ɯ->-ɪ-)이 소실된다. 이를 고려할 때 한국 한자음의 /ㅑ/는 상고에서 기원한 二等 개음의 후대형을 보유한 모습일 것이다. 다시 말해서 한국 한자음의 /ㅑ(ia)/(嚇)[260]는 주요 모음이 상고 魚部(*a)에서 온 것이며, 개음은 상고 *-r-의 후대형으로 해석할 수 있다. 선행 연구들은 '嚇'(ㅑ)에 있는 개음에 대하여 근대에 와서 나타난 것으로 해석했는데, 魏國峰(2014: 80-82)에서 지적했듯 'i'는 아무런 이유 없이 삽입되었다고 할 수 없다[261].

이와 관련해서 여타 한자음의 양상과 비교해 보고자 한다. 상고 魚部

259 丁邦新 (1975: 252)참고.

260 『類合 下: 34a』에서 '嚇 저힐 햐'가 확인된다. 한편 '下(햐)?'는 河野六郎(1968)의 <자료편>에 의하면 『全韻』의 속음이지만 본고가 확인한 『全韻』에서는 관련된 /햐/를 보지 못했다. 또한 伊藤智ゆき(2002/2011: 198)에서는 『四法』(1577)에서 '下/샤/(<햐)'가 보인다고 하며, 『誠初』(1577)에서 '家/갸/'도 나타난다고 했다. 그러나 본고에서 확인한 『四法』(1467 소창문고) 및 『誠初』(1583)에서는 /-ㅑ/에 대응하는 음형을 찾을 수 없었다. 문헌을 재확인하기 어려운 부분은 제외하였지만 이와 관련된 예는 같은 양상에 속할 가능성이 없지 않을 것이다.

261 이와 관련된 내용은 그의 논의에 잘 설명되어 있으므로 여기서 간략히 부언하자면 河野六郎(1968)을 비롯한 많은 연구에서 과거 漢語의 연구 성과(Karlgren)에 따라 二等 개음을 a-모음 앞에 나타나거나 근대에 증생(增生)된 것으로 보았지만 실은 이는 漢語 음운사에서 잘 맞지 않는 것이다.

二等(*-ra)과 관련해서 베트남 한자음뿐만 아니라 일본 한자음(吳音) 내지 漢語 방언인 閩南語의 口語 층에서도 주요 모음이 /e/로 나타나는 양상은 흥미롭다. 특히 김태경(2016: 118-128)에서 일본 吳音(-e-)과 漢音(-a-)을 비교함으로써 더 이른 층위인 吳音에는 二等 개음의 영향이 잘 보인다고 주장한 것은 주목할 만하다. 본고에서는 여타 한자음에서 본 /e/를 *-r-가 -a-모음을 앞당긴 결과로 생각하고자 한다. 다만 한국 한자음의 /ㅑ/((*-r->)-ɪ-+-a)는 개음이 사라지지 않고 후대형(-ɪ-)으로 모음과 결합한 모습에 해당하는 것으로 보고자 한다. 요컨대 麻韻 二等에서 보인 /ㅑ/는 상고 *-r-의 후대형과 모음이 결합된 결과일 것이다. *-r-의 탈락 시기를 고려할 때 5-6세기의 南朝 층위로 반영할 수 있을 것이다. 이처럼 上古音에 접근해야 전승 한자음에 대한 이해가 더 완전해질 수 있다.

4.2.2. 麻韻 三等

[표 40] 麻韻 三等

上古音	중고음	전승 한자음	
		주요	上古音
魚 *a> 歌$_1$ *al>ai	ja	ㅑ	ㅏ
齒 精			嗟(차)

[표 40]에서 보는 바와 같이 麻韻 三等은 상고의 魚部 및 歌$_1$部에서 기원하며 중고에 들어 三等 개음(-j-)[262]으로 인해 /ja/가 형성된다. 이와

262 黃笑山(1996: 83)에서는 3等 麻韻을 3等A류로 보고 있다(魏國峰 2014: 135 재인용). 潘悟雲(2000: 199)은 麻韻 三等과 결합하는 聲母를 '以母류'라고 칭한 바 있다. 權仁瀚(2009)에서도 3等 麻韻을 3等A로 본다. 따라서 여기에서는 개음/-j-/로 표기한다.

같이 전승 한자음의 주요 모습은 /ㅑ/로 나타난다. 다만 麻韻 三等에서 '嗟(-ㅏ)[263](<歌$_1$*-al)'처럼 개음이 없는 예도 확인된다.

앞서 2장에서 기술했듯이 중고에 들어 短모음에서 3等 개음(ɪ)이 나타나게 되었다. 이 개음은 한국 한자음에서 흔히 아후음·순음과 결합하는 경우 잘 나타나지 않지만 치음과 결합할 때 잘 나타나고 있다. 이에 대하여 선행 연구에서는 '嗟'(차)의 개음이 탈락한 결과로 해석하는 경우도 있다(李潤東 1997: 142). 그러나 치음에서 개음을 탈락시키는 동인에 대해서는 명시하지 않았다. 특히 고대 한국어 치음의 계열을 고려해도 /ㅊ/뒤에 三等 개음이 있었다면 그것이 탈락하는 이유를 찾기 어려울 것이다[264].

한편 伊藤智ゆき(2002/2011: 201)에서 '嗟(차)는 差(차)에 의해 유추된 것임을 주장한 바 있다. 그러나 이와 같은 해석보다는 '嗟(차)'가 고음의 특징을 보유하는 것으로 파악하는 것이 더 타당하다고 생각한다. 우선 문헌을 통해서 살펴보면 『集韻(校本)』에서 麻韻 三等인 '嗟'에 대하여 '咨邪切, 說文咨也, 一曰痛惜也, 或作嗟, 古作艖差, 亦書作謎, 文二十.'이라고 한 것처럼 '差'는 고대에 '嗟'와 통용된다는 것은 역사에서 확인되는 사실이다[265]. 또한 『經典釋文 24下』(周易音義·離卦)에서 '之嗟, (중약) 荀作差'를 통해서 볼 수 있듯이 漢代의 荀爽이 『周易』에 대한 해석에서 '嗟' 와 '差'를 같다고 여기고 있다. 중고에 들어서는 개음으로 인해 '嗟', '差'가 聲母뿐만 아니라 韻母에서도 큰 차이를 보이므로 통용하기 어려울 것이다. 따라서 三等 개음이 생기기 전의 층위를

263 '徒도衆중이 다 놀라 嗟차' 『六祖 上: 42b-6』

264 고대 한국어의 자음 체계에 있어 /ㅊ/에 대해 학자마다 견해의 차이가 있지만, 鄭承喆(1997/2019: 466)에서 치음으로 간주한 바 있으며, 더욱이 근래 연구인 이승재(2013) 및 魏國峰(2014)에서 모두 이를 치조음으로 보고 있다. 이에 치조음은 개음-j-와 함께 나타날 수 있다고 봐야 될 듯하다.

265 '差, 古與嗟通' 『康熙字典』 참고.

반영한 것으로 보는 것이 타당할 것이다.

아울러 '嗟'는 일본 한자음의 吳音 및 漢音에는 각각 'sa, sya'로 나오고 있고 역시 더 이른 층위에는 개음이 반영되지 않고 있다. 또한 베트남 한자음에서는 'ta[266]'로, 漢語 방언 閩南語(汕頭)에서는 /tsa/로 나타나 개음이 없는 양상을 확인할 수 있다. 이로 인해 '嗟'는 麻韻 三等에 있어 지체층에 있는 예로 간주할 수 있을 것이다. 추정컨대 '嗟'가 어조사라는 사실과 다소 관련이 있을 것으로 생각된다. 개음이 생기면 개구도를 많이 줄일 수 있으므로 원래의 용법과 뜻에 있어 차이가 날 수밖에 없다. 다만 '嗟(/차/)'(<*-al)는 한국 한자음에 있어 상고 운미가 탈락한 것이므로 上古音의 완전한 모습으로 보기 어렵고, 중성 자리의 요소만을 고려할 때 3等 개음이 나타나기 전의 주요 모음(*-a-)을 반영한 것으로 생각할 수 있을 것이다.

4.3. 遇攝

遇攝(u)에는 模韻, 魚韻, 虞韻이 있다. 模韻은 一等에 해당하며 魚韻 및 虞韻은 三等에 있다. 앞서 살펴본 바와 같이 중고 三等 韻은 중고 시기에 개음(ɪ~j)이 나타나 형성된 운이다. 이처럼 한국 한자음에 있어 遇攝을 지닌 上古音적 요소가 模韻 및 虞韻에서 확인되었으나 구체적으로 어떻게 나오는지를 이 절에서 살펴보고자 한다.

---

266 베트남 한자음의 치음 체계에 精母는 /t/와 대응한다(咸蔓雪 2016: 113).

4.3.1. 模韻 一等

[표 41] 模韻 一等

上古音	중고음	전승 한자음	
		주요	上古音
魚部*a>ɑ	(o>)uo(>u)[267]	ㅗ ㅜ	ㅏ
脣 明			媽(마)

[표 41]에서 보는 바와 같이 模韻 一等은 상고 魚部(*a)에서 온 것이며 중고 시기에 (MC)/uo/로 정착된다. 중요한 것은 이 변화의 과정에 /o/라는 과도음이 있었다는 것이다. 이와 같이 한국 전승 한자음에서 'ㅏ, ㅗ, ㅜ'가 모두 확인된다. 이 중에서 'ㅜ'는 중고(후기)의 주된 모습에 대응하는 것이 명확하나 'ㅗ, ㅏ'에 대응하는 모습은 상고(후기)와 관련이 있을 수 있다고 보므로 더 살펴볼 필요가 있다.

우선 'ㅗ'를 살펴보고자 한다. 선행 연구에서는 'ㅗ'를 상고부터 중고로 넘어오면서 나타나는 과도음으로 본 견해가 적지 않다. 최희수(1986: 146)는 한국 한자음의 'ㅗ/o/'는 상고의 /*-a-/로부터 점차 발음의 위치가 높아지면서 중고 시기에 /-u-/로 변하며[268], 이 가운데 /-o-/는 상고부터 중고음으로 가는 과정에 있는 음가와 대응될 수 있다고 했지만, 어느 층위에 속한 것인지는 밝히지 않았다. 伊藤智ゆき(2002/2011: 208)에서는 /오/를 근세음으로 본 河野六郎(1968: 501)의 견해를 지적하면서 李榮(1956)에 따라 東晉(317-420년)에서 隋에 이르기까지는 模

267 Baxter·Sagart(2014: 223)에서는 중고의 模韻을 /u/로 표기하고 있으나 鄭張(2003/2013: 222) 및 潘悟雲(2000: 202, 210)에서는 /uo/로 보고 있다. 潘悟雲·張洪明(2013)에 따르면 /uo/에서는 /o/가 주요 모음이다.

268 이와 같이 -a-모음이 후설 고모음으로 이동하는 것은 漢語 음운사에서 중요한 변화이다.

韻는 /o/이고 그 후 唐代에 들어 /u/로 변한 것으로 보고 있다.

'ㅗ'를 上古音 층위에 둔 견해는 朴炳采(1971: 210) 및 申祐先(2015: 97)이 있다. 후자는 더 구체적으로 /o/의 시기를 漢代로 파악하고 있다. 그의 논의에서는 西漢 시기에 상고의 魚部가 侯部(*o)에 속한 글자들과 서로 압운하며 잘 구분되지 않는다는 羅常培·周祖謨(1958/2007: 21)의 논의를 따르고 있다. 이처럼 丁邦新(1975: 239)에서도 魚部(*a)가 西漢에서 *ɔ로 변화하여 侯部(*o)와의 압운이 가능하다고 제시한 바 있다. 이상과 같은 여러 가지 견해에서는 模韻가 /-o/로 나타나는 층위를 上古音으로 볼 수 있는지가 관건이 된다. 본고에서는 /-o/의 양상이 李榮(1956)에서 말한 東晉(317-420년)에 속한 층위를 반영한 것으로 생각하고자 한다. 그 이유는 다음과 같다.

첫째, 潘悟雲(2000: 202)에서 模韻의 역사 변천 과정을 구체적으로 '*a>ɒ>ɑ>ɔ>o>(MC)uo>u'와 같이 제시한 바 있다[269]. 이 중에서 'ɔ~o'는 모두 한국 한자음의 /ㅗ/와 대응할 수 있고 또한 'uo'에서 /o/를 주요 모음으로 간주하면 역시 /오/에 대응할 수 있을 것이다. 이에 한국 한자음의 /ㅗ/는 상고 후기보다는 중고 전기에 대응하는 층위에 두는 것이 더 타당할 것이다. 둘째, 鄭張(2003)에 따르면 魚部/*a/가 상고 시기를 판단하는 데 중요한 기준이 된다. 다시 강조하자면 鄭張(2003/2013: 5-6)에서는 魚部(*a)의 분포를 상고 후기(秦漢魏)까지로 보는데 /ㅗ/로 나타나는 것은 더 후기로 보아야 될 듯하다. 이에 晉시기 정도가 합리적이라고 생각한다. 셋째, a 및 o는 음성적으로 거리가 있다. 潘悟雲(2020: 129)의 상고 諧聲류에 대한 논의에서 이 두 모음은 하나의 해성류로 묶일 수 없다고 했다. 넷째, 模韻이 侯部/*o/와의 압운은 漢代 이후의 층위로 보는 것이 더 타당할 것이다. 兪敏(1984)에서는 後漢 삼국시

269 본고에서는 그의 논의에 쓰인 'ʊ'를 대신하여 /uo/로 표기한다.

기의 梵語 및 漢語의 음역 자료에서 模韻이 *a 및 *o에 모두 대응한다고 제기했는데, 潘悟雲(2000: 202)에서 이와 같은 양상은 각각 다른 역사 층위에 속한다고 밝힌 바 있다. 즉 *o는 역시 더 후대층으로 보아야 할 듯하다. 다섯째, 최근의 漢代에 대한 재구 체계에서 Starostin(1989) 및 Schuessler(2009)에 따르면 역시 漢代까지 魚部는 /*a/이다. 마지막으로 전승 한자음의 모습을 고려할 때 주된 양상인 /ㅗ/를 중고음에 두는 것은 전승 한자음에 관한 기존 연구에 더 부합하는 판단일 것으로 생각한다. 이상과 같이 본고에서는 /ㅗ/를 상고층에서 제외한다.

다음으로 模韻一等에 보이는 'ㅏ'를 보겠다. 마(媽)는『訓蒙 上: 16a』에서 '媽 할미 마'라고 확인되는데, 漢語에서 주로 '어머니'처럼 쓰인 것과는 약간의 차이가 있다고 생각된다. 다만 본고는 이를 떠나 '媽'字가 갖고 있는 음에 대하여 주목하고자 한다. 마(媽)는『廣韻』에서 '莫補切'이며,『集韻』에서 '滿補切, 音姥'로 나타난다. 무엇보다『廣雅(博雅)』[270]에 따르면 '媽'는 '母也, 一曰牝馬(어머니이고, 암말이라고 한다)'로 나타나며, 이외에 '又俗讀若馬平聲, 稱母曰媽(또한 俗音에서는 평성인 馬(/마/)와 같이 읽으며 '媽'로 어머니를 칭한다)'라는 부분이 눈길을 끈다[271]. 즉 漢語의 俗音에서 마(媽)로 어머니를 칭한다는 것이다. 장리리(2022)에서는 漢語 俗音에 대하여 언급한 적이 있는데, 이를 대개 韻書에 수록되지 않는 현실 음으로 볼 수 있다고 보았다. 다시 말해서 비록『廣韻』에서 '媽'를 讀書音에 대응하는 模韻/o/에 수록하고 있지만 현실음(俗音)에서 /마/(媽)로 읽는 것도 간과할 수 없다는 것이다. 더욱이 林·鄭張(2012: 509)에서는 '媽'는 상고부터 중고, 그리고 오늘날까지

270『廣雅』는 삼국시대 曹魏의 張揖이 약 227년 전후에『爾雅』를 본떠서 編纂한 詞典이다.

271 <漢典>·<異體字字典>을 참고한다.

/마/(媽)로 발음되며 이와 같은 발음을 魚部의 지체층에 속한 모습으로 보고 있다. 즉 魚部(*a)에 속하는 '媽'가 늦게 변하기 때문에 -o-라는 주류에 따르지 않고 결국 중고의 麻韻二等(ɣa>a)에 섞여 들어간다고 보고 있다[272]. 이와 같은 견해는 주목할 만한 것으로 생각된다.

한국 한자음은 漢語의 口語도 수용한 것으로 생각할 수 있다. 비록 독서음은 雅音을 수용해 왔지만, 口語도 상고부터 근대까지 끊임없이 어느 정도 받아들이고 있다고 생각한다. 『訓蒙』에도 口語 부분이 간과할 수 없을 정도로 적지 않게 수록되어 있다. 비록 중고 운서에서는 마(媽)를 확인하기 어렵지만 삼국시대 『廣雅』의 '讀若馬'라는 것도 단서가 된다. 즉 '馬'를 통해 '媽'가 麻韻의 독음을 갖고 있다는 사실을 재확인할 수 있다. 이와 같이 베트남 한자음에서도 '媽'에 /ma/ 외에 /mụ/도 있다는 것은 주목할 만하다. 模韻1等의 통시적 변화를 고려할 때도 /마/는 상고층에 속할 가능성이 크다. 예를 더 들자면 베트남 한자음에서 '墓'字도 /ma/ 및 /mộ/가 나타나고 있다. 이에 대하여 Pulleyblank(1984: 161) 및 江佳璐(2011: 144)에서 모두 /ma/는 가장 이른 층위에 대응하며 상고 시기를 반영하는 것으로 보고 있다. 다만 한국 한자음에 있어 '媽'/마/는 하나의 음가만 확인되고 이는 대부분의 漢語 방언과 같이 /ma/의 오랫동안 이어진 발음일 것으로 생각된다. 부언하자면 마(媽)는 칭위 어휘이므로 여타 어휘보다 口語에 있어 변화 속도가 느리다는 점도 관련이 있다고 생각한다. 이상과 같이 전승 한자음의 /마/(媽)는 上古音적 요소로 볼 수 있을 것이다.

272 원문은 '古音ma滯留混同麻'이다.

4.3.2. 虞韻 三等

[표 42] 虞韻 三等

上古音	중고음	전승 한자음: 주요	전승 한자음: 上古音
魚部 *(ˤ)a 侯部 *(ˤ)o	ɪo̯(>iu)	ㅜ ㅠ	ㅗ
牙 疑			娛噳(오)
喉 影			迂(오)

[표 42]에서 제시한 것과 같이 虞韻는 상고의 魚部(*a) 및 侯部(*o)에서 기원한 것이다. 중고에 들어 三等 개음(-ɪ-)이 생긴 후 형성된 부분이 있고, 이외에 상고 *-r-가 중고로 넘어오면서 이루게 된 虞韻 三等도 있다고 볼 수 있다. 한편, 전승 한자음에 있어서 아후음 및 순음 그리고 莊組는 'ㅜ'로 나타나고, 설음과 치음(莊組 제외)은 'ㅠ'로 나타나는 것이 주된 양상이다. 본고에서는 주된 층과 같지 않고 /오/로 나온 양상에 대하여 더 주목하고자 한다.

위의 표에서 보인 예 '娛·噳·迂'의 주요 모음 /ㅗ/는 상고 魚部(*a)와 관련 있을 가능성이 보인다. 최근의 상고 재구 체계를 통해서 볼 때 이와 같은 예의 /오/는 *a가 앞선 合口 요소를 가진 聲母와 결합하는 데에서 형성된 것이다(鄭張-潘: *ŋ(g)^{w}a, Baxter·Sagart: *ŋ^{w}(r)a). 또한 이에 관하여 潘悟雲(2000: 203)에서는 *-^{w}a는 나중에 중화하여 *-o로 변한다고 설명한 바 있다[273]. 나아가 Starostin(1989) 및 Schuessler (2009)에 따르면 漢代까지도 이들이 *-^{w}a로 나타나고 있다. 따라서 상고 魚部(*a)와 결합한 聲母의 원순성(w)은 전승 한자음의 虞韻 三等에서 보인 /ㅗ/를 해명할 수 있다고 생각한다. 덧붙이자면 이들은 모두

273 Baxter·Sagart(2014: 242)에서도 비슷한 견해를 보이고 있다.

개음(-i-)의 영향을 받지 않는 모습으로 볼 수 있으며 늦어도 상고 후기의 층위를 반영할 수 있을 것이다.

다만 선행 연구에서 다른 견해를 제시한 경우도 있으므로 이를 본고에서 다시 살펴보고자 한다. 먼저 '娛'(<*ŋgʷa)는 '즐겨놀 오'(『類合 下: 13a』)에서 확인되며 이에 대하여 河野六郎(1968: 492) 및 伊藤智ゆき(2002/2011: 216) 등에서는 '娛'/ㅗ/를 吳/ㅗ/(模韻一等)에 유추된 것으로 추정한 바 있으나 權仁瀚(1997/2019: 293)에서는 '娛'를 예외로 보고 있다. '娛'는 원래 '从女, 吳聲'(『說文』)이기 때문에 '吳'와 같게 발음할 가능성이 없지 않으므로 유추와 같은 설명은 단지 중고음의 전형적인 모습 'ɪo̞(>iu)'를 고려하는 것이고 만족할 만한 설명이 되기 어려울 것이다.

더욱이 한국 한자음뿐만 아니라 일본 한자음에서도 /go/[274]가 보인다. 『廣韻』 및 『集韻』에서 또한 '五故切'이라는 음가가 확인되는데, 反切 下字 '故'는 '模韻一等'이라는 것을 유의할 필요가 있다[275]. 앞서 언급했듯이 潘悟雲(2000: 203)에 따르면 'ʷa>o'라는 중화 과정이 있는데, 이에 '娛'의 음 변화가 遲滯되어 중고에 이르면서 模韻一等에 합류된 것으로 볼 수 있을 것이다. 그러나 '娛'는 원래 三等字이고 '故'(模韻一等)와의 차이 중에 또한 개음(-i-)이 존재한다. 따라서 전승 한자음의 '娛'/오/는 상고 *ʷa를 반영한 것으로 보는 것이 타당할 것이다.

다음으로 噳(<*ŋgʷaʔ)를 살펴보겠다. 『詩經 18: 36a』에서는 '麌와 鹿이 噳(오)噳(오)ᄒᆞ며'와 같이 噳는 의성어로 전승 한자음에서 /오/로 나타나고 있다. 噳는 원칙적으로 중고음에 의하여 虞韻/ㅜ/로 나타나야

274 萬葉假名의 음이라고 한다(<古音小鏡> 참고). 한편 <デジタル大辞泉>에서 常用漢字로 娛/go(ゴ)/를 吳音·漢音의 발음으로 간주하고 있다.

275 이외에 중고음 三等을 반영한 '元俱·遇俱切'도 있다(反切 下字인 俱는 *o>iu 로 이해할 수 있다).

되기 때문에 전승 한자음의 嚧/오/ 역시 눈길을 끄는 예이다. 그러나 嚧를 자세히 검토한 선행 연구를 찾아보기 어렵고 河野六郎(1968/2010: 267)에서도 특이한 예로 언급했을 뿐이다.

'嚧'의 出處는 『詩經』이며 후대의 문헌도 주로 『詩經』을 인용하면서 쓴 경우가 많았다. 이 중에서 『經典釋文: 99下』에는 嚧, '本亦作「虞」', 그리고 『集韻』에는 嚧, '或作虞'라는 해석을 주목할 만하다. 특히 『集韻』을 통해서 '虞, 訛胡切, 音吾'와 같이 一等에 대응하는 음가(ㅗ)를 확인할 수 있다. 이를 통해서 간접적으로 嚧가 模韻一等으로 발음된 것을 볼 수 있을 것이다. 다시 정리하자면 嚧는 원래 3等字인데 一等字처럼 발음된 것은 개음의 영향을 받지 않는 상고 시기를 의미하는 것이다. 따라서 嚧/ㅗ/는 上古音적 요소로 봐도 될 것이다.

아울러 '迂/오/'도 주목할 만한 예이다. 『類合 下: 62a』에서 '迂 엔길 오'를 확인할 수 있다. '迂/오/'에 대하여 伊藤智ゆき(2002/2011: 216)에서는 汚/오/에 유추되었다고 추정한 바 있다. 그 이유는 '迂' 또한 이체자로 '迃'가 있기 때문이다. 그러나 이와 같은 이체자는 전승 한자음에서 찾기 어려운 글자이다[276]. 이에 이와 같은 유추의 설명은 그리 타당하지 않다고 생각한다. 더욱이 Wanner(2006: 12)에 따라 유력한 영향력을 지닌 경우이어야 유추의 후보가 될 가능성이 있다는 점을 생각할 때 역시 '迃'는 유력한 논거가 되기 어렵다. 따라서 본고에서는 유추 작용을 통한 설명은 성립하기 어렵다고 생각하며 虞韻 三等의 '迂/오/'를 앞서 살핀 예와 같이 上古音($*^{w}a$)을 반영한 것으로 보는 견해가 더 타당하다고 보고자 한다.

276 權仁瀚(2005) 및 박진호의 <국어사 말뭉치>를 통해 확인하였다.

4.4. 蟹攝

蟹攝(ai)은 모든 等을 구비한 韻攝으로서 상대적으로 복잡한 양상을 보인다. 一等韻에는 咍 · 灰 ·泰韻이 있으며 二等韻에는 皆 ·夬 · 佳韻이 있고, 三等韻에는 廢 및 祭(A·B)韻이 있으며 四等韻에는 齊韻이 있다. 또한 이 중에서 咍(灰) 및 泰韻, 皆 및 佳·夬韻이 重韻(중운 duplicated rhyme)의 관계를 지닌다[277]. 重韻 관계는 일반적으로 중고에 들어 대립 양상이 소실된 것을 통해 중고의 전후 층위를 나눌 수 있다. 무엇보다 본고에서는 전승 한자음의 蟹攝에서 나타날 上古音적 모습에 대하여 더 중요시하여 살펴보고자 한다.

4.4.1. 咍韻 一等

[표 43] 咍韻 一等

上古音		중고음	전승 한자음		
			주요	소수	上古音
之*ɯ > ^{ə}ɯ 微1*ɯl		əi	ㅐ ᆡ	ㅢ	ㆍ
齒	精		哉(ᄌᆡ)		哉(ᄌᆞ)
	淸			猜(싀) 등	
	從		才(ᄌᆡ)		才(ᄌᆞ)
	崇				纔(ᄌᆞ)

[표 43]에서 보는 바와 같이 咍韻은 주로 상고의 之·微$_1$ 韻部에서 기원한 것이며 중고에 들어 /əi/가 된다. 이처럼 한국 한자음에서는 중

277 重韻이란 切韻 체계에 있는 어떤 운들이 韻圖에 따라 等, 開合이 일치하고 또한 같은 攝에 있는 운들을 말하는 것이다. 이들의 차이를 모음으로 변별할 수 있다(Shen 2020: 36, 143, 148).

고에 대응하는 주요 모습이 원칙적으로 /ㆎ, ㅐ/로 나온다. 그러나 위에 제시한 예들 중 /ㆍ/로 나온 양상도 있다는 점이 눈에 띈다. 사실은 '哉·才·纔' 모두 상고 之部(*ɯ)에서 기원한 것이므로 /ㆍ/는 單모음만 있었던 상고 之部와 관련이 있을 것이다.

이에 대하여 伊藤智ゆき(2002/2011: 221)에서는 이들이(ᄌᆞ) 止攝 開口 精組·莊組와의 혼동형은 아닐까 추정한 바 있다. 유의할 것은 이와 같은 추정은 실은 Karlgren의 재구음을 참고한 것이라는 점이다. 즉 여기에 해당하는 咍韻의 예들을 주 모음이 短모음이므로 매우 약하게 발음돼서 止攝의 精組·莊組(ᄌᆞ)처럼 잘못 듣는 일로 설명한 것이다. 그러나 문제가 되는 것은 최근의 상고 체계에 따르면 短모음은 三等에 대응한 것이고[278], 咍韻一等에 적용되기 어렵다. 이외에 權仁瀚(2019: 294)에서는 '哉 (ᄌᆞ)'를 유추로 설명하기 어려운 예외로 보고 있다.

이와 달리 본고에서는 咍韻一等에서 나타난 /ㆍ/에 속하는 예들을 상고 之部(*ɯ)를 반영한 양상으로 주장해 보고자 한다. 먼저 '哉·才·纔'와 같이 쓰인 용례가 확인되는 점을 주목할 필요가 있다. 먼저 『經典釋文 408下』(爾雅音義上·釋詁第一)에서 '茂哉, 或作茂才'라고 기록되어 있으며 「釋詁」(爾雅)曰 : '初哉, 始也哉, 卽才'라는 내용도 보인다[279]. 또한 『經典釋文 422下』(爾雅音義上·釋水第十二)에서 '纔, 音才'가 확인된다. 뿐만 아니라 『廣韻』에서 '才, 昨哉切' 및 '纔, 昨哉切'과 같이 같은 反切下字인 '哉'를 쓰고 있다. 이에 상고 漢語부터 중고까지 음운론적으로 '哉·才·纔'[280]를 하나로 묶어 봐도 큰 문제가 없을 것이다. 또한 한국

278 앞서 언급했듯 鄭張(1987/2003) 및 Starostin(1989) 등에서는 중고의 三等韻이 상고 短모음에서 기원한다고 보고 있다.

279 『說文解字注』 참고.

280 '哉·才'/ᄌᆞ/는 각각 『蒙山』(1577) 및 『四法』(1577)에서 나온 예이다(伊藤智ゆき 2002/2011: 221). 본고에서는 같은 판본의 문헌을 찾지 못하였으므로 '哉·才'/ᄌᆞ/를 二次 자료로 참고했음을 밝혀 둔다. '纔 계우 ᄌᆞ'(『類合 下: 22b』).

한자음에서 '哉·才'이 평행적으로 나타난 모습은 흥미롭다. 각각 /지/와 /ᄌᆞ/ 두 가지 발음이 공존하고 있다는 점을 감안할 때 新層 및 舊層을 형성하고 있다는 것을 이해할 수 있을 것이다.

앞서 기술한 바와 같이 之部(*ɯ)는 중고에 이르면서 모음의 분열(*ɯ>əi)이 나타난다(鄭張 2003: 185). 따라서 /지/는 之(*ɯ)가 중고에 들어와서 형성된 발음(əi)인 것으로 볼 수 있으며 /·/로 나타난 한국 한자음의 '哉·才'는 더 이른 층위를 반영했을 가능성이 크다. 여타 한자음과 비교할 때 전승 한자음에서 보인 /·/는 중고 이전의 층위로 파악할 수 있다. '哉'는 일본 한자음의 吳音에서 哉/se/로 읽히며, 漢音에서 /sai/로 나타난 점이 한국 한자음과 평행적인 양상이라고 볼 수 있다. 다시 말해서 운미가 나타난 모습은 중고에 들어와서 생긴 특징이라 하겠다. 최근의 이론에 의하면 상고 漢語에는 이중모음이 없었다는 논의가 지배적이며, 漢代까지도 이중모음으로 변화하지 않는다고 한다(Schuessler 2009: 101).

선행 연구에서 /ᆡ/, ᅴ/(猜顋菜)를 上古音으로 본 견해(李潤東1997: 169-170, 申祐先 2015: 121)가 있다. 泰韻의 주된 양상인 /ㅐ/와 비교할 때 이와 같은 양상은 重韻을 반영한 것이므로 전기 중고음으로 볼 수 있을 것이나 최근의 상고 연구 성과를 같이 고려하면 상고층으로 보는 주장은 다소 받아들이기 어렵다. '猜顋菜'는 모두 之部*/ɯ/에서 온 것인데 전승 한자음에 나타난 /ᅴ/는 /ᆡ/와 같이 모두 之部의 운미가 생긴 후에 대응한 것이다. 즉 이는 중고 전기 양상에 속한 것으로 봐야 될 듯하다.

4.4.2. 佳韻 二等

[표 44] 佳韻 二等

上古音		중고음	전승 한자음		
			주요	소수	上古音
歌$_2$ *ʳel>ʳɛi 支 *ʳe		ɣɛ	ㅏ·ㅣ ㅐ	ㅔ 등	ㅐ 쇄
舌	娘				孋(내)
齒	生				灑洒(새) 灑洒(쇄)
喉	匣		鞋(히)	鞋(혜)	

[표 44]에서 제시한 바와 같이 중고의 佳韻 二等은 두 가지 기원이 있다. 하나는 상고 支部 */ʳe/에서 기원한 것이고 이는 중고에 이르면서 'ɣɛ'로 변한다. 다른 하나는 상고 歌部*/ʳel/에서 기원한 것인데 최근의 상고 연구에 의하면 歌$_2$의 변천은 '*ʳel>ɣɛi>(MC)ɣɛ'로 해석할 수 있을 것이다. 여기서는 上古音적 요소를 고려하기 때문에 후자를 중심으로 고찰하고자 한다. 특히 위의 표에서 제시한 글자(孋洒灑)가 여전히 운미(-i)를 지닌 점은 주목할 만하다. 이미 앞서 여러 번 강조했듯이 상고 歌部의 운미는 대개 중고에 들어 없어지므로 앞서 나열된 운미를 지닌 예들은 상고의 특징을 반영한 것으로 볼 수 있을 것이다.

선행 연구에서는 佳韻 二等에서 보인 /ㅐ/에 대하여 대개 佳韻이 皆·夬韻과 합류하거나 혼동된 뒤에 형성된 양상으로 보고 있다(伊藤智ゆき 2002/2011: 229, 申祐先2015: 114). 다만 伊藤智ゆき(2002)에서도 모든 /ㅐ/를 그렇게 해석하기 어려울 수 있다고 인정하고 있으나 자세한 검토 내용이 없었다. 그간의 견해에서 일부 예가 중고 후기에 들어 형성된 것이라는 주장은 타당성이 없지 않을 것이다. 다만 전승 한자음에서 더 이른 시기에 속한 예가 보이므로 본고에서는 이들에 대하여 좀 더 자세히 살펴보려고 한다.

먼저 '嬭'/내/를 보겠다. 『訓蒙 上: 14a』에서는 '嬭 졋 내'로 설명하고 있다. '嬭'는 『說文』에 수록되지 않는 글자이지만 『博雅』(삼국 시기)에서 '母也. 楚人呼母曰嬭'와 같이 해석하고 있다. 또한 『玉篇·女部』(元刊本)에 따르면 '乃弟切母也, 女蟹切, 乳也'와 같이 고려할 때 『訓蒙』에서 말한 '졋'의 의미가 '乳也'에 대응하는 것으로 볼 수 있을 것이다. 이럴 때는 '嬭'를 '奶'의 본자로 보기도 한다[281]. '젖'을 의미하는 '嬭'는 『廣韻』의 '奴蟹切'을 『玉篇』의 '女蟹切'과 같이 중고음으로 파악할 때 운미가 없는 佳韻 二等에 대응한다. 그러나 전승 한자음의 /내/는 운미를 지니므로 이를 설명하기 어렵다. 반면에 중고음만 한정하지 않고 시기를 더 올라가서 보면 이들은 상고의 *歌$_2$(*-el)에서 온 것이고 /내/(-ai)는 운미를 지닌 상고의 잔재를 반영한 것으로 이해할 수 있다.

'嬭'의 운미가 상대적으로 잘 보존된 양상은 여타 한자음과 漢語 방언에서도 확인할 수 있다. 가령 일본의 吳音과 漢音에서도 각각 /nai, /dai/로 나타나고 있다. 뿐만 아니라 베트남 한자음도 비슷한 양상(/nai/)이 확인된다. 여기서 특히 일본의 吳音에서 운미를 지닌다는 점은 중요하다. 왜냐하면 앞서 언급했던 선행 연구에서는 佳韻 二等 운미를 중고 후기에 형성된 것으로 보는 견해가 있었기 때문이다. 이는 대개 南北朝를 반영한 吳音과 맞지 않는다. 더욱이 漢語 閩·客家·粵에서도 운미를 지닌 모습이 두루 보인다. 이를 고려할 때 전승 한자음의 '嬭'/내/도 이들과 같이 상고의 운미를 전승한 것으로 생각된다.

다음으로 灑·洒/새, 쇄/를 보자[282]. 『類合 下: 08a』에서 '灑 洒 믈 쓰릴

281 <漢語多功能字庫> 참고.

282 '쇄'와 같이 원순 모음은 권설음 聲母로 인해 형성된 것으로 추정할 수 있을 것이나 본고의 요점이 아니므로 자세히 논하지 않는다.

쇄'를 확인할 수 있다. 『說文』는 洒에 대하여 '古文爲灑埽字'라고 기록한다. 이처럼 전승 한자음의 灑·洒는 하나로 묶어 봐도 큰 문제가 없을 것이다. 한편 물을 뿌릴 '灑' 및 '洒'는 각각 『廣韻』, 『集韻』에서 '所蟹切[283]'에 대응한다. 즉 앞서 설명했듯이 이는 운미가 없어진 음가이다. 따라서 灑·洒/새, 쇄/에서 보이는 운미는 역시 상고의 잔재로 볼 수 있을 것이다.

한편 여타 한자음과 漢語 방언에서도 운미를 보이는 양상이 확인된다. 예컨대 일본어(漢音)의 灑掃 · 洒掃(さい そう)에서 /sai/가 보이며 베트남 한자음에서도 같은 의미에서 灑·洒/sái/가 확인된다[284]. 아울러 漢語 방언에서도 閩南語(汕頭)에서 灑·洒/sai/와 같이 운미를 지닌 모습이 있다[285]. 특히 閩語의 方言 島에서 洒의 /sɛ/, /sɐi/를 각각 文語와 口語로 본 점은 주목할 만하다[286]. 이와 같은 양상은 본고의 주장을 지지할 수 있다.

이외에, 佳韻 二等에서 일부가 'ㅖ'로 나타난다. 실은 'ㅖ'는 皆·夬·佳韻에서 모두 보이는 양상이다. 예를 들자면 皆韻에 속한 계(階戒誡界犗)·혜(薤)가 있으며 夬韻에 속한 폐(敗)가 있다. 그리고 위에 제시한 것처럼 佳韻에서 혜(鞋)가 있는데, 이는 실은 皆韻에 혼입한 모습일 것이다[287]. 앞서 麻韻二等의 /ㅑ/에 대해 논했듯이 佳韻 二等의 'ㅖ'에서 보인 개음은 상고의 *-r-와 관련이 있다. 河野六郎(1978: 437)에서는 새로운 견해를 제시하고 있는데[288], 일본 吳音에 나온 /-e/와 비교함으로

283 근래의 연구(鄭張-潘 및 Baxter·Sagart)에 의하면 '蟹'字는 중고에서 운미가 없는 것이다.

284 <Từ điển Hán Nôm> 참고.

285 湘方言(長沙)에서도 洒/sái/가 확인된다.

286 <漢典·音韻方言> 참고.

287 쉽게 말하면 鞋는 多音字이고 佳韻에 속하면서 皆韻에 속하기도 한다(<漢典> 참고).

써 한국 한자음의 二等韻 'ㅔ'가 더 이른 층위의 'ㅕ(yə)'를 반영한 것이라고 보고 있다. 본고는 이와 같은 견해에 모두 동의하지는 않으나 二等韻에 있어 개음이 들어간 양상을 더 이른 층위에 두고 본 견해는 주목할 만하다고 생각한다.

아쉽게도 많은 연구는 河野六郎(1968)만을 따라 한국 한자음에서 나타난 二等의 개음을 중고 후기에 증생된 것으로 보고 나아가 이를 구개음화로 설명한다.[289] 그러나 앞에서도 살폈듯 二等의 개음이 종래 있다는 사실은 漢語 방언에서 확인할 수 있으며 또한 여러 연구를 통해 거의 논증된 결과라 하겠다[290]. 전술한 바와 같이 최신의 上古 연구에 따라 二等韻 개음(*-r->-ɣ-)은 상고부터 존재하고 있으며 중고에 이르면서 약화된 모습이 없지 않지만 사라졌다고 말할 수 없다. 이 개음으로 인해 蟹攝 二等韻에서 무척 흥미로운 음 변화가 보인다. 潘悟雲(2000: 32)에서 다음과 같이 비슷한 설명을 한 바 있다[291].

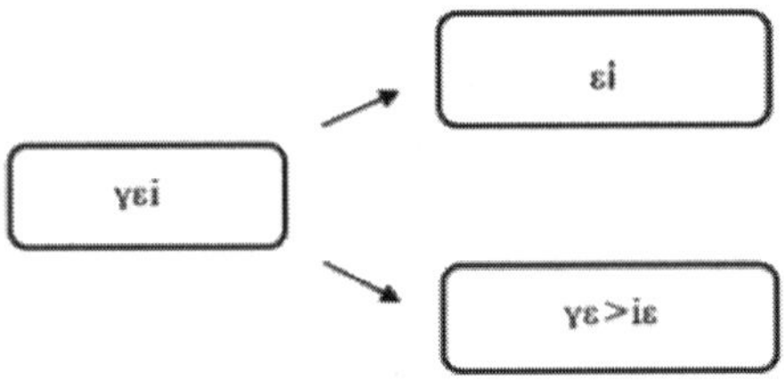

[그림 2] 蟹攝 二等의 경쟁적인 변화

288 河野六郎(1968)의 견해와 비교하는 의미에서 언급한 것이다.

289 朴炳采(1971: 139), 李潤東(1997: 173), 申祐先(2015: 115) 등이 있다.

290 관련된 논의로는 潘悟雲(2000), 黃笑山(2002), 魏國峰(2014) 등이 있다.

291 蟹攝 二等에 있어 주요 모음은 '-a-'외에 '-ɛ-'도 있다. 여기서는 佳韻에 해당하므로 '-ɛ-'를 택한다.

[그림 2]에서 보는 바와 같이 개음(-ɣ-)과 운미(-i)에는 경쟁 관계가 있다. 한국 한자음을 고려하면 'ㅖ'는 二等 개음 및 운미를 모두 지닌 상대적으로 초기의 모습에 해당한다. 이런 경쟁에서 개음이 탈락하면 'ㅐ(ㆎ)'를 이루게 되며, 만약에 운미가 탈락되면 'ㅕ'가 형성된다고 볼 수 있다[292]. 다시 말하면 'ㅖ'는 위에 제시한 음 변화가 발생하기 전의 모습일 것이며 상고 二等 개음의 후대형을 보유한 모습으로 볼 수 있다. 최희수(1986: 160)는 'ㅖ'를 漢語 上古音부터 중고음에 이르면서 변화되는 과정의 양상으로 보고 있지만 구체적인 근거는 제시하지 않았다. 이상과 같이 佳韻 二等의 'ㅖ'는 南北朝 시기의 양상으로 파악할 수 있을 것이다.

부언하자면 蟹攝 四等韻 齊韻에서도 /ㅖ/가 나타난다. 申祐先(2015: 121)에서는 魏晉 이전의 층위로 주장하고 있지만, 四等韻에 있어 개음이 전설 모음에서 나타난 것은 중고 후기(宋代)에 이르러서야 된 것이다. 따라서 본고는 齊韻의 /ㅖ/를 후기의 양상으로 보기로 한다. 이외에, 河野六郎(1968)에서는 蟹攝 三等C 廢韻(ɪai)에 속한 (애)刈를 a-층에 두고 있지만 본고에서는 이를 上古音적 요소로 간주하지 않는다. 왜냐하면 한국 한자음의 (애)刈(*ŋats>(M)ŋiɐi)에는 운미 '(*-ts>)-i(H)[293]'가 생겼고 이는 중고 시기에 부합하는 특징이기 때문이다. 河野六郎(1968)에서 보인 a-층에 귀납한 霽韻의 (에)曀도 마찬가지다.

---

292 이와 같은 양상은 漢語 방언에서도 나타난다. 施俊(2013: 116)의 吳방언에 대한 검토에서 개음 및 운미의 경쟁하에 異化가 생긴다고 제기한 바 있다.

293 상고 운미 'ts'가 중고에 이르면서 거성(H) 운미 'i'로 변한다는 견해는 최근의 이론에서도 인정되고 있는 것이다. 자세한 설명은 Baxter·Sagart(2014: 195) 등을 참고할 수 있다.

4.5. 止攝

止攝(i)에는 支·脂·之·微韻이 있고 이 중에서 支·脂韻이 三等A 및 三等B에서 모두 나타나므로 重紐 현상을 이루고 있다[294]. 한국 한자음에서 이와 같은 양상은 중요한 특징이라고 할 수 있다. 이 절에서는 주로 上古音에 접근해서 전승 한자음 支韻 三等A에 있는 운미 ‘-i’에 대하여 살펴보고 나아가 三等B에 해당하는 支·脂의 형성 이유를 살펴보고자 한다.

4.5.1. 支韻 三等A

[표 45] 支韻 三等A

上古音	중고음	전승 한자음	
		주요	上古音
歌$_1$ *al 歌$_2$ *el 支 *e	jE	ㅣ ·	ㅢ ·ㅣ ㅔ
齒	生		釃簁(싀) 屣(ᄉᆝ) 屣(세)

[표 45]에서 제시했듯이 근래의 上古音 연구에 따르면 중고의 支韻 三等은 상고의 歌部(*al·*el) 및 支部(*e)에서 온 것이다. 또한 중고음에 이르면서 三等 개음이 생기면서 ‘-jE’가 형성된다. 한편 전승 한자음의 支韻 三等A는 원칙적으로 ‘-ㅣ’로 나타나지만, 精·莊組字와 결합하는 경우 ‘-·’또는 일부가 ‘ㅢ, ·ㅣ, ㅔ’로 나타나기도 한다.

河野六郎(1968) 및 伊藤智ゆき(2002/2011: 246)는 止攝 開口인 支·脂·之韻을 고찰하는 데 精·莊組에서 나타난 ‘ㅢ’에 대하여 일치하는

294 2장에서 기술했듯이 重紐의 차이는 개음의 차이로 볼 수 있을 것이다.

견해를 밝힌 바 있다. 즉 ‘-ㆎ’는 운미를 보존하고 있는 형태이고, 이에 비해 치음에서 본 ‘ㆍ’는 운미가 상실된 형태이므로 상대적으로 늦은 층위에 해당한다는 것이다[295]. 그러나 구체적으로 ‘ㆍ’ 및 ‘ㆎ’가 어느 기층에 속하는지에 대해서는 다른 견해를 보이고 있다. 河野六郎(1968)에서는 ‘ㆍ’와 ‘ㆎ’를 각각 c-, b-층에 두었으나 伊藤智ゆき(2002)에서는 압도적으로 많이 나타난 ‘ㆍ’를 전승 한자음의 주요층이 아닌 c-층에 두는 것에 문제가 있다고 지적했다. 그러나 ‘ㆎ’에 대하여 伊藤智ゆき(2002/2011: 246)에서는 ‘ㆍ’보다 더 오래된 것이라 하면서 결국은 ‘ㆍ’와 같은 층위로 주장했다.

이처럼 약간의 모순을 보이는 결론이 된 이유는 ‘ㆎ’를 그 기원과 함께 철저히 고찰하지 않았기 때문이라고 본다. 가령 위의 표에서 제시한 ‘ᄉᆡ’(釃篩)[296]는 상고 歌部(*el)에서 온 것이라는 점을 고려할 필요가 있다. 支韻에는 중고 시기에 운미가 없는 것이 원칙적인 양상이지만 전승 한자음의 ‘ᄉᆡ’(釃篩)는 아직 운미가 탈락하지 않는 기층에 속한다.

---

295 ‘ㆍ’는 전승 한자음의 주된 모습에 속하는 것이다. 그러나 朴炳采(1971: 189-191)에서는 치음에서 나타난 ‘ㆍ’을 상고 층위로 간주한 바 있다. 사실 이와 같은 관점은 주로 초기 일본 학자와 Karlgren에 따른 것이고 현재는 이런 관점을 거의 받아들이지 않는다고 말할 수 있다. 부연 설명하자면 ‘ㆍ’는 齒音 聲母에 의해 韻母 변화 ‘ㅣ’(>ㆍ)가 일어난 결과이며 이는 중고 후기(晩唐)로 볼 수 있을 듯하다(王力 1985). 한국 한자음에 있어 주체 존대인 선어말어미 ‘-(ᄋᆞ/으)시-’에 대응되는 차자표기의 선후가 바뀌는 것이 그 예가 될 수 있다. 즉 華嚴經의 ‘賜’(<MCsiɛ)에서 舊譯仁王經의 ‘示’ (<MCʑi)로 교체된 것이다(백두현 1997: 303, 權仁瀚 2019: 282 재인용). 이에 대하여 權仁瀚(2019: 282-284)은 한자음의 변화로 인해 이루어진 것으로 설명했다. 요컨대 ‘賜’(시<ᄉᆞ)라는 변화가 일어나므로 주체 존대의 음을 제대로 표시할 수 없으므로 ‘示’가 바뀐 것으로 이해할 수 있다. 덧붙이자면 漢語 역사상 止攝 開口 精·莊組는 그 聲母의 영향에 의해 i가 [ɿ], [ʅ]로 변화했다(伊藤智ゆき2002/2011: 246 참고). 이외에 咸蔓雪(2016: 215-216)에 따라 베트남 한자음과 함께 고려하면 역시 한국 한자음의 精·莊組에 나타난 ‘ㆍ’는 중고 후기 층위에 해당한다는 견해가 더욱 유력하다.

296 ‘釃 거를 ᄉᆡ’『訓蒙 下: 7a』; ‘篩 체 ᄉᆡ’『訓蒙 中: 6a』.

이에 이들의 운미는 上古音의 특징을 반영하는 것으로 볼 수 있을 것이다. 이와 관련해서 李潤東(1997: 215)에서도 '싀(釃)'는 이전의 모습을 그대로 전하고 있는 예라고 주장하고 있지만 근거가 될 만한 설명은 하지 못했다. 또한 漢語 방어인 閩南語·客家에서 관련된 모습('釃簁 /-ai/')이 보인다.

마찬가지로 'ᄉᆡ·셰(屣)(<*el)'[297]의 양상도 비슷할 것이다. 그간 伊藤智ゆき(2002/2011: 251)에서는 'ᄉᆡ·셰(屣)'를 예외로 두고, 이와 같은 양상은 蟹攝에 해당하는 한자음이지만 운미가 나타난 이유를 알 수 없다고 했다. 전술한 바와 같이 'ᆡ' 및 'ㅖ'가 蟹攝에 해당하는 양상이라는 점은 틀린 말이 아닐 것이다. 근본적으로 止攝 및 蟹攝은 같은 상고 기원(*-^{r}el)을 공유하고 있다는 점이 그 이유가 된다.

여기서 유의할 것은 'ᄉᆡ·셰(屣)'를 聲母(莊組)에 의해 '*-^{r}'의 영향을 받은 것으로 본다는 것이다[298]. 'ᄉᆡ·셰(屣)'(<*^{r}el)는 후기에 들어가면서 'LH.-^{r}ei' > 'MC ɣiᴇ' 와 같이 파악할 수 있는데,[299] 앞서 蟹攝 佳韻에 대한 논의와 같이 개음 및 운미의 경쟁하에 하나가 없어지기도 한다. 즉 ᄉᆡ·셰(屣)의 /ᆡ/는 -ɣ-가 탈락한 것에 해당하며, /ㅖ/는 경쟁하기 전의 /^{r}ei/(>ɣei)와 가까운 것으로 이해할 수 있을 것이다[300]. 한편 漢語

297 '二靑衣步屣(:ᄉᆡ)以隨' 『小學 6: 98a』; '二靑衣步屣(:셰)以隨' 『飜小 9: 105b』.

298 聲母에 있는 '*-^{r}'의 영향을 받은 점을 고려할 때 'ᄉᆡ·셰(屣)'의 성격은 重紐 三等 B와 가깝다고 말할 수 있을 것이다.

299 Schuessler(2009)는 漢代 후기(LH.)의 재구음을 /ie/로 보았다. 그 이유는 아마도 상고음을 *sreʔ로 보기 때문일 것이다. 다만 본고에서의 상고음은 鄭張-潘*/srelʔ/를 따르기 때문에 漢代 후기의 /-^{r}ei/로 볼 수 있을 것이다.

300 한편申祐先(2015: 129, 135)에서는 '셰(屣)'를 魏晉 南北 시기의 층위에 두어 보고 있다. 이 논의에 따르면 /ㅖ/(-jei)는 支韻(三等) 및 佳韻(二等), 그리고 齊韻(四等)에 밀접하게 대응하는 역사 시기를 반영한 것이다. 다만 앞서(2장) 기술했듯이 四等은 切韻 시기에도 개음이 아직 없고 중고 후기에 들어야 개음이 나타난다. 이에 본고에서는 위와 같은 관점은 재의할 여지가 있다고 생각한다.

방언(客家·粵)에서도 운미가 보유된 양상 /sai/가 보인다. 다시 정리하자면 ᄉᆡ·셰(屣)의 운미는 상고 설음 운미 *-l(>-i)를 이어받은 것으로 추정된다.

다만 전승 한자음의 止攝 三等에서 나타난 'ㅢ, ㆎ'가 모두 여기에 속한다고 말하기는 어려울 것이다[301]. 가령 脂韻의 ᄆᆡ(寐)(<*mids) 및 之韻의 ᄌᆡ(梓)(<*sɯʔ) 등에서 보이는 운미는 -ds(>-i)와 모음의 분열(vowel breaking) 등의 변화로 인해 중고에 이르면서 생긴 것으로 이해하는 것이 더 타당할 것으로 생각된다[302]. 이처럼 더 타당한 결론을 얻기 위해서 上古音과 함께 검토하는 것은 피할 수 없는 과정일 것이다.

4.5.2. 支韻 三等B

[표 46] 支韻 三等B

上古音		중고음	전승 한자음	
			주요	
歌$_1$*ral 歌$_2$*rel 支*re		ɣiᴇ	ㅢ	ㅣ
牙	見		寄(긔)	
脣	幫			碑(비)

전술했듯이 상고 *-r-는 중고음에 많은 영향을 주었다. 전승 한자음에 나타난 重紐 三等B의 모습도 그에 해당하는 예이다. 비록 /ㅢ/로 나온 것이 전승 한자음의 주된 양상으로 보이지만, 여타 한자음에 비하면 독특한 특징으로 꼽힐 수 있다[303]. 이에 여기서는 上古音으로 접근하

301 전승 한자음의 脂·之韻에서 보인 'ㅢ'는 상고의 脂部 '-i(l)' 및 之部(ɯ)에서 온 경우가 보인다.

302 伊藤智ゆき(2002)에서 역시 유추음으로 보았다.

여 이와 같은 양상을 이해하고자 한다.

有坂秀世(1937/2010: 343-346)에서는 일찍이 한국 한자음의 重紐 양상을 중요한 근거로 삼아서 止攝을 비롯한 重紐 三等에는 약한 개음이 존재한다고 주장한 바 있다. 이와 같은 견해는 漢語 음운학에서 인정을 받고 있고 또한 중대한 영향을 미치고 있다. 앞에서도 언급했듯이 重紐 三等 개음/-ɣ-/는 상고 二等 개음 *-r-에서 온 것이며(鄭張1981), 또한 아후음 · 순음 계열 뒤에 *-r-는 일반적으로 南北朝 시기쯤에 소실된다(Pulleyblank 1984, Baxter 1992). 이와 같은 논의는 上古音에서 중고음으로의 발전 변화에 대한 이해를 도울 뿐만 아니라, 근본적으로 'ㅢ' 및 'ㅣ'의 차이에 대한 해명까지 가능하게 해 준다고 생각한다.

오늘날 漢語 일부 방언에서 重紐의 -ɣ-는 零星한 모습으로 확인할 수 있으며 일본 한자음에서 -ɣ-는 모음에 흡수되는 경향이 보인다(김태경 2016 참고). 이와 달리 한국 한자음에서 支韻B를 비롯한 重紐 三等B에서는 아직 /-ɣ-/가 보유된다는 점이 눈에 띈다. 다만 순음에서 (*-r->)-ɣ-개음이 탈락한다는 점도 확인된다. 위의 표에서 예로 제시한 것처럼 '비(碑)'가 그런 예에 속한다.

한편 선행 연구에서는 支韻B 아후음에서 나타난 '기'에 대해 설명하기 위해 애를 썼지만(河野六郎 1968, 伊藤智ゆき2007 등) 실은 전체적으로 볼 때 '기'야 말로 중고음에 해당하는 주류 모습인 것으로 보인다. 한국 한자음의 止攝(支·脂韻) 三等B에서 보인 'ㅢ'가 더 많이 나타나는 모습이라고 할 수 있지만 대부분의 漢語 방언 및 여타 한자음을 볼 때 'ㅢ'처럼 개음이 보존된 양상은 오히려 많지 않다. 더 말하자면 전승 한자음처럼 支·脂韻 三等B에서 나타난 '-ɣ-'개음은 上古音의 *-r-에서

303 牙喉音의 重紐 양상을 한국 한자음보다 더 잘 보존하는 한자음 언어 자료는 없을 것이다.

기원한 것이며 즉 'ㅢ'에 있는 '-ɣ(ɯ)-'는 상고 개음 *-r-의 후대형일 것이다. 이처럼 上古音을 통해서 전승 한자음에 대한 이해가 완전해진다.

4.6. 效攝

效攝(au)에는 豪·肴·宵·蕭韻이 있다. 이들은 각각 1·2·3·4等에 대응하되 三等韻 宵韻은 또한 重紐 三等A·B로 나뉜다. 여기서 유의할 것은 肴韻 二等 및 宵韻 三等B이다.

肴韻 二等에 나타난 개음은 앞서 살핀 麻韻二等·佳韻二等과 근본적으로 같은 것이다(예: 巧(교)). 즉 여러 번 강조했듯이 종래 漢語 二等韻에는 개음 *-r-(>-ɣ->-ɯ->-ɪ-)이 있었다[304]. 한국 한자음의 肴韻 二等에서 나타난 'ㅛ'는 주된 모습으로 봐도 문제가 없을 정도로 많이 나타나고 있지만 여타 한자음 및 漢語 切韻 체계와 비교할 때 'ㅗ'가 전형적인 중고음의 양상에 더 가깝다. 이와 관련해서 최희수(1986: 194)에서는 상고의 개음으로 인해 肴韻 二等이 'ㅛ'를 이루게 된 것으로 본 바 있다. 본고에서는 전승 한자음에서 보인 개음은 *-r-의 후대형에 대응하는 것으로 생각하고자 한다. 특히 아후음·순음의 경우 앞서 말했듯 南北朝 시기를 반영한 것으로 볼 수 있을 것이다[305].

宵韻 三等B의 경우도 앞서 언급했던 (止攝)支·脂 三等B와 같다. 전술했듯이 二等韻과 三等B의 개음은 같은 기원에서 온 것이다. 여기서 강조할 만한 것은 전승 한자음에 있어 여타 重紐 三等B에 비해 宵韻의

304 河野六郎(1968/2010: 219)은 肴韻 二等에서 자체가 'ㅛ'로 되는 것은 ᅮau가 합쳐진 결과로 보고 있지만 그 인과관계를 잘 해명하지 못했다.

305 이 시기에 *-r-가 탈락한다(Baxter 1992). 한편 김태경(2013)에서도 切韻 이전이라는 층위로 보았다.

개음이 강한 성격이 느껴진다는 것이다. 특히 앞서 본 支韻B에 비해 宵韻 三等B에 있어 순음 뒤에서도 'ㅛ'가 잘 나타나고 있다. 더욱이 肴韻 二等과 같이 고려하면 역시 效攝이 개음을 잘 갖고 있는 攝이라는 생각이 든다. 이와 관련해서 김태경(2013)에서 韻攝마다 二等 개음의 변화 속도가 다르며 肴韻 二等이 여타 攝보다 개음이 가장 늦게 탈락했다고 주장한 바 있다.

이상과 같이 效攝에서는 上古音적 요소로 간주할 만한 양상이 없다고 생각되지만 肴韻 二等 및 宵韻 三等B에 나타나는 개음은 상고 *-r-의 후대형으로 이해하는 것이 타당하다고 본다. 또한 아후음·순음에서 보이는 개음은 南北朝 시기의 층위로 파악할 수 있을 것이다[306].

4.7. 流攝

流攝(ou)에는 侯·尤·幽韻이 있다. 이들은 각각 1·3(C/A)·3A等에 대응한다. 본고에서는 上古音적 요소를 살피는 것이 목적이므로 侯韻 一等만을 보고자 한다.

[표 47] 侯韻 一等

上古音		중고음	전승 한자음	
			주요	上古音
侯*o, 幽*u 幽$_2$*ɯw		(u>)əu[307]	ㅜ	ㅗ
牙	見		叩(구)	叩扣(고)[308]
舌	端			兜蔸(도)

306 그러나 宵韻 三等B의 개음은 三等A와 같이 강한 성격을 보이므로 이들이 중고에 들어 합류된 양상일 가능성도 없지 않을 것이다.

	透	透(투)	透鍮(토)
	定	頭(두)	頭(도)
齒	心	漱(수)	漱(소)

[표 47]에서 제시한 바와 같이 중고 侯韻 一等의 상고 기원은 주로 侯部 및 幽部$_2$에서 온 것이다. 한편 한국 한자음에서는 /ㅜ/로 나타나는 것이 원칙이지만 /ㅗ/로 나타나는 모습도 보인다. 본고에서는 /ㅗ/와 같은 예를 상고 侯部(*o)를 이어받은 것으로 보고자 한다[309]. 우선 侯韻에 나타난 /ㅗ/에 관한 기존의 논의를 살피고자 한다. 논의에서 주장한 역사 층위에 따라 아래와 같이 정리할 수 있다.

(7) ㄱ. 上古音으로 본 주장은 최희수(1986: 219) 및 李潤東(1997: 246)이 있는데, 이들은 자세한 근거를 바탕으로 했다기보다는 초기 상고 재구음(王力· 陸志韋)에 의한 견해라고 볼 수 있으며, 聲母의 구분 없이 'ㅜ'에 비해 'ㅗ'가 상고층의 양상이라 보았다. 한편 Qian(2018: 138)에서는 侯韻에 속한 '扣(고), 菟(도)'만을 상고 漢語를 반영한 것으로 추정하고 있으며 이는 역시 초기 상고

307 기존의 연구(河野六郎 1968, 伊藤智ゆき 2007, 權仁瀚 2009 등)에서는 대개 侯韻을 /əu/으로 보고 있다. 이와 같은 견해는 Karlgren부터 보인다. 다만 李榮(1956: 142-147)에서 切韻 음계에는 侯韻이 마땅히 /u/라고 강조하고 있으며 /əu/는 唐代의 모습이라고 주장한다. 이처럼 董同龢(1997: 177)에서도 비록 漢語 방언에서 이중모음으로 나타나고 있지만 韓·日·越 한자음에서 주로 /u/로 반영하여 보고 있으며 梵語 譯音에서도 /u/로 사용하고 있으므로 侯韻의 주요 모음을 /u/로 보고 있다. 潘悟雲(2010) 및 潘悟雲·張洪明(2013)에서도 주요 모음을 /u/로 보고 있지만 실제 재구음에서는 /əu/로 인정하기도 한다. 漢語 방언의 양상을 고려할 때 /u/ 앞에서 활음처럼 생긴 'ə'는 아주 자연스러운 모습이라고 생각한다.

308 /ㅗ/(叩扣兜)는 모두 全韻에서 속음으로 나온다(河野六郎 1968/2010: 257).

309 鄭張-潘의 재구음에 따르면 侯韻 一等에 있는 兜, 菟, 透, 鍮, 頭, 漱, 叩, 扣는 모두 상고 侯部(*o)에서 기원한 것이다.

재구음을 따른 것이다.

ㄴ. 漢代(상고 후기)로 본 주장은 申祐先(2015: 148, 153)이 있다. 이 논의에서는 [그림 3](후문)에서 제시한 모음 관계와 같이 侯韻이 模韻과 밀접한 시기를 漢代 층위로 파악하고 있다. 또한 이 논의 역시 聲母의 구분 없이 'ㅗ'의 양상을 漢代에 속한 것으로 보고 있다[310].

ㄷ. 準상고층으로 볼 수 있을 견해는 河野六郎(1980: 435)을 들 수 있다. 그의 논의에서는 일본 吳音과 비교함으로써 한국 한자음의 侯韻에서 보인 'ㅗ'는 古層 a-층에 속한다고 주장한다. 가령 일본 한자음 侯韻의 '後·母·漏' 등을 /o/로 발음하고 있다는 것이다[311].

ㄹ. 伊藤智ゆき(2002/2011: 268)에서는 중고층(/ㅜ/)을 중요시하고 있고 /ㅗ/에 대응하는 글자들을 대개 예외로 처리하고 있으며 또한 效攝 1·2等과의 혼동형으로 설명하고 있다.

이처럼 여러 논의를 종합했을 때 侯韻에서 보인 明母를 제외한 'ㅗ'

---

310 다만 이 논의 또한 周祖謨(1966/2008: 267)에 따라 唐代 일부 지역에 脣音 侯韻字(예:茂, 摸布反)가 模韻 /o/로 읽힌다고 보고 있으므로 한국 한자음의 '部牡某母拇姆畝莽'는 중고(唐代) 층위를 반영할 수 있다고 주장한다. 한편 河野六郎(1968/2010: 158)에서 黃淬伯에 의하여 慧琳의 『一切經音義』에 관한 논의를 살피면서 脣音과 결합한 /ㅗ/는 慧琳 시기(736—820年)를 반영한 층위로 보고 있다. 이처럼 朴炳采(1971: 181) 및 權仁瀚(1997/2019: 298)에서도 明母字가 '오'로 나온 것들을 唐代 층위로 간주하고 있다. 본고에서는 근래의 재구음을 고려할 때 역시 明母字에 속한 예들은 대개 上古音적 요소로 보기 힘들 것이라 본다.

311 본고가 http://www.kaom.net/에서 본 <일본 한자음 집성>과 관련된 (불교) 문헌은 모두 河野六郎(1978)에서 말한 것과 같다. 이 중에서 母/모/字의 상고 재구음은 최근의 주장에서 차이를 보인다. 앞서 언급했듯 鄭張-潘에서는 之部(*ɯ)로 보지만 Baxter·Sagart(2014) 및 Schuessler(2009)에서는 侯部(*o)로 설정하고 있다. 이처럼 상고 재구음은 아직 명확히 판단하기 어려운 한자이므로 본고에서는 일단 의견을 보류하기로 한다.

는 예외보다는 중고 이전의 층위를 반영했을 가능성이 있다. 비록 (ㄱ)에서 본 견해가 초기 上古音 성과에 따른 관점이라고 하더라도 본고에서 확인한 바로는 이 부분은 최근의 상고 재구음과 일치한다. 또한 (ㄴ)에서는 侯韻이 模韻과 상응한 시기를 侯韻 'ㅗ'의 층위 판단에서 중요한 근거로 보고 있다. 후술할 바와 같이 漢語 모음의 推移를 고려할 때 模韻이 /o-/로 변하기 시작할 때 侯韻과 혼동될 수 있다. 즉 이와 같은 과도기는 상고 후기로 볼 수 있을 것이다. (ㄷ)은 일본 吳音의 예를 통해서 侯韻 'ㅗ'가 한국 한자음의 주된 층보다 더 이른 층위인 南北朝 시기나 그 이전에 해당하는 것임을 시사할 수 있다고 본다.

본고에서는 대체적으로 (ㄱ, ㄴ, ㄷ)의 주장에 동의한다. 侯韻一等의 통시적인 변화 '*o>u>əu'를 고려할 때 전승 한자음에 있어서 明母를 제외한 양상에서 나타난 'ㅗ'는 상고음의 侯部*/o/에 부합한다. 이와 관련해서 상고 漢語가 중고로 넘어가는 과정에서 일어난 모음 추이를 참고할 만하다(潘悟雲 2010).

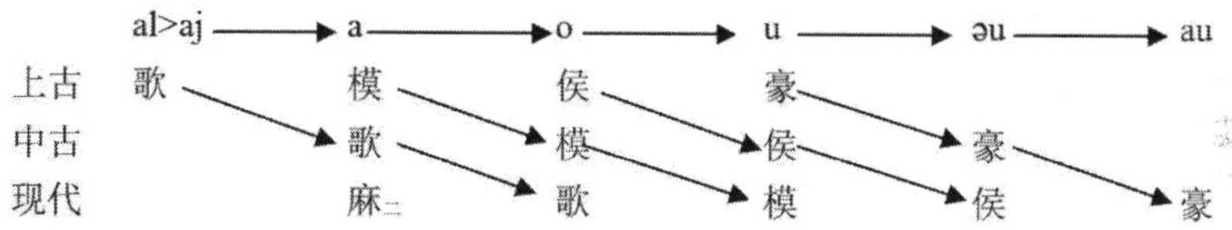

[그림 35] 漢語 모음 추이(예)

[그림 3]에 의하면 중고의 侯韻이 시기상으로 위에 올라가면 /o/와 대응하며 模韻과 겹칠 가능성을 보인다. 부언하면 模韻이 (a~o)/ɔ/에, 侯韻 역시 o~u 의 중간에 있을 때에 대응하는 것이다. 이와 같은 시기는 상고 후기에 있을 수 있으나 模韻이 /o/로 정착한 중고 시기는 아닐 것이다. 왜냐하면 模韻이 /o/의 자리를 잡았다면 侯韻이 /u/의 자리에

가 있을 수밖에 없기 때문이다. 반면에 중고의 侯韻이 아래로 내려가면 /əu/와 같은 음가에 가깝게 되므로 豪韻과 부분적으로 섞일 가능성도 없지 않을 것이다.

다음으로 (ㄹ)의 견해를 보겠다. [그림 3]을 다시 참고할 때, 侯韻이 效攝一等인 豪韻과 섞인 시기는 중고 이후 내지 근대의 층위이며 이쯤의 侯韻/u~əu/, 豪韻/əu~au/으로 추정할 수 있을 것이다. 그러나 侯韻이 /əu/까지 갔을 때도 여전히 /u/가 주요 모음이며 /ㅗ/로 나타나기는 어려울 것이다. [그림 3]에 의하면 侯韻이 /au/로 나온 양상은 근대 시기에 해당한다.

그러나 문제가 되는 것은 앞서 제시한 '兜/도/(<*to:)'가 향가(760년) 「兜率歌」[312]의 제목으로 나왔다는 점이다. 향가는 민가 노래라는 성격적 특징을 고려할 때 古音을 보유했을 가능성이 크고 더구나 시기상으로만 볼 때도 侯韻이 豪韻과 합류한 근대 층위에는 맞지 않을 것이다. 이와 달리 근대 차용어인 '兜矛(두모)'[313]및 '兜矛匣(두모갑)'[314], 그리고 頭盔(투구)[315] 등을 통해서 한국 한자음에 있어 /ㅜ/가 더 후기의 음이라는 것을 재확인할 수 있다.

부언하자면 앞서 제시한 '叩·扣[316]·兜·兠[317]透·鍮·頭·漱'[318]는 모두 전승 한자음에 있어서 유추 작용으로 설명하기 어려운 예에 해당한다. 이와 같이 河野六郎(1968/179: 485, 501)을 비롯한 기존 논의에서도

312 신라 경덕왕 19년(760)에 월명사(月明師)가 지은 향가이다.

313 (明代)『朝鮮館譯語, 器用門』에 있는 '盔. 兎貴, 貴'는 /우/에 대응하는 발음이다(權仁瀚 1998: 137).

314 (1431년)『조선왕조실록』 세종실록 53권에 나타난다.

315 『訓蒙 中: 14a』에서 '冑 투구 듀'를 보인다.

316 '叩' 및 '扣'는 同源詞이다(Schuessler 2009).

317 '兜'의 이체자이다(<漢典>).

318 '叩 두드릴 고'『類合 下: 31b』.

대개 합의된 견해를 보이고 있다. 즉 이들을 上古音을 반영한 예로 보고 있다. 본고에서도 이에 동의한다. 더욱이 최근의 上古音 연구인 鄭張(2003)에 따르면 위에 제시한 모든 예의 韻母는 상고 재구음에 부합한다. 또한 이와 관련해서 咸蔓雪(2016: 239)에서 侯韻 /o/로 나타난 베트남 한자음을 上古音에 대응하는 모습으로 주장하고 있다는 점 역시 본고의 주장을 지지하고 있다. 이상과 같이 한국 한자음의 侯韻에 나타난 /ㅗ/는 上古音적 요소(Ⅰ등급)에 속한다는 결론을 낼 수 있을 것이다.

4.8. 咸攝

咸攝(am/ap)에는 1·2·3·4等이 모두 포함된다. 각각 一等 覃·談韻, 二等 咸·銜韻, 三等 嚴·凡韻, 그리고 重紐 鹽AB韻, 四等 添韻이 있다. 여기서는 重韻 관계를 보인 一等 및 二等韻을 주목하여 살펴볼 것이며 특히 이들 중에서 중고음의 양상과 다른 부분을 중점으로 두고자 한다.

4.8.1. 覃(合)韻 一等[319]

[표 48] 覃(合)韻 一等

上古音		중고음	전승 한자음		
			주요	소수	上古音
談3侵1·3(*o/ɯ/u)m 盍3緝1·3(*o/ɯ/u)p		əm(p)	ᅡᆷ/ᅡᆸ	ᅥᆷ	ᆞᆷ / ᆞᆸ
齒	精				簪(ᄌᆞᆷ)
	從				蠶蚕(ᄌᆞᆷ)

319 覃(合)에 있어 (合)은 입성 운미(-p)에 해당한 것이다(이하 동일).

心	糝(참)	糝(심)	糝參蔘(ᄉᆞᆷ)

[표 48]에서 보는 것과 같이 한국 한자음의 覃韻 一等은 원칙적으로 'ᅡᆷ/ᅡᆸ'으로 나타난다. 그러나 覃韻 一等(ᅡᆷ/압)은 切韻 시기 중고음(MC)과 비교할 때 역시 거리가 있다. 앞서 살핀 咍韻 및 泰韻의 주된 모습에서 咍韻이 泰韻에 합류한 경향이 있다는[320] 것을 감안할 때, 이와 같은 현상은 중고 후기 覃韻이 談韻 一等[321]과 합류한 결과일 것이다[322].

여기서 'ᆞᆷ/ᆞᆸ'으로 나온 양상에 각별한 주의를 기울일 필요가 있다. 우선 이들의 양상을 유추나 예외로 파악한 연구가 없지 않다. 가령 伊藤智ゆき (2002/2011: 277)에서는 '簪(ᄌᆞᆷ)>>蠶(ᄌᆞᆷ); 參(ᄉᆞᆷ)>>糝(ᄉᆞᆷ)'과 같이 유추로 보았다. 그러나 이와 같은 양상은 覃韻 一等의 통시적인 변화를 고려할 때 중고 이전의 모습을 반영했을 가능성이 보인다. 朴炳采(1971: 141)에서 한국 한자음에서 'ᄋᆞ, 아'와 같은 음운 대응은 咍韻(ᆡ) 및 泰韻(ㅐ)에서 합류하기 전의 모습과 같이 뿌리가 깊은 것이라고 보는 견해도 주목할 만하다. 한편 丁邦新(1975: 247)에 따르면 覃韻과 談韻이 구별되고 있는 모습은 魏晉 시기까지를 반영한다. 이에 'ᆞᆷ/ᆞᆸ'은 'ᅡᆷ/ᅡᆸ'과 합류하기 전의 양상일 것이고 주된 층위보다 더 이른 층위를 반영한 것으로 짐작할 수 있다.

표에서 제시한 예인 '簪蠶糝'[323] 등은 대개 상고 漢語의 /*ɯm/과

---

320 伊藤智ゆき(2002/2011: 218-220)에서 추정한 바가 있다.

321 談韻 一等은 '談1(盍1)*am(p)>(MC)ɑm(p)'과 같이 이해할 수 있으며 한국 한자음에서 'ᅡᆷ/ᅡᆸ'으로 나타난다.

322 河野六郎(1980: 438)에서도 이에 합류된 양상은 唐代 慧琳(736-820) 시기에 대응한 것으로 보고 있다.

323 '簪 빈혀 ᄌᆞᆷ' 『訓蒙 中: 12a』. 한편 '蠶 蚕 누에 ᄌᆞᆷ' 『類合 上: 16a』과 같이 '蠶' 및 '蚕'은 이체자이다. '糝 죽심 참' 『訓蒙 中: 11a』(叡山本), '糝 죽심 ᄉᆞᆷ' 『訓蒙 中: 22a』(東中本) 외에 糝은 /심/이라는 음도 尊經閣文·內閣文 판본에서 보인다(伊藤智ゆき 2002/2011: 278 참고).

대응한다고 보는 연구가 많다[324]. 이와 같은 재구음은 Karlgren(1957) 이래 대부분의 연구에서도 비슷하게 제시되었다(Baxter·Sagart 2014: 303). 그간의 한국 한자음에 관한 연구에서는 주로 上古音 재구음을 기반으로 하여 /ᆷ/을 상고층을 반영한 것으로 간주하고 있다(河野六郎(1968/2010: 207), 朴炳采(1971: 141), 최희수(1986), 李潤東(1997: 160), 權仁瀚(1997/2019: 299), 申祐先(2015: 157)). 다시 말해서 한국 전승 한자음 문헌에서 나타난 'ᆷ'은 覃韻이 '-ɯm'의 단계였을 무렵의 음을 반영했을 가능성을 중요시한 것이다.

나아가 여타 한자음과 비교해 고려하면 역시 'ᆷ'은 古層을 반영한 것을 示唆한다. 河野六郎(1968, 1978) 또한 일본 吳音에서 보인 '曇ドン(don), 紺コン(kon), 納ノフ(nofu), 含ゴン(gon), 貪トン(ton)' 등을 증거로 제시하여 더욱 신뢰할 만하다고 볼 수 있다. 그의 논의에 따르면 일본의 吳音에서 나타난 'o'는 한국 한자음의 'ㆍ'에 대응하는 것으로 이해할 수 있을 것이다. 중요한 것은 위에 제시한 'ㆍ'에 속하는 예들은 대부분 일본 漢音에서 'a'로 나온다는 것이다. 예를 들어 '紺'이 吳音에는 コン(コム)이며 漢音에서는 カン(カム)이다. 한편 그의 논의에서는 이와 같은 吳音의 음가는 모두 上古音 /*ɯm/ 원음(原音)을 전승한 것으로 피력하고 한국 한자음에서 나타난 'ㆍ'은 漢語의 /ɯ(ə)/을 반영한 것과 일치한다고 강조하면서 이들을 a-층에 두었다[325]. 이처럼 일본

---

324 鄭張-潘 체계에서 여타 諧聲字를 고려하므로 상고 漢語에는 '*uɯ>*ɯm'과 같은 異化 과정도 있을 것이라고 본다(潘悟雲 2000: 237-241). 이와 같이 Baxter·Sagart(2014: 306)에서는 '*uɯ' 및 *'ɯm'(원문əm)이 흔히 합류하기 때문에 쉽게 구분하기 어렵다고 제시한다.

325 이와 같은 관점은 趙大夏(2016)에서도 지지하고 있으며, 또한 이 논의에서는 覃韻 1等韻은 상고~중고 시대 동안 '*ɯ(上古音)→*ʊ(東漢音)→ə(MC 六朝音)'와 같은 과정을 거쳤다고 추정하고 吳音의 '-オ-/-o-/' 및 전승 한자음의 'ᄋᆞ/ʌ/'는 '*ʊ(東漢音)'의 상태를 반영하고 있다고 보고 있다.

한자음에서 '簪蠶糝'은 모두 吳音의 /-o-/, 漢音의 /-a-/에 대응한다.

다음으로 베트남 한자음에 관련된 양상을 어떻게 보고 있는지 살펴보고자 한다. 흥미로운 것은 咸蔓雪(2016: 252-253)에서도 '簪含暗合潭' 등을 들면서 이들이 /â/([ə]) 모음으로 나타난 것은 上古音을 반영한 것이라 결론을 냈다는 점이다. 그의 논의에서는 이에 속한 글자를 상고 侵部*ɯ(ə)[326]에 있을 때, 즉 베트남 한자음의 주된 覃韻(am)으로 형성하기 전에 차용된 음으로 간주하고 있다. 또한 咸蔓雪(2016: 251)에서 '蚕(蠶)/tăm/'(短모음 a)은 베트남 한자음의 주된 양상 /tam/과 차이를 보이므로 역시 더 이른 시기에 접촉된 결과로 보고 있다. 다시 말하자면 古音을 반영한 베트남 한자음의 '簪/amٔ/, 蠶/ăm/'이 한국 한자음의 覃韻 一等 'ᅀᆞᆷ(ᄌᆞᆷ)'에 대응한다.

더욱이 『集韻』에서 '祖含切, 『博雅』 篋謂之簪或从蠶从參'을 통해서 覃韻 一等의 '簪蠶'은 삼국 시기 및 중고 시기에 같은 발음이었다는 것을 확인할 수 있다. 그리고 『廣韻』에서 '『墨子』曰 : 孔子厄陳, 藜羹不糂也. 或作糝'(桑感切/sʌm/)을 통해 糝(ᄉᆞᆷ)의 정음성을 확인할 수 있다. 이처럼 비록 유추의 가능성을 완전히 배제할 수는 없지만 본고에서는 유추의 정도성을 고려하여 '簪蠶(ᄌᆞᆷ)' 및 '糝(ᄉᆞᆷ)'을 각각 上古音적 요소에 해당하는 Ⅱ 및 Ⅲ등급에 두고자 한다.

이외에 그간의 연구에서 주목한 糝/ᄉᆞᆷ, 삼, 심/의 대응 양상을 上古音에 접근하여 설명할 수 있다. 앞서 제시한 바와 같이 상고 侵$_1$/ɯ/은 중고로 넘어오면서 두 가지 변화 방향을 생각해 볼 수 있다. 하나는 '*ɯ>ə>a'(覃韻 一等)이고, 다른 하나는 '*ɯ>ɨ>i'일 것이다. 후자는 후술할 중고 侵韻(-ɪɨm)에 합류하기도 한다. 이는 潘悟雲(2000: 239)에서

326 그의 논의는 王力(1985)의 상고 체계를 따른 것이지만 여기서의 논의는 달라지지 않는다.

밝혔듯이 순음 운미(-m)에 의해 모음이 異化[327]한 것과 관련이 있을 것이다. 따라서 覃韻인 '糝'의 상고 기원(*ɯm)이 밝혀지면 한국 한자음에 보이는 /ᄉᆞᆷ, 삼, 심/[328]을 자연적 음 변화의 결과로 볼 수 있다.

다음으로 '參蔘'(ᄉᆞᆷ)을 보겠다. 먼저 '子ㅣ ᄀᆞᆯᄋᆞ샤ᄃᆡ 參(ᄉᆞᆷ)아 吾 道ᄂᆞᆫ 一이 ᄡᅥ 貫ᄒᆞ얀ᄂᆞ니라' 『論語 1: 35b』와 같이 參/ᄉᆞᆷ/은 공자의 제자인 曾參을 의미한다. 한편 『類合 上: 08a』에서 '蔘 인ᄉᆞᆷ ᄉᆞᆷ 더덕 ᄉᆞᆷ'을 확인할 수 있듯이 인삼 역시 고유명사에 해당하는 예이다. 그간의 연구에서는 이들을 주로 侵韻 三等B에 두어 보았다(伊藤智ゆき 2002). 그러나 『廣韻』에 의하면 '參蔘'(/sʌm/)은 覃韻 一等에 속하기도 한다. 본고에서는 통시적인 음 변화를 감안하여 侵韻 三等B라는 음가는 중고에 들어 개음의 영향을 받은 후에 형성된 것으로 생각하고자 한다. 반면에 覃韻 一等에 해당하는 모습은 더 이른 시기의 古音을 반영한 것으로 생각한다. 다시 말해서 전승 한자음에 나타난 '參蔘'(ᄉᆞᆷ)은 개음의 영향을 미치지 않는 상고 시기의 층위에 속한 것으로 볼 수 있을 것이다[329].

이상의 논의를 바탕으로 다시 정리하자면 'ᄉᆞᆷ'은 上古音을 반영했을 가능성이 있지만 魏晉 南北朝[330]와 異層同讀이므로 본고에서는 앞에서 살펴본 예들을 上古音적 요소에 해당하는 Ⅲ등급에 두고자 한다.

---

327 여기서 말한 異化는 [+grave]와 관련이 있다고 생각한다.

328 기존의 연구(이돈주 1990: 20, 伊藤智ゆき2002/2011: 278)에서는 유추로 설명해 왔지만 '삼,심'은 중고 혹은 중고 후기의 음일 것이다. 糝은 『類篇』에서 '蘇含切, 音三'로, 『洪武正韻』에서 '桑錦切, 音沁(侵A)'로 확인할 수 있다. 한편 일본 한자음에서 糝은 /son, san/ 및 /shin/(예 糝粉しんこ)도 보인다.

329 申祐先(2015: 165)에서 이들을 魏晉 이전의 양상으로 보고 있다.

330 일본 吳音도 南北朝에 해당되는 양상이다.

4.8.2. 咸(洽)韻 二等

[표 49] 咸(洽)韻 二等

上古音		중고음	전승 한자음		
			주요	소수	上古音
談$_{2\cdot3}$侵$_{1\cdot2\cdot3}$*ʳ(e/o/ɯ/i/u)m 盍$_{2\cdot3}$緝$_{1\cdot2\cdot3}$*ʳ(e/o/ɯ/i/u)p		ɣɛm(p)	ᅡᆷ/ᅡᆸ	ᅧᆷ/ᅧᆸ	ᅳᆸ
牙	見			鰜(겸)	
	溪			掐(겹)	恰(흡)
喉	匣			狹(협)	洽(흡)

切韻 시기가 대표하는 중고 漢語에 있어 二等 咸(洽)韻과 銜(狎)韻[331]은 重韻 관계에 있다. 위의 [표 49]에서 제시했듯이 한국 한자음의 咸(洽)韻은 주된 모습에서 원칙적으로 '-ᅡᆷ/ᅡᆸ'으로 나타난다. 다만 咸(洽)韻에서 또한 '-ᅧᆷ/ᅧᆸ'과 '-ᅳᆸ' 등에 대응하는 양상이 보인다. 앞서 여러 번(假·蟹·效攝) 강조했듯이 최근의 상고 연구 성과에 따르면 중고 二等韻의 개음(-ɪ-)은 상고 *-r-에서 온 것이다. 이에 咸(洽)韻의 '-ᅧᆷ/ᅧᆸ'은 二等 개음의 후대형과 결합한 결과로 볼 수 있다[332]. 한편 '-ᅳᆸ'으로 나타난 모습을 본고에서는 上古音과 관련이 있을 것으로 추정하고자 한다.

먼저 '-ᅧᆷ/ᅧᆸ'에 대한 선행 연구를 보자면 아래와 같이 정리할 수 있다.

(8) ㄱ. 上古音적 요소의 잔재로 본 논의는 최희수(1986: 228)가 있다.

---

331 중고 銜(狎)韻은 '談1(盍1)*ɣam(p)>ɣam(p)'과 같은 변화 관정에서 형성된 것이며 전승 한자음에서 'ᅡᆷ/ᅡᆸ'으로 나타난다.

332 [표 49]에서 제시한 예 중에서 '-ᅧᆷ/ᅧᆸ'에 해당하는 예는 주로 *r(e/o)-m(p)과 관련된 것이며 이들은 상고 談部에 속하는 것들이다.

앞서 언급하였듯 그의 논의에서는 王力(1948, 1985) 및 李方桂(1971)의 견해를 택하고 二等韻에는 '*e'/'*r' 개음이 있다고 본다. 다시 말해서 한국 한자음 咸(洽)韻에서 보인 개음을 상고부터 변화해 온 것으로 주장한 견해이다.

ㄴ. 河野六郎(1980: 436-438)에서는 기존 河野六郞(1968)의 소위 '개구음화'라는 해석을 부정하고, 나아가 한국 한자음의 二等韻(蟹·效·咸·梗)의 개음은 원래 있었다는 발전된 견해를 보이고 있다. 이 논의에서는 일본 吳音과 비교하여 간접적으로 '-ㅑㅁ/ㅑㅂ'이 주층(主層)인 '-ㅏㅁ/ㅏㅂ'보다 더 이른 층위를 반영한 것으로 제시한다. 즉 a-층에 속한 것으로 새로운 견해를 보이고 있다.

ㄷ. 河野六郞(1968), 박병채(1971: 141), 伊藤智ゆき(2002/2011: 279-280), 申祐先(2015: 160)에서는 앞서 언급했듯이 Karlgren의 영향을 받아 아후음과 결합한 二等 咸(洽)韻에 있는 개음을 모음에 의해 생기거나 근대(宋元 시기) 구개음화(i 나타남)를 반영한 것으로 해석하고 있다.

이상의 견해는 대략 두 가지로 정리할 수 있다. 하나는 咸(洽)韻에서 나타난 '-ㅑㅁ/ㅑㅂ'이 上古音의 잔재 및 準上古音(a-층)을 반영한다고 보는 것이고, 다른 하나는 근대에 생긴 개음으로 파악한 후기의 층위로 보는 것이다.

(ㄱ)은 재구음에 의한 결론이고 최근의 이론과 대개 같다고 볼 수 있다. 즉 二等韻에 있는 개음(ɣ)을 상고 *-r-에서 온 것이라고 본다. 다만 그 밖의 다른 증거가 제시되어 있지 않다. (ㄴ)에서는 일본 吳音과 비교하여 한국 한자음의 '-ㅑㅁ/ㅑㅂ'은 대개 南北朝 시기의 층위를 반영할 수 있다고 본다.

(ㄷ)와 같은 견해는 앞에서도 지적했지만[333] 여기서는 모음이 전설 모음이므로 상황이 다르다. 二等 咸(洽)韻에 속한 예 가운데 원래 전설 모음을 지닌 경우가 있다(예: 겸(鹻) *kre:m(ʔ)). 즉 전설모음 /e/ 앞에 -j-가 나타난 것이 아닐까 의심할 수 있다. 다만 /e/ 앞에 -j-가 생긴 것은 宋元 시기에 대응한다. 이렇게 보면 일본 吳音을 해석할 수 없을 뿐만 아니라 베트남 한자음의 양상도 설명할 수 없다. 咸蔓雪(2016: 249)에서는 咸攝 二等에서 보인 E[ɛ] 모음을 중고 전기의 접촉 층위로 파악하고 있으며 이를 麻韻 二等(ɣa)과 평행적인 것으로 보고 있다. 이 논의는 상고 二等 개음을 밝히지 못했지만, 중고 층의 /a/와 명확히 구분했다는 점에서 중요하다. 본고에서 麻韻 二等을 살피면서 이미 해석한 바와 같이 한국 한자음 二等韻에 있는 개음은 상고(후기)*-r-의 잔재이다. 한편 일본 한자음 및 베트남 한자음에서 보인 전설 모음[334]은 개음에 의해 이루어진 것으로 짐작할 수 있다. 그러므로 개음이 나온 모습은 최근의 상고 이론에 따라 상고 전치 자음(*-r-)을 지닌 것을 차용한 것에서 기인한 것으로 볼 수 있다. 부언하자면 상고 전치 자음(*-r-)은 중고에 이르러, 특히 아후음과 결합할 때 대부분 탈락한다. 이에 한국 한자음의 아후음에서 보인 개음은 '*-r-'의 후대형을 지닌 南北朝 층위에 대응할 수 있을 것이다.

다음으로 二等 咸(洽)韻에서 나타난 '-ᇤ'에 대하여 보겠다. 앞서 [표 49]에서 제시했듯 '洽恰(흡)'을 주목할 만하다. '洽(흡)'은 '흐웝홀 흡'이 『類合 下: 50b』에서 확인되며 '恰(흡)'은 『全韻』의 '겹俗흡 適當辭'와

333 Karlgren에서 모음 /a/ 앞에 개음이 생겼다고 본 관점은 많은 지적을 받고 있다(潘悟雲 2000).

334 Baxter·Sagart(2014: 17-18)에서는 이와 같은 전설 모음을 '-ae-' 혹은 '-ea-'로 보고 있다. 또한 Baxter(1992: 259-260)에서는 상고 *-r-가 뒤에 오는 모음을 전설화시킨다고 보고 이를 '*r-color'로 부른다.

같이 속음에 대응한다[335]. 이와 같은 모습은 중고음(ɣɛm(p))으로 설명하기 어려운 것이며 유추로 봐도 해석하기 힘든 예이다. 흥미로운 것은 베트남 한자음에서 '洽'에 /hiệp/ 및 /hợp/이라는 음가들이 있다는 것이다. 이 중에서 /hợp/(ợ=[ə])은 전승 한자음과 비슷하다고 볼 수 있다. 이에 伊藤智ゆき(2002/2011: 280)에서는 전승 한자음의 '洽'(흡)은 侵韻[336]과 유사하고 약화된 주 모음을 반영하고 있다는 견해를 주장한 바 있으나 구체적으로 어느 시기의 음을 의미한 것인지는 밝히지 않았다.

咸(洽)韻이 후술할 侵韻과 같이 상고의 緝部에서 기원했다는 사실은 중요하다. 최근의 鄭張(2003) 재구 체계에 의하면 '洽恰(흡)'은 상고 緝$_3$(-up)[337]에 속한 것이며, Starostin(1998-2003)에서도 상고 후기에 /-rə̄p/으로 주장하고 있다. 이처럼 申祐先(2015: 159)에서도 丁邦新(1975: 244)에 따라 緝部의 魏晉 이전을 상고 漢語와 같이 보므로 '洽恰(흡)'이 魏晉 以前의 층위를 반영한 것으로 피력하고 있다. 이와 같이 趙大夏(2016)에서도 '恰'의 /흡/은 상고(東漢)의 */ɯp/을 반영한 것으로 주장하고 있다. 이처럼 본고에서도 '洽恰'의 /흡/은 상고 二等 '*-r-'의 영향을 받기 전의 양상일 것이며 이는 앞에서 본 一等 覃韻(ㆍ)과 큰 차이가 없는 상고 시기의 漢語에 해당한다고 보고자 한다[338].

다시 정리하면 '洽恰(흡)'은 상고 *-up(>=ɯp)을 반영한 것으로 볼 수 있을 것이다. 전자는 베트남 한자음의 '洽'/hợp/과 같이 더 이른 시기의 음형에 부합한다[339]. 또한 앞서 언급했듯이 『全韻』의 '겹俗흡'을

---

335 河野六郎(1968)의 <자료집> 및 이준환(2011b)에서도 '恰(흡)'은 속음이라는 사실을 강조했으나 보다 자세한 논의는 없었다.

336 4.9.에서 더 자세하게 서술하기로 한다.

337 鄭張-潘 체계에서 '*up' 및 '*ɯp'은 상고에 있어 명확히 구분하기 어려운 것이며 전자는 나중에 후자에 합류된다고 보고 있다. 趙大夏(2016)에서도 이와 같은 변화는 개연성을 갖는 것이라고 보고 있다.

338 'ㅡ' 및 'ㆍ'는 단지 한국 내부적 표기 차이에 의한 것으로 생각한다.

고려할 때 /겹/은 일본 오음 /kyou/와 대응할 수 있으나 /흡/은 더 이른 시기의 음가를 반영한 양상일 것이다. 더욱이 전승 한자음에 있어서 ‘洽(흡)’은 유추의 작용으로 설명하기 어려우므로 본고에서는 ‘洽(흡)’을 上古音적 요소에 해당하는 Ⅰ등급에 속하는 예로 보고자 한다. 한편 『廣韻』·『集韻』에서 확인할 수 있듯이 ‘洽’은 ‘恰’의 反切 下字로 자주 운서에서 나타나며[340], 漢語 粵방언에서 관련된 ‘hip’ 및 ‘həp’도 ‘恰(흡)’과 비슷한 모습으로 보인다. 이에 ‘恰(흡)’은 ‘洽(흡)’에 유추되었을 가능성이 있지만 上古音(ɰp)을 반영했을 가능성도 존재하므로 본고에서는 ‘恰(흡)’을 上古音적 요소에 해당하는 Ⅱ등급에 두기로 한다.

4.9. 深攝

深攝(əm/əp)에는 侵(緝)韻 하나밖에 없지만 重紐 三等AB韻이 있다. 이 절에서는 역시 上古音적 요소가 존재하는지에 초점을 두어 보고자 한다.

[표 50] 侵(緝)韻 三等A

上古音		중고음	전승 한자음	
			주요	上古音
侵(緝)1·2·3 *i/ɯ/u-m(p)		-jim(p)	ᆷ/ᆸ	ᅳᆷ / ᅳᆸ
齒	邪			習襲(습)
	章			箴(즘)汁(즙)

339 다만 이상이(2015: 76) 및 咸蔓雪(2016: 253)에서는 중고 전기로 보고 있다.

340 운서에서 한자로 기록되기 때문에 구체적인 음가는 파악하기 어렵지만 본고에서는 ‘洽’의 ‘ʳɰp’을 대응할 수도 있다고 본다.

	書	甚(ᄉᆞᆷ)濕(습)
	禪	拾什(습)
牙	影	挹(읍)
	以	婬淫(음)

전승 한자음의 侵韻 三等A는 원칙적으로 'ᅵᆷ/ᅵᆸ'으로 나타난다. 그러나 'ᅳᆷ/ᅳᆸ' 및 'ᆞᆷ'도 적지 않게 나타나고 있으므로 많은 관심을 받아왔다. 鄭張(2003)의 재구음에 따르면 위의 표에서 제시한 예들 모두 상고 侵(緝)部*ɯ/u-m(p)에서 온 것이다[341]. 이들은 중고에 들어 개음(-j-)에 의해 모음이 -i-에 합류된 것이 일반적인 양상인데 [표 50]에서 제시하는 예는 이에 적용되지 않는다. 따라서 'ᅳᆷ/ᅳᆸ' 및 'ᆞᆷ'과 같은 모습은 주층인 중고 'ᅵᆷ/ᅵᆸ'보다 더 이른 시기의 층위를 반영했을 가능성이 크다고 생각한다. 즉 三等 개음/-j-/가 생기기 전의 층위와 대응할 수 있다고 보고자 한다. 구체적인 이유는 다음과 같다.

첫째, 侵韻 三等의 전체 발전 맥락을 고려할 때 'ᅳᆷ/ᅳᆸ' 및 'ᆞᆷ'은 개음이 나타나기 전의 상고 음가와 부합한다. 또한 상고 시기에 같은 *ɯ를 지닌 운들과 일치를 보인다. 앞서 살핀 咍韻, 覃韻, 그리고 후술할 登韻 및 痕韻에서도 모두 한국 한자음에서 'ㆍ'나 'ㅡ'로 나타나고 있다. 이들은 모두 一等韻이지만 侵韻 三等A가 개음이 생기기 전의 一等字와 별 차이가 없기 때문에 문제가 되지 않는다. 다시 말해서 侵韻의 통시적인 양상을 고려할 때 'ᅳᆷ/ᅳᆸ' 및 'ᆞᆷ'은 상고층에 둘 수 있을 것이다.

둘째, 여타 한자음과의 비교를 통해 'ᅳᆷ/ᅳᆸ' 및 'ᆞᆷ'은 古層이라는 가능성을 재확인할 수 있다. 이상이(2015: 147)에 따르면 비록 베트남 한자음에서 侵韻 三等A 및 B가 대개 구별 없이 -âm(p)으로 반영되어 있지만, 新層에 대응한 -im(p)도 확인할 수 있다. 또한 이 논의에서는

341 앞서 말했듯이 상고 漢語에 있어 'ɯp' 및 'up'을 명확히 구분하기는 어렵다.

-âm(p)형으로 나온 것을 切韻 이전의 古層으로 보고 있으며 -im(p)은 개음에 동화되는 新層에 대응된 모습으로 주장하고 있다. 다시 말해서 베트남 한자음의 古層형인 -âm(p)은 한국 한자음의 'ㅡㅁ/ㅡㅂ' 및 'ㆍㅁ'과 대응할 수 있다는 것이다. 베트남 한자음의 양상은 한국 한자음과 다를 수 있지만 참고할 점이 있다고 생각한다. 아울러 河野六郎(1980: 442)에서 滿田新造와 같이 侵韻에 있어 일본 吳音의 /-o-/는 한국 한자음의 /-ŭ-/(ㅡ)에 대응하는 경우가 존재한다고 보는 견해는 중요하다. 위에 제시한 예 중에서 읍(挹)을 들 수 있는데 이는 吳音에서 'オウ (ō)'이다[342].

셋째, 그 밖의 다른 층위로 주장한 논의는 타당한 설명을 이루지 못하고 있다. 河野六郎(1968/1979: 475)에서는 'ㅡㅁ/ㅡㅂ'이 나온 것에 음절 편향의 가능성을 제기하며 이들을 근세음 (d-층)으로 보았으나 자세한 설명은 하지 않았다. 伊藤智ゆき(2002/2011: 286)에서 이에 대하여 지적했듯 이것이 근세음이었다면 운미가 탈락했어야 할 듯하다. 한편 伊藤智ゆき(2002/2011: 286-287)에서는 'ㅡㅁ/ㅡㅂ'으로 나온 점에 대해 두 가지 설명을 제시했다. 하나는 순음 및 아후음에서 重紐 AB의 구별이 상실된다는 것이다. 다만 이 논의에서도 인정했듯 이 설명은 아후음이 아닌 나머지 예('즙·습' 등)를 설명할 수 없다. 다른 하나는 'ㅡㅁ/ㅡㅂ'의 모음은 韻尾 발음에서 입술이 돌출하면서 후퇴했을 가능성이다. 그러나 이와 같은 설명에도 문제는 역시 존재한다. 남아 있는 다수의 'ㅣㅁ,ㅣㅂ'도 같은 운미를 지니고 있는데 이들의 모음은 왜 후퇴하지 않았는지에 대한 설명이 필요하다. 또한 이 논의는 侵韻A가 모두 'ㅣㅁ,ㅣㅂ'을 전제하고 있다는 해석을 보이며 전승 한자음의 'ㅡㅁ/ㅡㅂ'은 'ㅡ > ㅣ > ㅡ'라는

342 표에서 제시한 다른 예는 일본 吳音에서 대개 중고층과 같이 /-i-/모음으로 바뀌었다.

과정을 겪은 것으로 본다. 그러나 이것은 역시 무리한 설명이라고 할 수 있다. 莊組와 결합하지 않는 이상 중고(후기)에 있어 이와 같은 내부적 변화를 찾기 어렵기 때문이다.

이상과 같이 기존의 많은 연구는 侵韻A에는 개음이 존재하고 있다는 것을 전제하고 있다. 그러나 이는 중고음만을 고려하는 주장이다. 侵韻A에서 나타난 /ᅳᆷ/ᅳᆸ/은 중고 三等 개음이 생기기 전의 양상을 반영할 수도 있다. 앞서 말했듯이 侵韻 三等은 원래 *(u>)ɯ 모음에서 온 것이며 상고층에 속할 가능성도 충분히 있다. 申祐先(2015: 167-172)에서 'ᅳᆷ/ᅳᆸ'이라는 양상은 魏晉 이전의 층위를 반영한다는 주장도 주목할 만하다. 이 논의에서는 이와 같은 음형이 상고 緝部(/*əp/ 李方桂 1971)에 대응한 것으로 보았지만, 자세한 논거가 다소 부족하다고 할 수 있다.[343]

앞서 제시된 '習襲(슴), 箴(즘), 汁(즙), 甚(슴), 濕(슴), 拾什(슴), 挹(읍), 淫婬(음)'에 대하여 더 자세히 살펴보고자 한다. 우선 河野六郎(1968: 475)에서 淫婬(음)[344]을 음절 편향의 예로 추정한 바 있고, 伊藤智ゆき(2002/2011: 287)에서도 같은 견해를 보이면서 挹(읍)도 음절 편향에 속한 예로 보았다. 그러나 이와 같은 주장의 문제점은 전승 한자음에서 '임, 입'과 같은 음절이 없다고 말할 수 없다는 데 있다. 그 예로 '任妊紝飮'(임), '入'(입)을 들 수 있다[345]. 따라서 음절 편향은

343 다만 그의 논의에서는 전승 한자음에서 'ᅳᆸ'으로 나타난 '楫', '緝', '葺', '揖'도 포함하고 있다. 그러나 鄭張(2003)에서는 '楫'을 盍₂部(*-ep), '緝葺揖'을 緝₂部(*-ip)에 속하는 것으로 주장한다. 이에 본고에서는 이들이 'ᅳᆸ'과는 거리가 있으므로 제외하기로 한다. 다만 고대 漢語에서는 揖을 挹과 같은 발음으로 본 경우가 있다『經典釋文: 95上』.

344 '人心을 正ᄒᆞ야 邪說을 息케 ᄒᆞ며 詖行을 距ᄒᆞ며 淫(음)辭를 放ᄒᆞ야 ᄡᅧ 三聖을 承코쟈 ᄒᆞ노니(약)' 『孟子 6: 32b』; '婬(음)性이 本來이 淨性의 因이니(약) 『육조 下: 78a』.

345 덧붙이자면 본고에서는 음절 편향이라는 설명을 타당한 설명 방법으로 보지 않

'淫婬(음)'을 설명하기 어렵다고 생각한다. 또한 挹(읍)은 邑(읍)에 의한 유추음으로 생각할 수도 있겠지만, 앞서 언급한 것과 같이 挹(읍)도 상용자인 것으로 보인다[346]. 더욱이 베트남 한자음/âp/ 및 일본 吳音/ou/과 같이 고려하면 挹(읍)은 바른 음일 것이다. 또한 '挹, 又音邑'『經典釋文: 95上』과 같이 문헌 증거도 보인다. 이에 본고에서는 挹(읍)은 上古音적 요소에 해당하는 Ⅱ등급에, 淫婬(음)은 Ⅰ등급에 둘 수 있을 것이라 본다.

伊藤智ゆき(2002/2011: 287)에서는 '箴'/줌/을 '簪'에 전염된 것으로 추정한 바 있다[347]. 그러나 중세 전승 문헌을 볼 때 '箴' '경계 줌'『類合 下: 27b』, '簪 빈혀 줌'『類合 上: 31a』·『訓蒙 中: 12a』으로 나타나는데 이들은 전승 한자음에서 의미상으로 분명하게 나뉘는 것으로 보인다. 더욱이 箴은 베트남 한자음에서 /-âm/, 漢語 閩南·客家 방언에서 /-əm/으로 확인할 수 있으므로 본고에서는 이를 上古音적 요소에 해당하는 Ⅲ등급에 두고자 한다. 또한 甚(含)[348]에 대하여 伊藤智ゆき(2002/2011: 287)에서는 이를 근세 漢語에서 유래한 것으로 보고 있다. 그러나 이와 같은 설명에는 문제점도 있다. 이는 중고(후기)부터『中原音韻』(/ʃim/楊耐思)까지 '-ㅁ'과 같이 보는 것이 맞을 것이며 근대에 들어오면 漢語 운미의 변화(m>n)가 일어나므로 역시 '-ㅁ'과 대응할 수 없다[349]. 이에 본고에서 甚(含)이 근세음을 반영했다는 견해를 받아들이지 않는다.

는다. 가령 '왈'은 전승 한자음에서 '曰'이라는 한자만 있는데도 불구하고 어느 음절에도 편입되지 않는다.

346 앞서 언급한 바와 같이 0.05라는 기준치로 볼 때 5500번 안에 드는 한자를 자주 쓰이는 한자로 볼 수 있을 것인데, '挹'은 2083번에 위치한다<Chinese text computing> (참고).『訓蒙 下: 7a』에서 '挹 뜰 읍'이 나타난다.

347 '箴 경계 줌'『類合 下: 27b』.

348 '甚 심홀 심'『類合 下: 58b』.

349 林連通·鄭張(2012: 12) 참고.

본고는 이를 오히려 上古音으로 보는 것이 더 타당하다고 생각하므로 甚(ᄉᆞᆷ)을 Ⅰ등급에 속하는 것으로 간주하기로 한다.

또한 유추 작용으로 설명하기 어렵고 上古音에 접근해야 해석이 되는 什拾濕習襲(습) 및 汁(즙)[350]은 上古音적 요소에 해당하는 Ⅰ등급에 둘 수 있을 것이다. 아울러 중고 侵韻 三等B(-ɣɨm(p))에서 개음(ɣ)은 흔히 주 모음(ɨ)과 합류된다(潘悟雲·張洪明 2013). 따라서 한국 한자음의 侵韻 三等B의 주된 모습인 'ᅳᆷ, ᅳᆸ'은 중고층에 대응하는 것으로 봐야 될 듯하다. 그러나 이와 같은 양상은 牙喉音에만 적용될 뿐 순음에서는 '-ᅮᆷ'으로 나타난다.

여기서 주의할 점은 여타 聲母의 예를 重紐B에 두는 양상도 있다는 것이다. 가령 '름(稟廩檁)'은 伊藤智ゆき(2002/2011: 285)에서 侵韻A에 두었지만 鄭張-潘 체계에서는 侵韻 三等B에 속한 것으로 본다. 또한 莊組에 속한 'ᄌᆞᆷ(譖)', 'ᄌᆞᆷ(岑涔梣)' 등도 三等B에 속한 것으로 보기도 한다. 申祐先(2015: 167-172)에서는 侵韻-B류 莊組에 속한 'ᄌᆞᆷ(譖)', 'ᄌᆞᆷ(岑涔梣)' 등도 위진(魏晉) 시기 이전의 층위를 반영한 것으로 보고 있다. 우선 'ᄌᆞᆷ(譖)'에 대해서는 최근의 상고 재구음과 거리가 있으므로 본고의 논의 대상에서 제외하기로 한다. 나아가 전승 한자음에 있어서 '-ᆞᆷ/ᆞᆸ'은 莊組의 주된 모습이므로 본고에서는 상고층에 두지 않는다. 더욱이 河野六郎(1968/1979: 475)에 따르면 이들은 聲母로 인해 -ï-가 'ə'로 변했을 가능성도 있을 듯하다.

350 '其實皆什(·습)一也' 『孟子 5: 9b』; '拾 주을 습' 『類合 下: 46b』; '濕 저즐 습' 『類合 下: 48b』; '習 니길 습' 『類合 下: 08b』; '襲 인ᄒᆞᆯ 습 ᄇᆞᆯ 습' 『類合 下: 25a』; '肉汁(·즙)' 『小學 5: 50b』.

4.10. 山攝

山攝(an/at)에는 1·2·3·4等이 모두 포함된다. 각각 一等 寒(曷)[351]韻, 二等 山(鎋)·刪(黠)韻, 三等 元(月)C韻 및 仙(薛)AB韻, 四等 先(屑)韻이 있다. 이 절에서는 역시 上古音적 요소를 보이는 韻에 초점을 두어 보고자 한다.

4.10.1. 寒(曷)韻 一等

[표 51] 寒(曷)韻 一等

上古音		중고음	전승 한자음	
			주요	上古音
元₁(月₁)*an(t) 元₃(月₃)*on(t)		(w)ɑn(t)	ᅯᆫ / ᅯᆯ	ᅡᆫ / ᅡᆯ
牙	影			斡(알)
	曉			豁(할)

[표 51]에서 보는 바와 같이 寒(曷)韻은 상고의 元(月)部에서 온 것이다. 중요한 것은 『切韻』에서 /wan(t)/이 없었다가 후기 『廣韻』에서 나타나기 시작했다는 것이다. 즉 合口 桓(末)韻이 나중에 寒(曷)韻에서 분리된 것으로 이해할 수 있다. 合口의 기원과 관련해서는 흔히 '*on(t)>(MC)wɑn(t)'이 주목을 받아 왔는데, 사실 '-w'을 지닌 聲母와 결합할 때 *-an(t)도 중고에 合口로 변할 수 있다는 점을 염두에 둘 필요가 있다(Yakhotov 1960). 한국 한자음의 예인 '斡(알)'·'豁(할)[352]'은 廣韻 체계에 따르면 合口 桓(末)韻에 속한 것이다. 그러나 이들은 /ᅯᆯ/로 나타

351 여기서 괄호 안의 글자는 입성(-t)에 해당되는 것을 의미한다(이하 동일).

352 '斡 두를 알' 『訓蒙 下: 1a』; '豁 훤홀 할' 『類合 下: 55a』.

나므로 여타 중고 층에 속한 양상과 차이가 난다.

본고에서는 '斡豁'을 合口/w/가 생기기 전인 상고층이나 중고 전기에 속한 예로 보고자 한다. 鄭張-潘의 재구음에 의하면 '斡豁'은 상고에는 각각 /*qʷa:d/, /*qʷʰa:d/에 대응한다. 즉 한국 한자음의 '斡(알), 豁(할)'은 聲母에 있는 이차 조음 /w/성분이 모음보다 聲母와 더 밀접한 시기에 차용된 것이라 생각할 수 있다. 설음 및 치음에 속한 예의 合口가 보이지 않는 것과 달리 전승 한자음에서 아후음의 경우는 원칙적으로 /w/가 잘 반영된다는 점을 감안할 때 '斡(알), 豁(할)'은 合口가 생긴 전의 층위에 속한 것으로 보아야 될 듯하다.

이에 대하여 李潤東(1997: 152)은 '豁(할)' 및 '斡(알)'이 上古音에서 合口가 분화하기 전의 양상일 가능성이 있다는 견해(최희수 1986: 182)에 따라 추정한 바 있으나 '豁(할)'을 성부 '害'(『集韻』의 何葛切)의 유추로 볼 수 있다고도 제시했다. 이처럼 伊藤智ゆき(2002/2011: 293)에서도 '豁(할)'은 瞎·割에 유추된 것으로 보고 있다. 그러나 '豁(할)' 발음은 漢語의 閩南·客家·粵(/hat/) 방언에서 두루 확인할 수 있으므로 본고에서는 이를 쉽게 오독음으로 보지 않는다. 부언하자면 '豁(할)'이 성부 '害'의 음을 따른 것은 원래 상고 漢語에 있어 당연한 일이다. 더욱이 『說文』에 의하면 '豁, 从谷害聲'이다. 이에 李潤東(1997: 152) 등에서 말한 견해는 중고음만을 국한해서 얻은 것이라 하겠다.

아울러 斡(알)은 유추 작용으로 설명하기 어려운 예이다. 비록 일본 한자음의 漢音·吳音에서 /wati/로 나타나고 있지만 전술한 바와 같이 이들은 상대적으로 늦은 양상일 것이고, 이와 달리 일본 慣用音에서 보인 'アツ(atsu)'는 더 이른 층위에 해당하는 양상으로 볼 수 있을 것이다. 伊藤智ゆき(2002/2011: 293)에서는 이와 비교하면서 한국 한자음의 斡/알/은 '合口(w)'가 탈락한 것으로 해석한 바 있다. 앞서 설명

했듯이 'w'는 중고에 와서야 合口 개음으로서 나타난다. 漢語 음운사에서, 특히 중고의 아후음 계열에서는 'w'가 나타났다가 다시 없어진 예를 찾기 어려울 것이다. 여타 聲母보다 아후음의 'w'는 중고에 있어 강한 성격을 지닌다고 말할 수 있다. 따라서 '合口(w)'가 탈락했다는 설은 역시 근거가 없는 추정일 것이다.

이상과 같이 본고는 한국 한자음 '豁(할)', '斡(알)의 韻母는 上古音을 반영한 것으로 간주하고자 한다. 유추의 정도성을 감안해서 '豁(할)'은 上古音적 요소에 해당하는 Ⅲ등급에 두고, '斡(알)은 Ⅰ등급에 두고자 한다[353].

4.10.2. 山(鎋)韻 二等

[표 52] 山(鎋)韻 二等

上古音		중고음	전승 한자음		
			주요	소수	上古音
元$_2$眞$_1$文$_{1\cdot2}$^{*ʳ}(e/i/ɯ/u)n 月$_{1\cdot3}$^{*ʳ}(a/o)t		ɣɛn(t)	ᅡᆫ / ᅡᆯ	ᅧᆫ	
脣	滂			변(盼)	
喉	匣				限(ᄒᆞᆫ)

중고 漢語에 있어 切韻 시기에 山攝 二等에 있는 山(鎋)韻과 刪(黠)韻[354]은 重韻이라는 관계를 지닌다. 다만 전승 한자음에서 이들의 합류

353 寒(曷)韻에 속한 다른 예를 더 언급하자면, 申祐先(2015: 185)에서 '솬(散)' 및 '疸'(돩/달)/-ar/도 魏晉 以前의 층위로 보았지만 '疸'(돩)에 대한 설명이 제시되어 있지 않다. 본고는 우선 근래의 上古音 연구를 따라 合口 개음은 중고에 들어와야 나타난 것으로 보므로 '솬(散)'을 상고층에 두지 않기로 한다. 또한『訓蒙 中: 16a』에서 '疸, 황돩 단'을 확인할 수 있지만 漢語에 있어서 상고부터 중고까지 /tɑn/에 관련된 양상만 확인되며, /-ar/를 보기 힘드므로 논외로 한다.

354 중고 刪(黠)韻은 /ɣan(t)/에 대응하며 한국 한자음에서 '-ᅡᆫ/ᅡᆯ'으로 나타난 것이

양상이 주된 모습을 보이므로 山韻 및 刪韻의 구분이 없는 것을 唐代 및 그 이후의 층위로 보는 선행 연구가 주를 이룬다(朴炳采1971: 154, 伊藤智ゆき2002/2011: 293 등). 그러나 위의 [표 52]에서 제시했듯이 한국 한자음의 '흔(限)'과 '변(盼)'은 합류 양상이 다르고 더 이른 시기의 층위를 반영하고 있다.

우선 흔(限)[355](<*grɯ:nʔ)에 대한 것을 먼저 살펴보려 한다. 이는 상고 韻部 文$_1$(ɯ:n)에 대응하는 음가이며 전승 한자음의 양상도 그대로 보여 주고 있다는 점에서 주목할 필요가 있다. 여기서 다시 山韻의 기원을 고려할 필요가 있다. 앞서 2장에서 설명했듯 /en/은 상고 元$_2$, /in/은 상고 眞$_1$, /ɯn, un/은 상고 文$_{1\cdot2}$에서 온 것이다. 다시 말해서 상고에서 이들은 각각 하나의 韻部이었지만 중고에 들어 변화가 생기므로 혼입하여 결국 山韻(ɣɛn)을 형성한 것이다. 중요한 것은 '흔(限)'의 모음 양상을 볼 때 이는 *-r-가 영향을 미치지 않는 모습에 해당할 것이라는 점이다. 즉 *-r-가 자음적 성격일 때 聲母에 더 밀접한 시기에 해당하는 것이라고 생각한다. 본고와 같이申祐先(2015: 178)에서도 흔(限)이 魏晉 이전의 음운 층위를 반영한 것으로 주장한 바 있다. 이 논의는 丁邦新(1975: 246)이 제시한 魏晉 이전의 상고 元·文部는 혼용하지 않는다는 견해를 따르고 있으며 전승 한자음의 흔(限)이 상고 文部의 모습을 유지한 것을 근거로 들고 있다.

여기서 논거를 더 붙여 설명하자면 限(흔)은 *-r-의 영향을 받지 않고 一等字의 발음과 같다. 『集韻』에 따르면 限은 '魚懇切[356], 音㫚'으로 나타난다. '㫚'은 역시 文$_1$(ɯ:n)에서 온 것이고 중고에 들어 臻攝一等

원칙적이다.

355 '限문젼 흔' 『類合 下: 58b』.

356 『經典釋文: 136下』에서 같은 反切이 보인다.

(ən)에 해당한다. 뿐만 아니라 反切 下字 '懇'도 마찬가지다(*ɯ:n>ən). 이에 '限(ᄒᆞᆫ)'이 *-r-에 의해 변화하지 않고 지체층에 들어 나중에 臻攝一等(ən)에 합류한 것으로 볼 수 있다[357]. 요컨대 전승 한자음의 ᄒᆞᆫ(限)은 개음의 영향을 받지 않은 상고층에 속한 것으로 볼 수 있을 것이며 刪(黠)韻(ᄂᆞᆫ/ᄂᆞᆯ)과 重韻 관계를 지키는 양상을 보인다[358].

한편 기존 연구에서는 이를 유추 현상으로 본 견해가 많았다. 河野六郎(1968: 457)에서는 ᄒᆞᆫ(限)을 臻攝一等인 恨·狠(ᄒᆞᆫ)에 유추된 것이라 보았고, 伊藤智ゆき(2002/2011: 294), Qian(2018: 151) 등도 이와 같은 견해를 보인다. 본고에서는 앞서 『集韻』을 통해서 '限(ᄒᆞᆫ)'도 상고 漢語에 臻攝一等과 같은 발음일 것으로 언급했지만, 유추의 가능성을 완전히 배제하기 어려우므로 ᄒᆞᆫ(限)을 上古音적 요소에 해당하는 Ⅲ등급에 두기로 한다.

다음으로 변'(盼)'은 二等 개음의 영향을 받은 예로 봐야 될 듯하다. 여러 번 언급했듯이 *-r-가 후대형으로 변한 후에 모음과 결합하여 형성된 것이 /ᅧᆫ/이다. 다만 이와 같은 양상은 重韻의 차이를 지키는 중고 전기에 해당한다는 점을 염두에 둘 필요가 있다. 이는 일본 한자음과 비교하면 쉽게 이해할 수 있는데, 일본어에 있어서 吳音은 /-en/, 漢音은 /-an/으로 나타난다. 전자 /en/은 전승 한자음 /ᅧᆫ/과 평행적인 양상일 것이다. 이에 변'(盼)'은 南北朝 시기의 층위로 볼 수 있다.

---

357 다만 '限'은 『集韻』 및 『說文』에서 또한 '下簡切', '乎簡切'이 보인다. 이들은 *-r-의 영향을 받고 형성된 중고 二等字에 대응하는 발음일 것이다.

358 한편 이상이(2015: 75)에서는 일본 한자음뿐만 아니라 베트남 한자음의 重韻 모습을 살피면서 한국 한자음도 마찬가지로 重韻이 있다고 주장하고 있다. 다만 그의 논의에서는 /ᄒᆞᆫ/을 일본 /en/과 비교한 것이 재고할 필요가 있을 것이다. 왜냐하면 그간 滿田新造와 같이 河野六郎(1980: 438-42) 및 김태경(2012, 2016) 등에서 밝혔듯 일본 오음의 /e/는 흔히 요드(-j)를 지닌 전승 한자음의 二等字와 대응하는 경향이 보이고(가령 eu : io(效攝), 일본 오음의 /o/는 전승 한자음의 /ŭ/(/ㆍ/ 및 /ㅡ/)에 대응한 것이다(河野六郎1980: 442).

伊藤智ゆき(2002/2011: 294)에서 제기한 朱子注의 '盼, 普莧切'를 잘못 읽었다는 지적은 성급한 견해이다. 앞서 설명했듯이 '莧'과 같은 二等字의 개음은 切韻 시기에 많이 약화되지만 사실 사라지지 않았다. 비록 중고 후기에 二等韻에 있는 개음이 여타 3·4等의 개음과 성격이 가까워지면서 혼입되더라도 /ㅕ/으로 발음한 것이 틀린 것은 아니다.

4.10.3. 先(屑)韻 四等

[표 53] 先(屑)韻 四等

上古音		중고음	전승 한자음	
			주요	上古音
元$_2$眞$_1$文$_1$*e/i/ɯ-n 月$_2$質$_1$物$_1$*e/i/ɯ-t		en(t)	ㅕㄴ / ㅕㄹ	ㅣㄴ / ㅣㄹ
牙	見			桔(길)
舌	定			跌迭(딜)
喉	影		咽(연)	咽(인)
	匣			翓頡(힐)

[표 53]에서 보는 것과 같이 중고의 先韻(en)은 상고의 元$_2$眞$_1$文$_1$에서, 屑韻(et)은 상고의 月$_2$質$_1$物$_1$에서 기원한다. 전승 한자음에서는 先韻(en)이 대부분 'ㅕㄴ/ㅕㄹ'과 같은 중고층의 양상으로 나타나지만 이와 다른 모습인 'ㅣㄴ/ㅣㄹ'도 보인다. 이들은 상고 眞1(in) 및 質1(it)과 관련성이 크므로 더 자세히 보고자 한다.

우선 舌音에 속한 딜(跌·迭)[359]을 보자. 이 둘은 상고 재구음(*l'i:k>)*lit[360]과 대응한다. 『說文』에 의하면 딜(跌·迭)은 모두 해성부 '失'(*̥lik<*̥lit)과 같은 음을 지닌다. 여기서 재구음에 대하여 부연 설명

359 '跌 거텨딜 딜' 『訓蒙 下: 12a』; '迭 벅디글 딜' 『類合 上: 3b』.

360 (*l'i:k>)*lit과 같이 선후는 鄭張 및 潘悟雲의 재구음이다(<古音小鏡> 참고).

하자면 상고에서 '*-ik>*-it'과 같은 현상이 있으므로(鄭張2003, Baxter·Sagart 2014: 236) 근래 재구음에서는 별 차이가 없다고 볼 수 있다. 즉, 재구음으로 볼 때 전승 한자음의 딜(跌·迭)은 上古音을 그대로 받아 수용했을 가능성이 없지 않다.

딜(跌·迭)에 대하여 伊藤智ゆき(2002/2011: 298)에서는 眞韻인 秩·帙(딜)에 유추된 것으로 보았다[361]. 이와 달리 최희수(1986: 187)에서는 이들을 성부와 같은 음을 유지한 예로 보기 때문에 上古音에 속한 것으로 주장하고 있는데, 중고음으로만 본 시각에서 예외가 될 수 있지만 'ㅢ'의 통시적 변화의 전체 맥락을 살펴볼 때 그 양상은 충분히 존재할 수 있다고 생각한다. 더욱이 전승 한자음의 跌迭(딜)과 같이 /-it/로 발음한 漢語 방언도 확인할 수 있다. 가령 閩·粵·吳方言에서 '跌'은 각각 /-it/,/-it/, /-ɪʔ/, '迭'은 각각 /-ik/(/ɪʔ/), /-it/, -/ɪʔ/의 양상으로 나타나는 모습이 보인다[362]. 또한 '迭'에 대하여 『經典釋文: 252下』에서 '直結反, 徐音逸'(逸*-it>(MC)-it(質A)을 확인할 수 있다. 이에 迭跌(딜)은 각각 上古音적 요소에 해당하는 Ⅱ, Ⅲ등급에 둘 수 있을 것이다.

부언하자면 漢語 (閩)방언에서 山攝 3·4等에 관한 양상은 더 풍부하게 나타나며 여러 가지 음형을 확인할 수 있다. 여기서 先韻을 중심으로 고려하면 이의 변천 과정을 대개 아래와 같이 제시할 수 있을 것이다.

---

*in(t)> (MC)en(t) > iɛn(t)~ian(t)

이와 같이 戴黎剛(2005: 89)에서도 閩語의 역사 층위를 살피는 데

361 申祐先(2015: 432) 및 Qian(2018: 157)에서도 같은 견해를 보이는 한편, 盧慧靜(2013: 183)에서는 '跌'을 예외로 간주하고 있다.

362 운미의 차이가 약간 존재하나, 여기의 핵심 문제는 주요 모음의 양상이므로 여전히 증거가 될 수 있다.

/iŋ/은 口語層으로, /ɛŋ/은 文語層으로 주장하고 있는 점은 본고를 뒷받침해 줄 수 있다[363]. 다시 말해서 '-긜(跌·迭)'은 '-뎐/뎔'보다 더 이른 시기의 층위를 반영한 것으로 볼 수 있다.

다음으로, 咽의 '련, 닌'을 모두 발음한 예에 대하여 살펴보고자 한다. 앞서 언급한 바와 같이 先韻의 통시적인 음 변화를 고려할 때 '련'은 중고 후기에 해당하나 '닌'은 上古音을 반영한 것으로 보인다. 흥미로운 것은 일본 한자음에서도 咽의 여러 음가를 확인할 수 있다는 것이다. 吳·漢音은 구분 없이 エン/en/이며 慣用音에서는 イン/in/으로 나타난다. 앞서 강조한 것처럼 慣用音은 古音을 보유하는 특징이 있기에 (Pulleyblank 1984), 본고에서는 イン/in/이 전승 한자음의 '닌'과 같이 더 이른 시기의 층위를 반영한 것으로 생각하고자 한다. 그러나 伊藤智ゆき(2002/2011: 298)에서 咽(인)을 因에 유추된 것으로 보았으나 '咽'은 원래 '从口因聲'(『說文』), 閩·粵·客·吳方言에서도 /in/으로 나타나는 것을 확인할 수 있으므로 본고에서 '咽'을 上古音적 요소에 해당한 Ⅲ등급에 두고자 한다.

아울러 桔/길/(*ki:t>ket)과 頡(翓)[364]/힐/(*gi:t>ɦet)에 대하여 李潤東(1997: 158) 및 伊藤智ゆき(2007/2011: 298)도 유추로 이를 설명했다. 이들 논의에서는 '吉(길)>>桔(길)' 및 '詰(힐)>>頡/힐/'과 같이 각각 吉(길) 및 詰(힐)에 유추된 것으로 설명하고 있다. 다만 『說文』에 따르면 '桔·頡'은 성부가 '吉聲'이므로 역시 上古音을 반영했을 가능성이 있다. 즉 유추로 보는 관점은 이들을 중고음에 한정해서 본 견해라 하겠다. 추가적으로 '桔(길)'과 같은 음가는 漢語 방언(閩南語/kik/·客家/git/)에

363 閩南語에서 ŋ 및 n은 잘 구별되지 않는다.

364 '桔 믈자새 길'『訓蒙 中: 8a』; '翓 ᄂᆞ라 오를 ·힐'『訓蒙 下: 3b』, 한편 翓은 '頡'의 이체자일 것이다. 『集韻』에서 '頡, 又作翓'이라고 한다.

서 확인할 수 있다. 또한 頡/힐/에 대하여 『集韻(校本)』에서 '頡'을 '桔'과 같이 奚結切에 속한 예로 기재하고 있다. '頡(힐)'은 일본 慣用音에서 /kitu/를 확인할 수 있으며 粵방언에서도 /kit/이 보인다.

이상과 같이 통시적인 변화의 검토와 함께 관련된 언어 자료를 비교함으로써 본고에서는 '桔(길)·頡(힐)'을 上古音적 요소에 해당하는 Ⅲ등급으로 볼 수 있을 것으로 생각한다[365].

4.10.4. 仙(薛)韻 三等B와 元(月)韻 三等C

앞서 살펴본 重紐 三等B와 같이 仙(薛)B韻(/ɣEn/)에서 보인 개음은 역시 상고 *-r- 후대형을 반영한 모습일 것이다. 즉 전승 한자음에서 보인 'ㅕ/ㅕㄹ'은 南北朝 시기에 해당하는 양상으로 보인다. 중고 仙(薛)韻 B(-ɣEn)은 상고 *-r-개음과 元1·2·3(an,en,on)이 결합한 결과일 것이다[366]. 전술한 바와 같이 重紐B에 있는 개음이 상고 *r-에서 왔다는 것은 다시 한번 강조할 필요가 있다. 근래의 연구에 따르면 중고(전기)에 와서 아후음 및 순음 뒤에서 흔히 重紐B의 개음이 탈락한다[367]. 이에 이와 같은 모습은 전승 한자음의 주된 'ㅓㄴ/ㅓㄹ'에 해당하지만, 이와 달리 개음을 지닌 양상 'ㅕㄴ/ㅕㄹ'은 개음이 탈락하기 전의 층위를 반영한 것이다. 이는 앞서 본 바와 같이 상고에서 온 개음의 후대형(*-r->-ɣ)을 보유한 모습으로 볼 수 있다[368].

---

365 申祐先(2015: 185)에서도 桔(길)을 魏晉 以前의 층위로 보았다.

366 '*-r-ɑn(en/on) > (MC)-ɣEn'과 같은 과정으로 중고 仙韻B가 형성된 것으로 이해할 수 있다.

367 切韻 시기에 (*-r->)-ɣ-는 약화되어 많이 탈락했다(潘悟雲 2000). 앞서 말했듯 Pulleyblank(1984), Baxter(1992) 등에서 모두 같은 견해를 제시한 바 있다.

368 다만 여기서는 다른 가능성도 제시할 수 있다. 즉 비록 상고에서 온 개음이 중고에 탈락했어도 仙(薛)韻이 지닌 전설 모음/-E-/가 중고 후기에 들어 이중 모음화(diphthongization)를 겪었다면 역시 'ㅕㄴ/ㅕㄹ'이 나타날 수 있는 것이다. 이는 개

다음으로 元(月)韻 三等C에 대하여 살펴보겠다.

[표 54] 元(月)韻 三等C

上古音		중고음	전승 한자음		
			주요	소수	上古音
元1·3*an/on 月1·3*at/ot		ɪɐn(t)	ᅟᅥᆫ / ᅟᅥᆯ		ᅟᅡᆯ
牙	見			訐(결)	訐(알)羯(갈)
	群				碣竭(갈)
	影				謁(알)
喉	曉				蝎蠍(갈)

[표 54]에서 보는 것과 같이 중고 元韻의 상고 기원은 元1·3(an, on)이다. 또한 한국 한자음에서 元(月)韻 三等韻에는 주로 아후음 및 순음이 보이며, 전자는 앞서 본 三等B 아후음으로 합류되며(伊藤智ゆき 2002/2011: 299) 주로 'ᅟᅥᆫ/ᅟᅥᆯ'으로 나타난다. 다만 순음의 경우에는 'ᅟᅥᆫ/ᅟᅥᆯ'뿐만 아니라 'ᅟᅡᆫ/ᅟᅡᆯ'도 나타나고 있다는 점이 눈에 띈다.

먼저 牙喉音과 결합한 양상을 보자. 알(訐), 갈(碣竭羯), 알(謁), 갈(蠍)[369] 모두 상고 *-at과 대응할 수 있다는 선행 연구(河野六郎1968: 464, 權仁瀚 1997/2019: 302, 李潤東 1997: 155)가 적지 않으므로 주목할 만하다. 본고는 근래의 上古音 성과를 기반으로 볼 때 이와 같은 음형을 上古音적 요소로 볼 가능성이 있다는 견해와 같이하고자 한다.

伊藤智ゆき(2002/2011: 300)에서는 '갈(碣竭羯)'에 대하여 이들이 渴·葛(갈)등에 유추되었을 가능성이 있다고 말한 바 있다. 본고에서도

음이 갑자기 삽입되었다는 견해와는 다르다.

369 '訐 ᄂᆞᆷ할 알'『類合 下: 33b』; '碣 갈셕 갈'『訓蒙 中: 17a』; '竭 보쉴 갈'『類合 下: 58b』; '羯 악대양 갈'『訓蒙 下: 4a』; '謁 뵐 알'『類合 下: 42b』; 3.5.에서 언급했듯이 『飜小 6: 30a』에서는 '全蠍 젼갈'로 나타난다.

유추의 가능성을 부정하지는 않는다. 다만 『說文』에 따르면 '碣竭羯'은 모두 같은 해성부 '曷(갈)'을 지니므로 상고 시기에는 이들이 일치한 음가를 가졌을 것이다. 한편 『集韻』에 의하면 碣은 '丘葛切'(一等字)이고 일본 吳音에는 碣은 /goti/에 대응하므로 '碣'/갈/의 유추 정도성은 ①에 속한다. 이처럼 '竭·羯'은 일본 한자음에 있어 모두 吳音 /-oti/와 대응하며 漢音 /-etu/로 나타난 것을 참고할 때 전승 한자음의 /갈/이라는 음 역시 더 이른 시기의 음형일 것으로 볼 수 있다. 이상과 같이 '碣'、'竭·羯'은 上古音적 요소의 Ⅱ、Ⅲ등급에 둘 수 있을 것이다.

河野六郎(1968/1979: 500)에서는 'ᆯ'은 元韻의 주 모음 'ʌ'가 仙B-류에 합류하여 'ɛ'로 변화하기 이전 형태를 반영한다고 했다. 나아가 河野六郎(1978/1980: 440)에서는 일본어의 吳音과 관련을 지어 추가적인 설명을 하면서 'ᆯ'로 나온 모습은 일본 吳音에서 보인 '-a-'에 대응한다고 제시했다(예: 蠍カツ[370]). 이처럼 김정빈(2007: 301)에서는 일본 吳音의 an(t)형은 上古音 元(月)部을 반영한 것으로 피력하고 있다. 이와 같이 베트남 한자음에 관한 연구에서도 'ân(t)'으로 나타난 양상을 상고층을 반영한 것으로 본 연구 결과가 확인되며(咸蔓雪 2016: 265), 또한 상고층보다 더 보수적으로 일본 吳音과 같은 층위로 파악한 견해도 존재한다(이상이 2015: 132). 이상으로 볼 때 전승 한자음에서 아후음에 나타난 an(t)형은 일본 吳音에 대응하는 남북조 시기의 층위나 상고층에 둘 수 있다. 상고층 및 중고층의 차이를 개음의 有無로 볼 수 있다는 점에서 본고에서는 an(t)형을 上古音적 음소로 봐도 될 것이라 생각한다[371].

이외에, 흥미로운 것은 吳音에 또한 'o, e'와 대응하는 모습이 있다는

370 蠍カツ은 실은 일본 慣用音에도 보인다.

371 그러나 '謁, 蝎(蠍)' 역시 유추의 가능성이 존재하고 있다.

것이다(예: 建コン(on)). 河野六郎(1978/1980: 439)에서 말했듯이 이들은 층위의 차이일 것이다[372]. 이상이(2015: 131)에서는 吳音의 -an/t형과 -on/t형을 동일한 층의 반영으로 보고 있으며 '-en/t'은 주로 漢音의 양상으로 다루고 있다. 또한 河野六郎(1978/1980: 440)에서는 吳音의 'on(t)'은 'ㅓᆫ/ㅓᆯ'과 대응하기 어려울 것이라 보아, 전승 한자음의 'ㅓᆫ/ㅓᆯ'을 b층에 두고 이들은 唐代 /-ïän/을 반영한 것으로 주장했다. 즉 이는 전승 한자음의 주된 양상을 일본어 漢音 'en(t)'(예: 建ケン)과 관련을 지어 생각하는 견해라 할 수 있다.

따라서 元韻에 있어 전승 한자음의 'ㅓ'는 전설의 특징이 있다고 간주할 수 있다[373]. 이와 같은 견해를 취하면 b층에서 개음이 생긴 것으로 봐야 될 듯하다. 이 개음이 모음과 융합해서(河野六郎1968/2010: 228) 구체적으로 어떤 양상으로 나타났는지는 알기 어렵지만, 潘悟雲·張洪明(2013)에 따르면 개음이 나타난 초기에는 힘이 약하므로 그 성격은 모음에 따라 달라진다. 즉 후설모음과 결합하면 개음도 후설적 성격을 지니게 된다. 이와 같이 'ㅓ'에 있어 개음과 융합한 중고 전기 층위를 간주할 수 있을 것이다. 다만 訐(결)과 같은 양상은 개음이 전설화하며 독립된 성격을 가진 후에 이룬 양상일 것이며 중고 후기에 대응하는 것으로 보인다.

아울러 순음과 결합하는 양상을 보겠다. 伊藤智ゆき(2002/2011: 299)에서는 元(月)韻의 순음에 속한 예들을 모두 순경음화된 것으로 보고 있으며, 'ㅓᆫ/ㅓᆯ' 및 'ㅏᆫ/ㅏᆯ'의 차이를 성조에 따른 결과로 봤다. 그러나 앞서 3장에서도 강조했듯 순경음화는 후설모음 및 개음 -ɪ(j)-이

---

372 일본 吳音에서는 漢音의 영향을 받아서 변화가 생긴 부분이 적지 않다.

373 15세기 이전의 /ㅓ/의 음가가 전설적인 /e/에 가까웠고 나중에 후설화하여 /ə/가 되었다는 주장(백두현 1990, 허인영 2023: 224 재인용)은 본고의 주장을 지지한다.

필수적인 조건으로 뒤따라야 한다. 바로 앞서 밝힌 것처럼 ‘ㅓ’(<a/o+개음)에 있어 약한 개음이 모음에 따라 후설적 성격을 지니게 된다. 본고는 순경음화라는 견해를 보류한다. 더욱이 河野六郎(1968: 463-464)에서도 일견 성조의 차이에 따라 ‘언’과 ‘안’이 나뉘는 것처럼 보이지만 입성에서는 ‘ᅟᅡᆫ/ᅟᅡᆯ’에 비해 ‘ᅟᅥᆯ’로 되어 있는 예가 적지 않다고 지적하며 성조로 파악한 관점을 부정하고 있다. 여기서 더 말하자면 성조가 같은 경우에 ‘ᅟᅥᆫ/ᅟᅡᆫ’형을 모두 갖는 예도 보인다(礬 번L/반L).

이상과 같이 한국 한자음의 ‘ᅟᅥᆫ/ᅟᅥᆯ’은 일본 漢音의 ‘en(t)’과 대응하는 것으로 이해할 수 있다. 즉 ‘ᅟᅡᆫ/ᅟᅡᆯ’은 더 이른 시기의 층위에 해당하는 모습일 것이다[374]. 이와 같은 결론은 선행 연구인 河野六郎(1978/1980: 440), 權仁瀚(1997/2019: 302) 등과 일치한다고 할 수 있다[375].

4.11. 臻攝

臻攝(ən/ət)에는 一等 痕(沒)韻 및 魂(沒)韻, 三等 欣(迄)韻, 그리고 重紐 三等 眞AB韻이 있다. 이 절에서는 역시 上古音을 반영할 수 있는 양상에 초점을 두어 보고자 한다.

---

374 한편 이상이(2015: 131)에서는 베트남 한자음의 an(t) 및 -ôn/t[on/t]과 같은 음형을 일본 吳音과 같은 층위로 파악하고 있다.

375 다만 河野六郎(1978/1980: 440), 權仁瀚(1997/2019: 302)에서는 순음을 제외하여 논의하지 않는다. 이와 달리 본고에서는 순음에서 나타난 ‘ᅟᅡᆫ/ᅟᅡᆯ’은 후기의 양상과 분별하기 어려운 모습이므로 논외로 한다.

4.11.1. 痕(沒)韻 一等과 魂(沒)韻 一等

[표 55] 痕(沒)韻 一等

上古音		중고음	전승 한자음	
			주요	上古音
文$_1$*ɯn 物$_1$*ɯt		ən(t)	ᅳᆫ / ᅳᆯ	ᆞᆫ
牙	溪			墾(ᄀᆞᆫ)
舌	透			呑(ᄐᆞᆫ)
喉	匣		狠(흔)	狠恨(ᄒᆞᆫ)

우선 痕(沒)韻 一等을 보자. [표 55]에서 보는 것처럼 痕(沒)韻 一等은 상고의 文(物$_1$)*ɯn(t)에서 기원한다. 또한 上古音에서 이러한 *ɯn(t)이 중고음 이래로 큰 변화를 겪지 않았다는 점은 주의를 요한다[376].

河野六郎(1968: 470, 501)에서는 한국 한자음에서 'ㅡ' 및 'ㆍ'의 두 가지 전사법으로 漢語 音(ə)을 받아들인 것은 오로지 한국어 모음의 변동과 관련되어 있다고 했다. 이와 같은 지적은 중요하다. 이에 따르면 이론적으로 'ㅡ' 및 'ㆍ'은 같은 층위를 반영한 것으로 봐야 될 듯하다. 그러나 그의 논의에서 'ㅡ'를 d-층(근대), 'ㆍ'를 b-층(중고)에 대응한 것으로 본 것은 엄격히 말하자면 한자음의 층위 차이가 아닌 한글 표기의 차이일 것이다. 부언하자면 'ㅡ'를 근대 층으로 보는 주장에는 입성 운미가 탈락해야 되는 문제가 있다(伊藤智ゆき 2002/2011: 308).

이와 달리 박병채(1971: 200) 및 權仁瀚(1997), 그리고 李準煥(2011a) 등에서 'ㅡ'는 主層을 이루는 것이고 'ㆍ'형은 古音을 반영한다

376 앞서 기술했듯, 상고 모음 체계에 대하여 鄭張-潘 체계에서 말한 /*ɯ/은 Baxter·Sagart(2014)의 /*ə/와 큰 차이가 없다. 또한 이와 같은 음가는 중고에 와서 역시 큰 변화가 없고 언어 환경에 따라 ɨ~ə(ə →ɨ / Ci_)가 유동적이다. 즉 변이음으로 파악할 수 있다(潘悟雲·張洪明 2013).

는 가능성을 제시한 바가 있다. 이와 같은 견해는 앞서 본 다른 예(咍覃韻 등)와 같이 한국 한자음의 'ㆍ'은 漢語의 [ə]에 대응한다고 보는 것이다. 그리고 여타 한자음과 비교했을 때 'ㆍ'은 일본 한자음의 / -on/과 베트남 한자음의 /-â̩[ə]n/과 평행적인 모습으로 볼 수 있다. 다시 말해서 漢語의 발전 맥락을 고려해 볼 때 痕(沒)韻 一等은 긴 시간에 걸쳐 거의 변함이 없지만, 한글 표기를 통해 이른 시기에 차용된 모습은 'ᆫ'인 것으로 말할 수 있다[377].

이에 'ㅡ'든 'ㆍ'든 痕(沒)韻 一等의 주요 모음을 [*ɯ~ə]로 전사하는 것으로 이해할 수 있다. 전승한 자음에 있어 痕(沒)韻 一等을 반영한 층위는 상고 및 중고를 모두 포함하므로 異層同讀이라고 말할 수 있다. 다만 일본 吳音(-o-) 등을 고려하면 한국 한자음에 있어서 'ㅡ'보다 'ㆍ'은 더 이른 시기에 차용된 것으로 볼 수 있다. 여기서는 '咍覃韻' 등의 'ㆍ'와 같은 층위에 있을 것이다. 즉 이는 상고층부터 南北朝까지로 둘 수 있을 것이므로 본고에서는 이를 上古音적 요소의 Ⅲ등급에 두고자 한다[378].

한편 '呑'은 『訓蒙 下: 6b』에서 '머구믈 ᄐᆞᆫ'으로 나오며 '狠'은 '狠ᄒᆞᆫ毋모求구勝승ᄒᆞ며', '恨'은 '애ᄃᆞᆯ ᄒᆞᆫ', '墾'은 '받 닐와ᄃᆞᆯ ᄀᆞᆫ'과 같이 각각 『飜小 4: 3b』、『類合 下: 35a, 41a』에서 확인된다.

다음으로 魂(沒)韻 一等을 살펴보겠다.

---

377 河野六郎(1968/2010: 238)은 'ㆍ'는 중세 한국어에서는 그 음가가 [ʌ]였지만, 더 오래전의 시대에는 [ə]에 가깝게 발음되었다고 하며, 또한 적어도 漢語 '-ən'을 받아들이는 데 있어 '은'보다 'ᄋᆞᆫ'이 더 적합한 시대가 있었다고 보았다. 그리고 'ㆍ'의 변동에 따라 'ᆫ'이 '-ən'을 나타내는 것이 부적절하게 되었기 때문에 '은'을 사용하게 되었다는 추정을 하고 있다. 이 논의에서는 崔世珍의 『四聲通解』을 통해서 'ᅳᆫ'이 새로운 표기 방법이라고 주장한다.

378 申祐先(2015: 196)에서도 같은 예들이 魏晉 南北朝를 반영한 것으로 주장한 바 있다.

[표 56] 魂(沒)韻 一等

上古音		중고음	전승 한자음	
			주요	上古音
文$_{1\cdot2}$*ɯ(u)n 物$_2$*ut		on(t)	ᅩᆫ / ᅩᆯ, ᅮᆫ / ᅮᆯ(순음)	ᆞᆯ, ᅮᆫ / ᅮᆯ(非순음)
牙	見			裩(군L)
	溪			窟(굴)
舌	定			臀屯飩鈍(둔L)
	泥			訥(눌)
脣	並		盆(분) 등	勃鵓脖顊(ᄇᆞᆯ)
齒	精			樽(준L)
	從			蹲(준L)

[표 56]에서 제시한 것처럼 중고의 魂(沒)韻 '-on(t)'은 상고 *ɯ:n, *u:n(t)에서 온 것이다. 이와 같이 상고의 기원을 명확하게 밝히는 것은 중요하다. 왜냐하면 한국 한자음에서 중고층에 속한 모습에 /ㅗ/이 있을 뿐만 아니라 /ㅜ/ 및 /·/에 관한 양상도 적지 않게 나타나고 있기 때문이다. 과거 연구에서는 상고의 文(物)$_2$/*un(t)/를 고려하지 않고 중고의 양상만 원칙적으로 파악한 경우가 많으므로 /ㅜ/를 대개 예외로[379] 보거나 d-층(근대)으로 보기도 하였다(河野六郎 1968/2010: 239). 이와 같은 관점의 문제는 앞서 지적한 것처럼 입성 운미가 나온 것과 부합하지 않는다는 것에 있다.

본고에서는 /ㅜ/를 상고음과 관련이 있는 것으로 보므로 이를 주목하고자 한다. 우선 非순음자를 보자. '窟裩臀屯飩鈍訥樽蹲'은 모두 상고

379 가령 河野六郎(1968/2010: 239)에서는 '窟'('구무 굴'『訓蒙 下: 8b』)을 '屈'에 의한 유추로 보고 있다. 그러나 '窟'이 'ᅮᆯ'로 나온 것은 漢語 방언(閩·客家·粵)에서 흔히 볼 수 있는 모습이며 일본 慣用音/kutu/과 대응한다. 이에 유추의 정도성을 고려할 때 ②·③에 속한 예로 볼 수 있다.

의 *un(t)에서 온 것을 확인할 수 있다. 일반적으로 중고에 들어 *un(t)은 이중모음화을 겪어서 'ㅗ'(-uon/-uən)정도로 파악할 수 있는데[380] 이와 같은 한국 한자음의 'ㅜ'는 이 변화 과정에서 벗어난 양상일 것이다. 이에 전승 한자음의 모습을 그대로 볼 때 주된 모습인 'ㅗ'는 중고음에 대응하는 양상으로 볼 수 있고 'ㅜ'는 그대로 'un(t)'을 반영했을 가능성을 생각할 수 있다. 더욱이 一等字의 경우 개음의 영향도 없기 때문에 痕(沒)韻과 같이 상고의 음을 충분히 유지할 수 있다. 이에 본고에서는 非순음자에 나타난 'ㅜ'에 관련된 예를 上古音적 요소로 간주하고자 한다.

더 자세히 보자면, '裩'('고의 군'『訓蒙 下: 6b』)과 '臀'('믿 둔'『訓蒙 上: 14b』), 그리고 '訥'('말구디 훌'『訓蒙 下: 12b』)은 전승 한자음에서 유추로 설명하기 어려운 예이다. 漢語의 통시적 음 변화를 고려할 때 이들은 상고층에 속한 것이다. 나아가 '飩鈍'은 '屯'[381]에 의한 유추음인지를 생각해 볼 수 있다. 그러나 『集韻』에서도 '飩'은 '屯'과 같은 발음으로 보고 있으며 漢語 방언에서 '餛飩'과 같은 용법으로 /-un/이 閩語 및 客家 방언에서 보인다. '鈍'도 마찬가지로 /-un/으로 閩語 및 客家 방언에서 확인할 수 있다. 이에 '屯飩鈍'은 각각 上古音적 요소의 Ⅰ, Ⅱ, Ⅲ등급에 해당한다고 본다. 한편 '樽蹲'은 각각 '樽 즁 준'(『訓蒙 中: 6b』), '蹲 줏그릴 준'(『訓蒙 下: 12a』)에 대응한 예이고, 『集韻』에서 '樽' 및 '尊'은 모두 '租昆切'이라고 하므로 같은 발음으로 볼 수 있다. 이들은 역시 上古音으로 봐야 설명되는 것이다[382]. 본고에서 '樽蹲'은

380 鄭張-潘의 상고 및 중고 체계에 의한 것이다. 중고에서 형성된 것에 대하여 부연 설명하자면, 여기서 제시한 예들은 장모음이며 고모음이기도 하기 때문에 고모음을 더 이상 높이지 못하므로 복합모음을 이룬 것으로 볼 수도 있다(潘悟雲2013).

381 '屯 군모들 둔'『訓蒙 中: 5a』; '飩 만두 둔'『訓蒙 中: 10a』; '鈍 무뒬 둔'『類合 下: 4b』.

모두 상고의 /un/을 반영한 것으로 생각하므로 上古音적 요소 Ⅰ등급에 두고자 한다.

다음으로 순음의 양상을 보겠다. 순음에 있어서는 ‘·’ 및 ‘ㅜ’ 두 가지의 모습이 보인다. 흥미로운 것은 순음에 속한 예는 모두 상고 *ɯ에서 온 것으로 확인된다는 것이다. 우선 ‘·’ 에 대응하는 예인 ‘勃鵓脖頚(볼)’[383]은 痕(沒)韻에서 본 ‘·’와 같은 층위로 파악할 수 있다. 또한 이와 같은 예들이 일본 吳音에서 모두 ‘boti’로 나타난 것도 본고의 주장을 뒷받침해 줄 수 있다. 이에 魏晉 南北朝와 異層同讀을 반영한 ‘勃鵓脖頚(볼)은 上古音적 요소에 해당하는 Ⅲ등급에 둘 수 있다.

나아가 순음 ‘ㅜ’에 속한 ‘盆(분)門(문)’ 등을 주목할 필요가 있다. 상고 文₁*ɯːn에서 온 이들이 전승 한자음에서 ‘ㅜ’로 나타난 점은 聲母의 특징[+labial]으로 인해 형성되었을 가능성이 없지 않다. 최근의 상고 연구를 따라 이와 같은 순음의 合口 특징은 중고에 와서야 뚜렷해졌다는 점을 고려할 때 ‘ㅡ > ㅜ’로의 변화는 중고 층에 속할 가능성이 크다[384].

이와 관련해서 河野六郎(1968/2010: 239)에서 ‘(운)un=wuın’, ‘(ᅟᆖᆫ)on=wɐn’이라는 견해를 제시한 바 있는데, 이에 따르면 앞에 말한 ‘·’ 및 ‘ᅟᆖ’이 평행적인 양상이 된다. 이와 유사한 관점에서 李潤東(1997: 231) 및 申祐先(2015: 190)에서 魂(沒)韻에 주된 모습인 ‘ᅟᆖ’을 각각 古層 및 魏晉 층위를 반영한 것으로 주장하고 있다. 그러나 魂(沒)韻에

382 ‘樽蹲’(준)에 대하여 기존 연구에서 유추로 설명한 경우는 거의 없다. 이 둘 또한 상용자로 간주할 수 있는 한자다. 한편 閩南語에서 모두 /-un/으로 발음한다.

383 ‘色勃(·볼)如也’ 『論語 2: 52a』; ‘鵓 집비두리 볼’ 『訓蒙 上: 8b』; ‘脖 빗복 발’ 『訓蒙 上: 14a』. 한편 ‘脖’은 ‘頚’의 이체자이다(<異體字字典> 참고).

384 한국어 내부에 있어 순음 뒤에 ‘ㅡ > ㅜ’로 변화했을 가능성도 없지 않을 것이나, 앞서 밝혔듯이 ‘ㅡ’라는 표기가 상대적으로 新層에 속하므로 결국은 비슷한 시기의 양상일 것이다.

있어 주된 모습으로 나타난 'ᅟᅮᆫ'을 痕(沒)韻에서 본 '·'과 같은 층위로 파악하기는 어렵다. 전승 한자음에서 '·'의 예는 몇몇 밖에 안되고 'ᅟᅮᆫ'이 주된 모습으로 대거 나타나므로 상고층으로 귀납하기 어려울 것이다. 또한 앞서 이미 살폈듯이 痕(沒)韻의 'ㅡ'는 주층에 속한 모습인데, 河野六郎(1968)에 따르면 痕(沒)韻의 'ㅡ'가 주층이었다면 'ㅜ'도 주층에 속한 것으로 나타나야 될 듯하나 사실은 그렇지 않다. 더욱이 앞서 밝혔듯이 근래 上古音에 의하면 전승 한자음의 'ᅟᅮᆫ'에 속한 예들은 대부분 상고의 *un에서 온 것이고 이들이 규칙적으로 중고에 들어 'on'으로 변해야 한다. 따라서 河野六郎(1968)의 소위 合口의 대응형은 문제가 있다. 이에 李潤東(1997: 231) 및 申祐先(2015: 190)에서 본 'ᅟᅮᆫ'은 古層보다 중고층에 두는 것이 더 타당할 것이다.

한편 伊藤智ゆき(2002/2011: 309)에서는 'ᅟᅲᆫ' 및 'ᅟᅮᆫ'의 차이를 층위보다 성조에 의한 것으로 추정한 바 있다. 이 논의에서는 'ᅟᅲᆫ'이 평성과 입성에 치우쳐 있다고 보았다. 그러나 그도 스스로 인정했듯이 'ᅟᅮᆫ'으로 나타나는 경우 역시 평성과 입성에 속한 예가 많으므로 만족할 만한 해석을 하지 못한다고 볼 수 있다. 이들과 달리 본고에서 강조했듯이 魂(沒)韻에서 보인 'ㅜ'는 다른 기원이 있다. 즉 非순음자에 속한 예들은 상고의 모습 *'un(t)'을 그대로 받아들인 것이며, 순음에 나타난 'ᅟᅲᆫ'은 중고에 와서 이룬 것(*-ɯn>-un)으로 생각된다.

4.11.2. 諄(術)韻 三等A

[표 57] 諄(術)韻 合

上古音	중고음	전승 한자음	
		주요	上古音
文₂*un(t)	win(t)	ᅟᅲᆫ / ᅟᅲᆯ	ᅟᅲᆫ

舌	透	窀(둔)
齒	精	遵(준)
	章	肫(둔)

眞韻 三等A의 合口韻인 諄(術)韻을 살펴보겠다. 앞서 언급했듯이 諄韻은 역시 切韻 체계에 없었던 것이며 廣韻에서 나타나기 시작했다. 한국 한자음에서는 원칙적으로 'ㅠ/ㅠㄹ'로 나오지만 '窀肫遵'은 그렇지 않다. 우선 이들이 모두 상고 文$_2$*un에 속한 예들이라는 것을 확인할 수 있다.

'窀'과 관련해서는 앞서 聲母 知母에서 언급한 바 있는데, 여기에서 다시 韻母를 중심으로 살펴보고자 한다. 鄭張(2003)에 의하면 둔(窀)은 상고에서는 /*tun/이며 상고 후기에 /*t^{r}un/으로 나오고, 중고에 知母 諄韻으로 파악할 수 있다. 그러나 한국 한자음에서는 窀이 *-r-에 대응한 후기 양상(ㅠ)과 같지 않으며 개음이 나타나지 않는다. 나아가 'ㅠ'의 양상에 대해 유추로 본 경우(伊藤智ゆき 2002/2011: 316)가 있지만, 본고는 문헌 및 客家 방언(dun3, tun2)의 양상에 근거하여 '窀' 역시 상고의 음가를 보유한 것으로 보고자 한다.

『說文』에 의하면 '窀'은 '从穴屯聲'이며, 또한『唐韻』·『韻會』에서 각각 '陟倫切', '株倫切, 音屯'으로 나온다. 특히 '音屯'이라는 사실이 중요하다. 다시 말해서 이때 비록 중고 三等字인 '倫'을 썼지만 '音屯'을 통해서, 三等 개음이 생기기 전의 음가로 봐야 설명이 된다는 것이다. 이외에『廣韻』·『集韻』에서 '徒渾切, 音飩'이라는 내용 역시 같은 모습으로 드러나고 있다[385]. 더욱이 一等字 '飩'과 같은 발음이라 명확히 제시된 점은 본고의 주장을 지지하는 것이다. 따라서 '窀'/둔/은 上古音

385 <漢典> 참고.

적 요소 Ⅱ등급으로 볼 수 있다고 생각한다.

'肫'(*tʲun)도 마찬가지다. 『說文』에서 '肫'은 '从肉屯聲'이다. 앞서 章母(3.4.3.)에 대한 검토에서 제시했지만, 여기서 韻母를 중심으로 다시 강조하자면 후치 자음인 '-j-'는 聲母에 더 밀접한 상고 시기를 반영한 것이다. 또한 앞서 언급했듯 「禮·中庸」에서 보인 '肫肫其仁'의 '肫'은 '忳'과 같이 읽는다. '忳'은 一等字이므로 '肫'도 역시 개음이 생기기 전의 음가로 볼 수 있다. 한편 漢語 방언인 客家 및 粵방언에서도 'tun' 및 'tɐn'이 확인된다. 이에 종합적으로 '肫'은 上古音적 요소 Ⅱ등급에 해당하는 것으로 결론 낼 수 있을 것이다.

아울러 遵(*sun)[386]에 대하여 '樽蹲'(준) 등에 의한 유추로 본 선행연구가 있다(伊藤智ゆき2002/2011: 316,申祐先 2015 등). 이와 달리 본고에서는 遵(준)은 개음이 나타나기 전의 예로 볼 수 있다고 생각한다. 漢語 방언(閩南語·客家)에서 같은 韻母(-un)가 확인되고, 이 외의 문헌에서 확인할 수 있듯이 '尊'에 대하여 『集韻』에서는 '租昆切, 音遵'이라고 설명하고 있다. 이를 통해서 '遵'은 '尊'(一等字)과 같은 발음을 한다는 증거를 얻을 수 있다. 이에 '遵'은 개음이 생기기 전, 즉 지체층에 속한 것으로 볼 수 있을 것이다. 본고에서는 '遵'을 上古音적 요소 Ⅱ등급에 대응한 것으로 보고자 한다[387].

386 '遵 조출 준' 『類合 下: 20a』.

387 한편, 중고의 眞韻 三等A/in(t)/은 상고의 '*in(t), *ɯn(t), *un(t)'에서 기원한다. 한국 한자음은 원칙적으로 *in(t)과 대응한 'ㆍㅣㄴ/ㆍㅣㄹ'으로 나타난다. 이처럼 'ㆍㅣㄴ/ㆍㅣㄹ'은 표면적으로 상고의 *in(t)과 같다고 생각할 수 있지만 漢語의 음운사를 고려하면 중고의 三等 개음이 모음과 같은 발음 위치이기 때문에 합류된 것으로 봐야 할 듯하다. 더욱이 'ㆍㅣㄴ/ㆍㅣㄹ'은 한국 한자음의 주층을 이루고 있으며 중고의 가능성이 더 크다고 판단된다. 다만 河野六郎(1968: 438-439, 501)에서는 '賓蘋牝鬢嬪'(-ㅣ)등은 a-층에 속한다고 보고 있다. 근래의 上古音 연구에 의하면 이들은 모두 상고 眞1*in(t)에서 온 것이다. 특히 이와 같이 '빈(賓蘋), 빈(牝)'으로 나타난 것들은 주요 모음뿐만 아니라 운미에서도 上古音과 같은 양상을 보인다. 이에 河

4.11.3. 眞(質)韻 三等B와 欣(迄)韻 三等C

臻攝 三等B에서는 일반적으로 莊組와 결합한 韻을 臻韻(櫛韻)으로 부르기도 한다. 이는 眞(質)韻과 상보적인 분포를 이루고 있어서 이에 대해서는 하나의 眞(質)韻B-류 안에 두어 살핀 경우가 일반적이다[388]. 여기서는 기술의 편의를 위해 臻(櫛)韻을 먼저 보기로 한다.

[표 58] 眞(質)韻 三等B·臻(櫛)

上古音		중고음	전승 한자음	
			주요	上古音
眞$_1$*^{r}in(t) 文$_1$*^{r}ɯn(t)		ɣin(t)	ㄷ / ㄹ	ㄴ
齒	生			詵駪侁(선)

[표 58]에서 보는 것과 같이 眞(質)韻 三等B는 주로 상고의 眞$_1$*rin(t) 및 文$_1$*rɯn(t)에서 온 것이다. 앞에서도 여러 번 말했듯이 三等B에 *-r-가 있기 때문에 重紐三等A와 달리 원칙적으로 'ㄷ/ㄹ'로 나타난다. 그러나 한국 한자음에서는 'ㄴ'으로 나타난 양상도 있다.

선(詵駪侁甡)에 대하여 河野六郎(1968/2010: 242)에서는 이들이 주로 속음으로 나타난 사실을 중요시하며 Karlgren의 재구음에 근거하여 a-층으로 주장하고 있다. 본고는 근래의 상고 재구음과 다시 비교해 볼 때 '詵駪侁'[389]이 文$_1$/*s^{r}ɯn/에서 온 것이 확인되지만[390], '甡'을 /*s^r

野六郎(1968)의 견해는 틀리지 않았다고 생각하지만 앞서 말했듯 본고에서는 전형적인 중고음과 같은 上古音의 모습은 중요시하지 않기로 한다.

388 河野六郎(1968), 朴炳采(1971: 195), 邵榮芬(1980: 83) 등이 있다.

389 河野六郎(1968)에 따르면 『華東』에서 나타난 속음이다. 이처럼 '詵駪侁'은 二次자료를 참고한 것을 밝혀 둔다.

390 다만 鄭張은 여타 재구 체계와 달리 '詵駪侁'은 眞$_1$*rin(t)에서 기원한 것으로 주장하고 있다. 본고에서는 이와 같은 현저한 차이를 감안해서 더 주된 주장을

in/에서 온 것으로 보는 견해를 취하고자 한다. 또한 만약 '詵駪侁'(<*sʳɯn)이 上古音의 음가를 반영한 것이라면 'ᅌ/ᅙ'으로 나타났어야 했을 것이다.

이와 관련해서 이준환(2011c: 338)에서 'ㆍ>ㅓ'를 한국어의 내부적인 변화로 밝힌 바 있다[391]. 이 논의에서는 여러 문헌의 간행 순서와 중세한국어의 어형을 고려하며 /ㆍ/>/ㅓ/의 변화가 있었음을 제시했다. 또한 字釋類 자료를 통해서 'ㆍ'와 같은 양상은 더욱 古音을 반영한 것으로 결론을 냈다. 또한 朴炳采(1971: 203)에서는 'ㅓ'형은 원래 중국음 'ə'가 한국음으로는 'ㆍ, ㅓ, ㅡ'로 반영된다는 면에서 'ㅡ'보다는 古層의 반영으로 볼 수 있다고 했다. 중요한 것은 한글 표기를 통해서 차용의 시기를 구분할 수 있지만, 실은 'ㆍ, ㅓ, ㅡ'이 같은 漢語 음가를 반영할 가능성이 있다는 것이다. 즉, 본질적으로는 여기의 /ɯ/를 전사한 것으로 보아야 될 듯하다.

이에 따르면 '詵駪侁'들이 처음에는 상고에 대응한 /ᄉᆞᆫ/이었을 가능성이 크다. 한편 潘悟雲(2000: 232)에 따르면 舌·齒音 뒤에 'ɯ(ə)'가 전설 모음으로 변한 과정('ɯ(ə)'>ɨ>i)도 있다. 즉 이와 같은 과정을 겪어서 중고에 들어 '-ɣin'(ᅙ)으로 합류된 것으로 볼 수 있다. '詵駪侁'의 /선/이라는 음형은 上古音적 요소로 간주할 수 있을 것이며 *-ɯn을 반영하되 'ᆞᆫ>ᅥᆫ'과 같은 한국어 내부적 변화가 있었을 것이다. 이와 같은 예는 유추로 설명할 수 없을 것이므로 본고에서 이들을 上古音적 요소에 해당하는 Ⅰ등급에 두기로 한다.

다음에는 眞(質)韻 三等B에서 여타 聲母와 결합한 예를 살펴보고자 한다.

따라 文1*rɯn(t)에서 온 것으로 보고자 한다.

391 魏國峰(2014: 198-199)에서도 같은 견해를 지지하고 있다.

[표 59] 眞(質)三等B

上古音	중고음	전승 한자음	
		주요	上古音
眞$_1$(質$_1$)*rin(t) 文$_1$(物$_1$)*rɯn(t)	ɣin(t)	ᅳᆫ/ᅳᆯ, ᅵᆫ/ᅵᆯ	ᅥᆫ
牙　見			巾(건)

[표 59]에서 제시한 것과 같이 眞(質)韻 三等B는 상고의 眞$_1$·文$_1$*in·ɯn에서 기원한 것이다. 이와 같이 三等B에서 *-r-개음에 의해 중고에 들어 변화가 적지 않게 일어난다. 한국 한자음에서는 開口에 있는 아후음은 'ᅳᆫ/ᅳᆯ', 순음은 'ᅵᆫ/ᅵᆯ'으로 나타나는 것을 일반적인 원칙으로 하고 있다. 전승 한자음에 있어서 眞韻에는 개음이 모음과 합류한 것처럼 생각할 수 있지만 개음 강약에 따라 모음도 다르게 나타난다고 이해할 수 있다[392].

건(巾)(<*k^{r}ɯn)[393]은 앞서 다룬 '선(詵駪侁)'과 비슷한 모습으로 나타나므로 이목을 끈다. 즉 /건/은 처음에 /ᄀᆞᆫ/과 같이 수용되었을 가능성이 크고 한국어의 내부적 변화로 인해 'ᆞᆫ>ᅥᆫ'으로 설명할 수 있다. 또한 흥미로운 것은 근대 漢語 차용어에서 網巾은 /망긴/으로 나온다는 것이다(李基文1965: 200)[394]. 즉 모음은 후기에 들어 전설화된 것이 확인된다. 여기서 '(ᆞᆫ>)ᅥᆫ'을 더 이른 모습(巾<*krɯn)에 대응하는 것으로 본 이유를 추가적으로 설명하자면 일본 한자음에서 각각 吳音/kon/, 漢音/kin/이 나타나기 때문이다. 한편 본고와 같이 그간의 연구에서도 건(巾)을 上古音으로 본 견해가 적지 않다(박병채 1971: 200, 河野六郎

392 한편 合口 諄韻에 있어 개음이 독립적으로 나타난 양상에는 '균(麕)' 등이 있다. 앞서 언급했듯이 이와 같은 예에서 보인 개음은 상고 *-r-후대형에 대응한다.

393 '巾 곳갈 건' 『訓蒙 中: 11a』.

394 申祐先(2015: 193)에서도 언급한 바 있다.

1980: 472, 申祐先 2015: 192, Qian 2017: 158). 이상과 같이 南北朝와 異層同讀을 감안해서 건(巾)은 上古音적 요소에 해당하는 Ⅲ등급에 둘 수 있다.

三等B 合口韻의 솔(帥率蟀)에 대해서는 선행 연구에서 견해 차이를 보인다. 河野六郎은 反舌音의 영향으로 拗介音가 약화하여 合口 'w'와 주 모음 '-ə'는 '솔'로 형성되었다고 보므로 c-층(근세)에 두었다. 이와 달리 申祐先(2015: 195)에서는 솔(帥率蟀)은 魏晉 이전의 층위를 반영하고 있다고 주장한다. 그의 논의에 따르면 이들은 상고 微部에 속하며 한국 한자음의 '솔'은 */(j)wər/로 분석할 수 있다. 이 논의는 李方桂(1971/2001: 46-47)를 따른 것이지만 李方桂에서는(예:帥 *srjət>sjuet) 合口가 나타난 부분을 상고로 보지 않고 오히려 合口는 후기에 나타난 것으로 보고 있다. 더욱이 최근의 上古音 성과에 따르면 상고 漢語에는 合口가 없다. 이에 '*(j)wər' 같은 해석은 문제점이 아닐 수 없다. 따라서 본고에서는 솔(帥率蟀)을 상고층으로 보기 어렵다고 생각한다.

다음으로 欣(迄)韻 三等C를 살펴 보겠다[395].

[표 60] 欣(迄)韻 三等C

上古音		중고음	전승 한자음	
			주요	上古音
文$_1$物$_1$*ɯn(t)		ɪɨn(t)	ᅳᆫ/ᅳᆯ	ᅥᆯ
牙	見			吃(걸)
	溪			乞(걸)

395 潘悟雲·張洪明(2013)에서는 '欣'韻을 대신해 '殷'韻을 칭하고 있지만 한국 한자음 연구에서는 주로 '欣'과 같은 용어를 쓰기 때문에 본고에서도 '欣'을 택하기로 한다.

위의 [표 60]에서 보는 것처럼 중고 欣(迄)韻은 상고의*ɯn(t)에서 온 것이다. 중고 개음이 나타나는 것과 함께 모음의 발음 위치가 약간 올라가게 된다. 이에 원칙적으로 'ᅳᆫ/ᅳᆯ'이 나타나는 양상을 보인다. 한편 이와 달리 '걸'(乞吃)도 나타난 것은 주목할 만하다. 河野六郎(1968/2010: 242)에서 '乞(걸)'은 欣韻의 특이한 예이며 '巾(건)'과 더불어 a-층에 속한다고 주장하고 있다. 나아가 申祐先(2015: 197)에서 '乞'(걸)뿐만 아니라 '吃肐' 등도 魏晉 南北朝를 반영한 것으로 보고 있다[396]. 다만 '肐'은 '폴 걸'(『訓蒙 上: 13b』)이고 실은 '胳'의 이체자이므로(<異體字字典>) 마땅히 鐸韻一等에 속한 예이다.

따라서 본고에서는 '乞吃'(걸)[397]을 중심으로 보고자 한다. 근래의 上古音 연구에 의하면 이들은 物₁*ɯt에서 기원한 것이고 앞서 살핀 '巾(건)' 및 '선(詵)' 등과 같은 양상에 속한다. 즉 한국어 내부에 있어 /ㆍ/>/ㅓ/의 변화가 있었음을 말할 수 있다(이준환 2011c: 338). 이에 '乞吃'의 /걸/은 역시 처음에는 'ᄀᆞᆯ'이었을 것이며 상고의 物1*/ɯt/를 받아들인 것으로 볼 수 있다. 다만 '乞(걸)'과 달리 河野六郎(1968/2010: 242)에서는 '吃'(걸)을 '乞'에 의한 유추음이라고 주장하고 있지만 구체적인 근거를 제시하지 않았다.

본고에서는 '吃'이 '乞'과 같은 층위를 반영한 것으로 생각하고자 한다. 일본 한자음에서 이 두 한자는 각각 吳音으로 /koti/, 漢音으로 /kitu/로 나타나서 정연한 층위의 차이를 보여주고 있으며 한국 한자음과 평행적인 모습을 보여주기 때문이다. 漢語 방언인 粵방언에서 역시 '吃'/hɐt/가 확인할 수 있다. 또한 『集韻』에서 '吃' 및 '乞'은 같은 反切인

396 이 논의에서는 '虼'도 포함했으나 고대 漢語 문헌에서는 '虼'이 잘 나타나지 않는 글자이므로 본고에서 논의로 한다.

397 '乞 빌 걸' 『訓蒙 下: 10a』; '吃 혀 더틀 걸' 『訓蒙 下: 12b』.

'欺訖切'로 기제하고 있으므로 두 한자는 원래 같은 음가일 것이다. 이와 같이 유추의 정도성을 함께 고려해서 '吃' 및 '乞'은 각각 上古音적 요소에 해당하는 Ⅱ, Ⅰ등급에 둘 수 있을 것이지만 역시 南北朝을 반영한 일본 吳音과 고려하면 '吃' 및 '乞'은 Ⅲ등급에 두는 것이 더 타당할 것이다.

4.12. 宕攝

宕攝(aŋ/ak)에는 一等 唐(鐸)韻 및 三等 陽(藥)韻이 있다[398]. 이들은 모두 상고의 陽(鐸)部/*aŋ(k)/에서 온 것이다. 흥미로운 것은 一等 唐(鐸)韻에 있어 중고음과 上古音의 차이가 잘 보이지 않는다는 것이다(예 剛/강/). 한편 전승 한자음에 있어서 陽(藥)韻 三等의 牙喉音 및 脣音, 그리고 莊組의 경우 역시 개음이 나타나지 않으므로 표면적으로 상고의 기원인 陽(鐸)部/*aŋ(k)/과 구분하기 어렵다. 이와 같은 특징은 주된 양상에 속하며 앞선 본 三等C韻(예: 虞·尤韻)과 동궤에 있는 것이라고 생각한다.

더 말하자면 중고 초기에는 개음이 약하기 때문에 아후음, 순음 등에 있어 모음과 합류된 모습이 종종 보인다. 이와 같은 모습은 어떻게 보면 上古音과 더욱 가깝다고 생각할 수 있다. 일본 한자음에서 吳音 및 漢音의 양상을 함께 고려하면 전자는 개음이 나타나지 않고 후자는 'ɪ'가 독립적으로 나온다(예: 姜 kou/ kyou). 치음 莊組에서 개음이 나타나지 않는 것에 대하여 부연 설명하자면 莊組에 상고 후기의 *-r-가 있기 때문에 개구성이 있는 개음을 막은 것으로 이해할 수 있지 않을까

398 괄호 안에 있는 것은 입성 운미(-k)에 해당하는 것이다(이하 동일).

싶다[399 400].

이에 개음(ɪ)이 독립적으로 나타나지 않은 양상에 대하여 申祐先(2015: 207)에서는 魏晉 이전의 층위로 보고 있다. 그러나 陽(藥)韻 三等에 있어 牙喉音, 脣音, 莊組 뒤에는 대부분 'ᅌᅣ/ᅣᆨ'으로 나타나므로 주층에 속한 것이다. 이에 본고에서는 이를 上古音적 요소에서 제외한다.

4.13. 江攝[401]

江攝(ɔŋ/ɔk)에는 二等 江(覺)韻만 있다. 전승 한자음에 있어서 上古音과 관련된 모습이 보이지 않으므로 여기서 자세히 보지 않는다.

4.14. 曾攝

曾攝(əŋ/ək)에는 一等 登(德)韻 및 三等 蒸(職)韻이 있다. 한국 한자음

399 Baxter·Sagart(2014: 76)에서 구개음화는 (전치 자음)*-r- 때문에 실현될 수 없다는 것을 제시한 바 있다.

400 사실 한국 한자음에서 일부 三等C韻의 來母도 비슷한 양상을 보인다. 다만 來母가 중고에 들어 권설성이 사라지면서 개음과 결합한 모습이 주된 양상이라 하겠다. 예를 들어 虞韻에는 개음이 나타나지 않지만 陽韻에서는 나타난다.

401 한국 한자음에서 江攝은 다른 二等 韻攝에 비해 二等 개음은 잘 보유하지 않는다. 김태경(2012/2016: 122)에서는 많은 二等 韻攝과 비교한 결과 二等 개음은 江攝에서 가장 빠르게 소실된다고 피력하고 있다. 그러나 이와 같은 견해는 음운론적 근거가 부족하다고 생각한다. 이외에, Baxter·Sagart(2014)에서 'krong'과 'kong'의 구별은 어렵다고 언급한 바 있다. 즉 아후음이 원순모음과 결합할 때 '-r-'가 있는지 없는지 명확하게 구분이 되지 않는다. 江韻은 상고의 東部(*-ong) 및 冬部 (*-ung)에서 온 것이다(潘悟雲2000: 242). 따라서 江攝에 속한 글을 애초 차용할 당시에 'kʳong'과 'kong'의 구분이 없기 때문에 'kong'으로 정하게 될 수 있었을 가능성도 있다.

에서 一等 登(德)韻의 주요 모음이 여러 가지 어형으로 나타난다는 점은 눈에 띈다. 이와 같은 현상의 원인을 층위의 차이로 볼 수 있는지, 그렇지 않다면 표기의 문제로 볼 수 있는지에 대해 그 해답을 上古音에 접근하여 구해보고자 한다. 한편 三等 蒸(職)韻에서는 上古音을 반영할 만한 요소가 보이지 않으므로 생략하도록 한다[402].

[표 61] 登(德)韻 一等

上古音		중고음	전승 한자음		
			주요	上古音	
蒸*-ɯŋ 職*-ɯk		(w)əŋ(k)	ᅳᆼ/ᅳᆨ	開ᆞᆼ / ᆞᆨ, ᅥᆨ; 合ᅳᆼ	
牙	見			亙(ᄒᆞᆼ)[403]	肱(긍)
	溪			刻(ᄀᆞᆨ)	
舌	端				德(덕)
齒	從				賊(적)
喉	匣			恆(ᄒᆞᆼ)	

[표 61]를 통해 볼 수 있듯이 一等 登(德)韻/əŋ(k)/은 상고의 蒸(職)/*-ɯŋ(k)/에서 온 것이다. 이와 같이 음운론적으로 韻母는 큰 변화가 없다고 볼 수 있다. 그러나 한국 한자음에는 모음이 각양각색의 모습을 보이므로 눈에 띈다. 우선 'ᅳᆼ/ᅳᆨ'으로 나타난 음형은 주된 모습이므로 주층에 두는 것은 문제가 없을 것이다. 한편 'ㆍ'로 나타난 양상은 'ᄒᆞᆼ, ᄀᆞᆨ, ᄒᆞᆼ'과 'ㅓ'로 나타난 '덕, 적'이 있다. 앞에서 본 覃韻 一等 및 痕韻 一等과 같이 漢語에 있어서 登(德)韻은 역사에서 큰 변화 없다.

402 三等 蒸(職)韻에 대하여 河野六郎(1968: 501)에서는 설음·치음(莊組 제외)·순음에서 '-ᅧᆨ'으로 나타난 양상을 a-층으로 간주했다. 이와 같이 '-ᅧᆨ'은 개음이 생긴 것이므로 上古音에 맞지 않는 것으로 판단된다.

403 여기서는 이체자 '亙'으로 살펴보겠다. 이처럼 전승 문헌에서 '恆' 대신에 이체자 '恒'으로 나타나기도 한다.

다만 앞서의 논의(河野六郎 1968, 朴炳采 1971, 이준환 2011)를 따르면 ‘ㆍ’, ‘ㅓ’로 표기한 것들이 ‘ㅡ’보다 더 이른 시기에 차용된 것으로 추정할 수 있을 것이다.

이처럼 ‘亙·恆(ᄒᆞᆼ)·刻(ᄀᆞᆨ)’[404] 및 德(덕)·賊(적)[405]은 *ɯ(>ə)를 반영한 것으로 볼 수 있다. 이와 유사한 관점에서 우선 河野六郎(1968: 477, ,500)에서는 德(덕) 및 賊(적)을 a-층에 속한 모습으로 봤다. 나아가 申祐先(2015: 215)에서는 亙·恆(ᄒᆞᆼ)·刻(ᄀᆞᆨ)’도 포함하여 이들을 魏晉 南北朝에 대응한 층위로 보았다. 또한 전술한 것과 같이 德(덕) 및 賊(적)의 ‘ㅓ’를 ‘ㆍ’의 變體로 설명했다. 한편 일본 吳音에서 ‘亙·恆’는 /kou/, 刻/koku/, 德/toku/, 賊/zoku/[406]로 나타난 것을 감안할 때 이들이 상고 및 魏晉 南北朝의 층위를 반영한 것으로 이해할 수 있다. 따라서 본고에서는 이들을 上古音적 요소에 해당하는 Ⅲ등급에 둘 수 있다고 생각한다.

아울러 登(德)韻은 중고에 들어 合口가 생긴다. 대개 ‘ㅎ(흑), ㆆ(ᅙᅳᆨ)’으로 나타나는 것이 주된 모습이다. 다만 肱(긍)[407]은 合口 요소가 나타나지 않으므로 상고적 요소로 볼 수 있지 않을까 한다. 伊藤智ゆき(2002/2011: 328)에서는 合口의 탈락으로 해석했으나 근거 불명으로 결론을 냈다. 이와 같은 견해는 漢語 음운사에 있어 맞지 않을 것이다. 중고 시기에 合口가 생긴 이후 다시 탈락한 증거가 보이지 않기 때문이다. 또한 일본어에서 吳音/kou/로 나타나므로 上古音적 요소에 해당하는 Ⅲ등급에 둘 수 있을 것이다.

---

404 ‘亙 ᄀᆞᄅᆞ딜어실 ᄒᆞᆼ’『類合 下: 53b』; ‘진실로 恒心이 업스면 放辟ᄒᆞ며’『孟子 5: 9a』; ‘刻 외폴 ᄀᆞᆨ’『訓蒙 上: 1b』.

405 ‘德 큰 덕’『訓蒙 下: 13b』; ‘賊 도ᄌᆞᆨ 적’『訓蒙 中: 2b』.

406 앞서 본 咍韻 및 覃韻과 같이 일본 한자음의 ‘o’는 /ə/와 더 가까운 것으로 볼 수 있을 것이다. 즉 乙류에 해당한 것이다.

407 ‘肱을 曲ᄒᆞ야’『論語 2:19b』.

4.15. 梗攝

梗攝(ɛŋ/ɛk)에는 二等韻 庚(陌)·耕(麥)韻이 있고 三等韻 庚B(陌)·淸(昔)A韻이 있으며, 그리고 四等韻 靑(錫)韻이 있다. 앞서 언급했듯 二等韻 庚·耕 및 三等韻 庚B에서 상고 *-r-의 후대형(-ɣ-)이 한국 한자음에서 나타난 경우가 존재한다. 이 절에서는 梗攝 운미에 대한 기존 논의들이 차이를 보이므로 이 문제를 염두에 두어 上古音에 접근하여 재확인하고자 한다.

중고의 二等韻 庚韻(ɣæŋ(k))은 주로 상고 陽(鐸)(*raŋ(k))에서 온 것이다. 한편 한국 한자음에서 庚韻 및 耕韻[408]은 거의 합류되어 같이 'ᆡᆼ(ᅧᆼ)/ᆡᆨ(ᅧᆨ)'으로 나타나고 있다. 여기서 역시 중고 二等 개음이 상고 *-r-에서 온 것을 다시 강조할 필요가 있다. 과거의 논의에서는 대부분 庚韻에서 나타난 개음(ɪ)을 다르게 설명하고 있기 때문이다.

우선 'ᆡᆼ/ᆡᆨ'에서 보인 '-ɪ-'를 경구개성을 지닌 운미에서 발달해 온 것으로 해석한 선행 연구가 있다. 이와 같은 연구는 일찍이 Hashimoto(1970)에서 제시되었는데 이 논의는 실은 중고 후기에서 나타난 二等韻을 三·四等과 같이 개음이 생긴 것으로 설명하기 위한 것이다. 이처럼 平山久雄(1998)을 따른 伊藤智ゆき(2002) 및 많은 한국 국내 학자도 이와 같은 관점을 따르고 있다. 다만 魏國峰(2014: 119)에서 지적했듯이 이와 같은 주장에 대해 漢語 내부 및 방언을 근거로 하는 증거가 없으므로, 중국의 漢語 음운사 학계에서는 이 학설을 거의 받아들이지 않았다는 사실을 재확인할 수 있다. 특히 Hashimoto(1970)에서 베트남 한자음을 증거로 들어서 설명한 부분을 주목할 만하다. 경구개

408 耕韻은 耕(錫)*reŋ(k) 및 蒸(職)*ruŋ(k)에서 기원하여 중고에 들어 (w)ɣɛŋ(k)으로 형성된다.

성을 지닌 운미가 베트남 한자음에서 존재하는 것은 사실이다. 그러나 咸蔓雪(2016: 290-291)에 따르면 이와 같은 운미는 앞에 있는 모음 때문에 생기게 된 것이라 볼 수 있다[409]. 또한 이는 베트남 한자음 학계에서 이미 합의된 견해라고 밝히고 있다. 따라서 본질적으로 'ᆡ/ᅴ'에서 보인 '-ɪ-'는 베트남 한자음 운미의 개구성 성분과 같은 기원이라고 생각한다. 즉 모두 상고 二等 *-r-의 후대형일 것이다. 다만 '-ɪ-'설명하기 위해서 한국 한자음의 운미를 구개성을 지닌 것으로 설명한 것이 한국 한자음 체계에 있어 그리 자연스럽지 않다고 생각한다.

다음에는 'ᅧ/ᅧ'을 보겠다. 이는 사실 'ᆡ/ᅴ'과 크게 다르지 않다. 다만 'ᆡ/ᅴ'에 비해 표기의 차이를 보인다. 앞서 'ㆍ'의 표기는 더 이른 시기를 반영한 것으로 설명했다[410]. 'ᅧ/ᅧ'이 梗攝 三·四等에 'ᅧ/ᅧ'과 같이 나타난 것은 후기에 *-r-가 구개성이 강한 후대형으로 변한 후의 결과로 이해할 수 있을 것이다. 또한 河野六郎(1968: 450)에서 'ᆡ/ᅴ'을 원칙적인 모습으로 보되 'ᅧ/ᅧ'의 양상을 모두 오독음으로 설명한 관점은 문제가 아닐 수 없다. 또한 그의 논의에서는 유추로 설명할 수 없는 예들에 대하여 대부분 근대음 단계의 구개음화(i 첨가)에 대한 반영으로 설명해 왔다[411]. 'ᅧ/ᅧ'은 모든 聲母 계열에서 출현하고 분포하고 있다. 더욱이 대응하는 例도 간과하기 어려울 정도로 많으므로 예외로 파악할 수 없다. 무엇보다 앞서 여러 번 강조했듯 二等韻에서 개음은 상고 *-r-에서 온 것이다. 이는 한국 한자음뿐만 아니라 일본

409 베트남의 모음 체계가 단순하므로 漢語 모음의 대립 관계를 제대로 반영하지 못했다. 이에 베트남 한자음에서 운미를 통해서 새로운 대립 관계를 형성하게 된다(NTC 1979/2004: 282, 咸蔓雪 2016: 291 재인용).

410 伊藤智ゆき(2002/2011: 344)에서도 'ᅧ'은 'ᆡ'에서 유래한 것으로 추정한 바 있다.

411 이와 같은 관점은 한국 국내 학자가 대부분 따르고 있다. 이에 관하여 魏國峰(2014: 86)에서 상세하게 지적한 바 있으므로 여기서 생략하도록 한다.

한자음과 베트남 한자음에서 모두 확인된다.

다시 말해서 二等 庚(耕)韻에서 나타난 개음은 앞서 살핀 二等韻(假·蟹·效·咸·山攝)과 같이 결국 본질적으로 *-r-의 후대형을 지닌 양상을 반영하고 있을 뿐이다. 나아가 여기서 주의할 점이 있다. 즉, 앞에서도 강조했듯이 아후음과 순음 계열에서 切韻 시기에 개음이 (*-r->)-ɣ-가 제일 약한 때에 있으므로 탈락한 과정이 있다고 했다. 그러나 이와 달리 한국 한자음에 있어 二等 庚(耕)韻의 아후음 및 순음 계열에서도 여전히 개음을 잘 보유하고 있다는 점은 눈에 띈다. 앞에서도 二等韻들이 일본 한자음의 오음(-iau/iaku)과 같다는 점을 제기한 바 있다[412]. 특히 일본 漢音(au/ku)에서 개음이 탈락한 모습이 주된 것이므로 개음을 지닌 한국 한자음의 차용 시기를 중고 후기로 파악한 견해는 재고할 필요가 있다. 이에 申祐先(2015: 218)에서 상고 후기로 파악한 '骼迫拍泊珀'(/ㅘ/) 등은 오히려 일본 漢音과 비슷한 시기의 모습으로 봐야 하지 않을까 한다.

4.16. 通攝

通攝(oŋ/ok)에는 一等 東·冬韻과 三等 東·鍾韻이 있다. 본고에서는 上古音적 요소와 관련된 것에 중점을 둘 것이므로 鍾韻 三等만 살펴보겠다.

[표 62] 鍾(燭)韻 三等

上古音	중고음	전승 한자음	
		주요	上古音
東(屋)*oŋ(k)	uŋ(k)	ᅩᆼ/ᅩᆨ, ᅭᆼ/ᅭᆨ	ᅩᆨ

412 이상이(2015: 66)에서 정리한 것을 참고할 수 있다.

齒	精	束(속)

[표 62]에서 보는 것과 같이 중고의 鍾韻 三等은 상고의 東部(*oŋ)에서 온 것이다. 한편, 전승 한자음에서 鍾韻 三等은 아후·순음의 경우 'ᅟᅩᆼ/ᅟᅩᆨ'으로 나타나지만 설음 및 치음은 원칙적으로 'ᅟᅭᆼ/ᅟᅭᆨ'으로 나타난다. 그러나 위에 제시한 치음인 속(束)은 /ᅟᅩᆨ/으로 나타나기 때문에 눈에 띈다.

속(束)에 대해서는 伊藤智ゆき(2002/2011: 364)에서 언급한 바와 같이 중고음의 치음에는 개음이 반영되지 않았다고 해석할 수는 없다. 이에 그녀의 논의에서는 속(束)은 속(速)에서 유추된 것으로 추정했다. 다시 말해서 속(束)은 중고 시기에/-iok/ 정도로 나와야 된다는 것을 감안해서 낸 견해라 하겠다. 그러나 『說文』에 따르면 速은 '从辵束聲'인데 '束'이 마땅히 더 기본 한자라 할 수 있기에 이와 같은 추정은 다소 적합하지 않다. 더욱이 전승 한자음의 문헌을 고려할 때 '束'은 '速'에 비해 학습서에서 더 많이 나타나고 있다. 두 가지 모두 『類合』에서 보이지만 '束'字만 『千字文』에서 출현하므로 큰 차이가 있다. 따라서 이와 같은 유추 작용은 받아들이기가 어렵다.

또한 속(束)과 같은 개음이 나타나지 않은 모습은 오독음으로 보기 어려울 것이다. 우선 여타 한자음과 고려하면 일본 吳音은 /soku/이고 漢音에는 /syoku/로 나타난 것을 확인할 수 있다. 이처럼 층위의 구별이 명확히 되어 있다는 점은 중요하다. 吳音의 양상은 개음이 생기기 전에 해당하는 층위이며 상고 東(屋)*oŋ(k)의 음가와 비슷하다. 이와 달리 漢音은 개음이 생긴 후의 중고음 모습에 대응하는 것이다. 나아가 평행적인 양상은 漢語의 文語 및 口語의 독음 차이에서도 확인할 수 있다. 閩南語[413]에서 束은 口語인 /suʔ, sɔk/에 비해 文語인 /siɔk/에 해당한다.

이 역시 古音에 해당하는 모습이 /-ok/이라는 것이 재확인된다. 따라서 본고에서는 전승 한자음의 束/속/은 개음의 영향을 받기 전의 층위를 반영한 것으로 생각하며 이를 上古音적 요소에 해당하는 Ⅲ등급에 두기로 한다.

한편 鍾韻 三等의 아후음에서 'ᅟᅭᆼ/ᅟᅭᆨ'이 원칙이지만 '국(局)·욱(旭勗)'에 모음의 차이가 보이다. 이에 대하여 申祐先(2015: 233)에서는 초·중기 上古音 체계에 따라 이들을 古幽部에 속한 것으로 보기 때문에 魏晉을 반영한 층위로 보고 있다. 그러나 상고 東(屋)*oŋ(k)에 비해 국(局)·욱(旭勗)은 모음의 발음 위치가 상승한 점을 고려할 때 개음의 영향을 받은 결과로 봐야 한다고 생각한다. 이에 본고에서는 이와 같은 예를 상고층으로 보기는 어렵다고 생각한다.

4.17. 정리

지금까지 한국 한자음의 韻母에 반영된 上古音적 요소에 대하여 살펴보았다. 전술한 방법과 같이 관련된 한자를 등급으로 나눠 정리하고자 한다. 다시 말하면 'Ⅰ' (등급)은 명확하게 上古音을 반영하는 한자음이며 유추로 보기 어려운 것들에 해당하고 'Ⅱ' (등급)은 上古音을 반영했을 가능성이 크게 보이지만 유추의 정도성이 ①에 해당하며 'Ⅲ' (등급)은 上古音을 반영했을 가능성이 존재하나 유추의 정도성이 ②·③에, 그리고 중고 전기(南北朝)와 異層同讀으로 볼 수 있는 상고음적 요소도 'Ⅲ' (등급)에 두기로 한다.

아울러 韻母에 나타난 上古音적 요소를 모음, 운미, 모음 및 운미

413 <漢語多功能字庫> (참고).

총 세 가지의 유형으로 정리해 보았다[414]. 이와 같은 논의를 바탕으로 전승 한자음에서 확인되는 예의 목록을 아래 표에 제시하면 다음과 같다[415].

[표 63] 전승 한자음 韻母에 반영된 上古音 목록

번호	上古音(>後漢)		중고음		전승 한자음	등급	上古 요소
1	*kaːls	>kai	ka	見歌開一去	箇個/개/ H	I	모음+운미
2	*maːl(s)	>mai	mua	明歌合一平(去)	磨/매/LH	I	모음+운미
3	*n̥oːlʔ	>thwai	thua	透歌合一上	妥/태/ X	I	운미
4	*sloːlʔ	>swai/	suɑ	心歌合一上	鎖/쇄/ X	I	운미
5	*sloːlʔ	>swai	suɑ	心歌合一上	瑣/쇄/ X	II	운미
6	*pˤaːgs	-	pɣa	幫麻開二去	壩/패/ R	I	모음+운미
7	*pˤaːgs	>phrak/	pɣa	幫麻開二去	覇霸/패/ R	I	모음+운미
8	*ʔsˤaːgs	>tsra	tʃɣa	莊麻開二去	詐/새/ R	I	모음+운미
9	*zˤaːgs	>dzra	dʒɣa	崇麻開二去	乍/새/ R	I	모음+운미
10	*ʔsljal	>tsiai	tsia	精麻開三平	嗟/차/ L	III	모음
11	*maːʔ	>mhǎ/	muo	明模開一上	媽/마/ R	I	모음
12	*ŋgʷa	>ŋhwa/	ŋio̧	疑虞合三平	娛/오/ L	III	모음
13	*ŋgʷaʔ	>ŋhwa/	ŋio̧	疑虞開三上	噳/오/ -	I	모음
14	*ɢʳʷa	>ʔwa/wa	ɦɨo	雲虞合三平	迂/오/ L	I	모음
15	*ʔsɯː	>tsə	tsʌi	精咍開一平	哉/ᄌᆞ/ L	II	모음
16	*zlɯː	>dzə	dzʌi	從咍開 平	才/ᄌᆞ/ L	II	모음
17	*zlɯː(s)	>dzə	dzʌi	從咍開一平(去)	纔/ᄌᆞ/ L	I	모음

414 韻母에서 본 상고 요소의 유형은 상고음적 등급의 판단에서 영향을 미치지 않는다. 가령 '모음+운미'의 경우 모음과 운미가 모두 상고음을 변영한 것을 뜻한다.

415 표에 대한 설명은 3.6.을 참고할 수 있다.

18	*rne:lʔ	>ne	ɳɣɛ	泥佳開二上	嬭/내/ R	Ⅲ	운미
19	*sʳe:lʔ	>sʳɛ	ʃɣɛ	生佳開二上	灑洒/새~섀/ R	Ⅲ	운미
20	*sʳel(ʔ)	>sʳiɛ	ʃɣiᴇ	生支開三平(上)	釃/싀/ L	Ⅰ	운미
21	*sʳel(ʔ)	–	ʃɣiᴇ	生支開三平(上)	簁/싀/ L	Ⅰ	운미
22	*sʳelʔ(s)	–	ʃɣiᴇ	生支開三上(去)	屣/싀~셰/ R	Ⅰ	운미
23	*kho:ʔ	>kho	kʰəu	溪侯開一上	叩扣/고/ RH	Ⅰ	모음
24	*to:	>to	təu	端侯開一平	兜蔸/도/ L	Ⅰ	모음
25	*lho:s	–	tʰəu	透侯開一去	透/토/ H	Ⅰ	모음
26	*lho:	–	tʰəu	透侯開一平	鍮/도/ L	Ⅰ	모음
27	*do:	>do	dəu	定侯開一平	頭/도/ L	Ⅰ	모음
28	*slo:gs	>so	səu	心侯開一去	漱潄/소/ H	Ⅰ	모음
29	*ʔsɯ:m	>tsəm	tsʌm	精覃開一平	簪/좀/ L	Ⅲ	모음+운미
30	*zlu:m	>dzəm	dzʌm	從覃開一平	蠶蚕/좀/ L	Ⅲ	모음+운미
31	*slu:mʔ	>səm	sʌm	心覃開一上	糝/솜/ R	Ⅲ	모음+운미
32	*slu:m	–	sʌm	心覃開一平	蔘/솜/ L	Ⅲ	모음+운미
33	*gʳu:b	>gʳə̄p/	ɦɣɛp	匣洽開二入	洽/흡/ H	Ⅰ	모음+운미
34	*kʰʳu:b	>kʰʳə̄p/	kʰɣɛp	溪洽開二入	恰/흡/ –	Ⅰ	모음+운미
35	*lʲub	>lhəp/	ziɪp	邪緝開三入	習/습/ H	Ⅰ	모음+운미
36	*lʲɯb	>lhəp/	ziɪp	邪緝開三入	襲/습/ H	Ⅰ	모음+운미
37	*kʲub	>kip/	tɕiɪp	章緝開三入	汁/즙/ H	Ⅰ	모음+운미
38	*kʲɯm	–	tɕiɪm	章侵開三平	箴/좀/ L	Ⅲ	모음+운미
39	*glʲumʔ(s)	>dʑim	dʑiɪm	常侵開三上(去)	甚/솜/ H	Ⅰ	모음+운미
40	*hŋʲɯb	>l̥ip/śip	ɕiɪp	書緝開三入	濕/습/ H	Ⅰ	모음+운미
41	*gʲub	>ghip/	dʑiɪp	常緝開三入	拾/습/ H	Ⅰ	모음+운미
42	*gʲub	>gip/	dʑiɪp	常緝開三入	什/습/ H	Ⅰ	모음+운미
43	*qɯb	>ʔɨp	ʔiɪp	影緝開三入	挹/읍/ H	Ⅱ	모음+운미
44	*lɯm	–	jiɪm	以侵開三平	婬/음/ L	Ⅰ	모음+운미
45	*lɯm	>jim	jiɪm	以侵開三平	淫/음/ L	Ⅰ	모음+운미

46	*q^{w}a:d	>ʔwɑt	ʔuɑt	影曷合一入	斡/알/ H	I	모음+운미
47	*q^{hw}a:d	>hwat	huɑt	曉曷合一入	豁/할/ H	III	모음+운미
48	*g^{ʕ}ɯ:nʔ	>gɛn	ɦɣɛn	匣山開二上	限/ᄒᆞᆫ/ X	III	모음+운미
49	*l ́ i:g	>det	det	定屑開四入	跌/딜/ H	III	모음+운미
50	*l ́ i:g	>det	det	定屑開四入	迭/딜/ H	II	모음+운미
51	*qi:n(s)	>ʔen	ʔen	影先開四平(去)	咽/인/ L	III	모음+운미
52	*ki:d	>ket	ket	見屑開四入	桔/길/ H	III	모음+운미
53	*gi:d	>get	ɦet	匣屑開四入	頡翓/힐/ H	III	모음+운미
54	*kad	>kɨat	kɨɐt	見月開三入	訐/알/ H	I	모음+운미
55	*kad	>kɨat	kɨɐt	見月開三入	羯/갈/ H	III	모음+운미
56	*gad	>gɨat	gɨɐt	羣月開三入	碣/갈/ H	II	모음+운미
57	*gad	>gɨat	gɨɐt	羣月開三入	竭/갈/ H	III	모음+운미
58	*qad	>ʔɨat	ʔɨɐt	影月開三入	謁/알/ H	II	모음+운미
59	*q^{h}ad	–	hɨɐt	曉月開三入	蝎蠍/갈/ H	II	모음+운미
60	*k^{h}ɯ:nʔ	>k^{h}ən	k^{h}ən	溪痕開一上	墾/ᄀᆞᆫ/ X	III	모음+운미
61	*q^{h}l ́ ɯ:n	>thən	t^{h}ən	透痕開一平	呑/ᄐᆞᆫ/ L	III	모음+운미
62	*gɯ:nʔ	>gən	ɦən	匣痕開一上	狠/ᄒᆞᆫ/ R	III	모음+운미
63	*gɯ:ns	>gən	ɦən	匣痕開一去	恨/ᄒᆞᆫ/ R	III	모음+운미
64	*kun	–	kuən	見魂合一平	裩/군/ L	I	모음+운미
65	*k^{h}llu:d	>khwət	k^{h}uət	溪沒合一入	窟/굴/ H	III	모음+운미
66	*du:n	>dwən	duən	定魂合一平	臀/둔/ L	I	모음+운미
67	*du:n	>dwən	duən	定魂合一平	屯/둔/ L	I	모음+운미
68	*du:n	>dwə̄n/	duən	定魂合一平	飩/둔/ L	II	모음+운미
69	*du:ns	>dwən	duən	定魂合一去	鈍/둔/ R	III	모음+운미
70	*nu:d	>nhwə̄t/	nuət	泥沒合一入	訥/눌/ H	I	모음+운미
71	*bɯ:d	>bət	buət	並沒合一入	勃/ᄇᆞᆯ/ H	III	모음+운미
72	*bɯ:d	–	buət	並沒合一入	鵓/ᄇᆞᆯ/ L	III	모음+운미
73	*bɯ:d	>bət	buət	並沒合一入	脖頻/ᄇᆞᆯ/ H	III	모음+운미

74	*ʔsuːn >tswən	tsuən 精魂合一平	樽/준/ L	I	모음+운미
75	*zuːn >dzwən	dzuən 從魂合一平	蹲/준/ L	I	모음+운미
76	*tun >truin	ʈiuɪn 知真合三平	窀/둔/ L	II	모음+운미
77	*ʔsun >tsuin	tsiuɪn 精真合三平	遵/준/ L	II	모음+운미
78	*tʲun >tśuin	tɕiuɪn 章真合三平	肫/둔/ L	II	모음+운미
79	*sʳɯn >srɨn	ʃɪn 生真開三平	詵/선/ –	I	모음+운미
80	*sʳɯn >srɨn	ʃɪn 生真開三平	駪/선/ –	I	모음+운미
81	*sʳɯn >srɨn	ʃɪn 生真開三平	侁/선/ –	I	모음+운미
82	*kʳɯn >krən/	kɣiɪn 見真開三平	巾/건/ L	III	모음+운미
83	*kɯd >kɨət	kɣiɪt 見迄開三入	吃/걸/ H	III	모음+운미
84	*kʰɯd >khɨət	kʰɨt 溪迄開三入	乞/걸/ H	III	모음+운미
85	*kɯːŋs >kə̄ŋh/	kəŋ 見登開一去	亙亘/긍/ H	III	모음+운미
86	*kʰɯːg >khək	kʰək 溪德開一入	刻/극/ H	III	모음+운미
87	*gɯːŋ >gə̄ŋ/	ɦəŋ 匣登開一平	恆恒/긍/ L	III	모음+운미
88	*tɯːg >tək	tək 端德開一入	德/덕/ H	III	모음+운미
89	*zɯːg >dzək	dzək 從德開一入	賊/적/ H	III	모음+운미
90	*kʷɯːŋ >kwəŋ	kwəŋ 見登合一平	肱/긍/ L	III	모음+운미
91	*hlʲog >śok	ɕɨok 書燭開三入	束/속/ H	III	모음+운미

위[표 63]의 내용을 구체적으로 살펴보면 다음과 같다. 果攝 및 假攝에 나타난 운미(-i)는 上古音을 반영한 특징이라고 판단된다. 전자는 상고 歌部(*al>ai>(MC)a)에 기원한 것이며 후자는 상고 鐸部 운미가 거성 운미와(*ag-s) 결합하여 상고 후기에 들어 운미(-i)로 변한 것으로 생각된다. 遇攝에서 주요 모음을 통해서 상고의 모습이 확인되는데, 특히 魚部*a-를 그대로 이어 나타난 예(媽/마/)와 介音의 영향을 미치지 않는 虞韻의 모습(예: 迂/오/)을 들 수 있다. 이처럼 三等 介音의 有無가 상고 및 중고의 중요한 分水 기준이 된다. 본고는 蟹攝에 있어 운미가

생기지 않는 咍韻 一等의 예(哉/ᄌᆡ/)를 상고층에 속한 것으로 보고, 佳韻 二等(예: 灑/새/)에서 나타난 운미(-i)를 상고 歌部(*-el)에서 받아들인 것으로 생각하고자 한다. 이와 같이 止攝에 속한 支韻(예: 屣/ᄉᆡ/)에서 보인 운미(-i)도 같은 맥락에 있을 것이다. 나아가 流攝 侯韻一等에서 나타난 /ㅗ/는 상고 侯部(*o-)를 반영한 것으로 확인된다.

운미-m(p)을 지닌 咸攝의 覃韻一等에서 보인 /ᆞᆷ, ᅳᆸ/에 관한 예들은 상고의 *(um~)ɯm 및 *(up~)ɯp를 반영한 것으로 확인되며, 특히 주요 모음인 *ɯ(>ə)는 중고에 와서도 큰 변화가 없고, 여타 한자음과의 비교를 통해 /ᆞᆷ, ᅳᆸ/에 속한 모습은 상고 및 남북조라는 층위에 둘 수 있다고 생각한다(Ⅲ등급). 한편 深攝 三等에서 보인 /ᆞᆷ, ᅳᆸ, ᅳᆷ/은 개음의 영향을 받지 않는 모습이기 때문에 상고층에 속한 모습으로 판단된다.

운미-n(t)을 지닌 山攝의 寒(曷)韻 一等에서 合口 개음(w)이 결여 되어 있는 특징은 상고음을 반영한 것으로 생각한다(예: 豁/할/). 이와 더불어 山韻 二等의 限/ᄒᆞᆫ/은 모음이 상고 二等 전치 자음 *-r-의 영향을 받지 않는 모습으로 추정된다. 先(屑)韻 四等에 있어 전설 모음이 분열하지 않는 점을 중요시하고 漢語 방언과 결합한 것을 감안하면 이들은 상고 모음(*i-)을 반영한 것으로 생각된다. 그리고 元(月)韻 三等의 경우 역시 개음이 모음에 영향을 미치지 않은 것을 통해서 '蠍/갈/'과 같은 예들이 上古音적 요소에 해당한다고 볼 수 있다. 아울러 臻攝에서 보인 痕韻/ᆞᆫ/ 및 (魂)沒韻(脣音字)/ᆞᆯ/은 앞서 본 覃韻 一等과 같이 상고 *ɯ(>ə)를 반영한 것으로 생각된다. 또한 역시 일본 吳音과 고려했을 때 이들은 상고 및 남북조에 속한 양상으로 판단된다(Ⅲ등급). 한편 魂(沒)韻 一等에서 나타난 /ᅮᆫ/에 관련된 예(臀/둔/)들은 상고 文部$_2$(*un)에서 이어진 모습으로 보인다. 이처럼 眞韻 三等A(合口)에서도 文部$_2$(*un)을 반영한 예가 발견된다(예: 遵/준/). 眞韻 三等B·C에서 보인 '-ᅥᆫ/ᅥᆯ'은

'-ᆞᆫ/ᆞᆯ'에서 변한 것으로 파악되고 이들은 상고 *ɯ을 반영한 것으로 생각된다.

운미-ŋ(k)에 속한 韻攝에서 曾攝 一等韻 및 通攝 三等(束/속/)의 예만 다루는데, 이들은 각각 모음의 양상과 개음의 有無를 통해 上古音적 요소를 확인하게 된 것이다. 이와 같은 운미를 지닌 韻攝(예: 宕攝)에서 상고 및 중고는 같은 음형으로 나타나고 전승 한자음의 주된 모습을 이루기도하므로 본고의 주된 대상에서는 제외하나 이들이 상고를 이어받은 모습일 가능성이 있다고 보고자 한다.

05 결론

5.1. 논의 요약

지금까지 중세 전승 한자음을 대상으로 하여 이에 반영된 上古音적 요소에 대하여 살펴보았다. 여기서는 지금까지의 내용을 정리하고 이를 바탕으로 전승 한자음에서 반영되는 성조 양상을 살펴보는 것으로 논의를 마무리하고자 한다.

본고의 2장은 한국 한자음을 연구하는 기본 방법론으로 우선 유추 현상에 관한 비판적 논의를 밝혀 두었으며, 특히 유추의 정도성을 제기하여 上古音적 요소에 대한 검토를 위한 장치를 설정했다. 이 과정에서 일본 및 베트남 한자음, 그리고 漢語 방언 및 문헌 자료와의 역사 층위 비교를 통해서 더 신뢰할 만한 결과를 도출하고자 공시적인 연구 방법을 만들었다. 나아가 한국 한자음에 반영된 上古音적 요소를 살펴보기 위하여 근래의 上古音 대표 재구 체계를 정리하여 본고의 연구와 관련된 漢語 음운사의 통시적인 변화를 살펴보았다.

3장에서는 전승 한자음의 聲母에 반영된 上古音적 요소를 聲母에 따라 분류하여 그 각각에서 나타난 上古音적 모습을 확인하고 기술하였다. 4장에서는 전승 한자음의 韻母에 반영된 上古音적 요소를 韻攝에 따라 분류하여 다루었다. 기존 연구의 성과를 참고하며 근래의 上古音 이론을 결합하여 전승 한자음에서 나타난 上古音적 모습을 논의해 보았다. 또한 전승 한자음의 통시적인 변화를 중요시하여 공시적 비교도 함께 고려하여 살펴보았다.

3장 및 4장의 결과를 같이 제시하면 다음과 같다[416].

(9) ㄱ. 전승 한자음 聲母에 반영된 上古音 목록

번호	上古音(>後漢)		중고음		전승 한자음	등급
1	*ŋgʳeːwʔ	–	ŋɣau	疑肴開二上	鼣/교/ X	II
2	*ŋgʳaːŋs	>ŋrēŋh/	ŋɣɛŋ	疑耕開二去	硬/경/ H	II
3	*ŋgɯːl(s)	–	ŋuʌi	疑灰合一平(去)	磑/개/ R	II
4	*ŋguː	ŋou	ŋɑu	疑豪開一平	翱/고/ L	III
5	*ŋgɯl	–	ŋɨi	疑微開三平	沂/긔/ L	II
6	*ŋgʳuːds	>ŋuɛs	ŋɣuɛi	疑皆合二去	聵/괴/ H	III
7	*l ́ eːm	>dem	dem	定添開四平	恬/념/ L	I
8	*ʈʳoːŋs	>trɔŋ	ʈɣʌŋ	知江開二去	戇/당/ R	I
9	*tun	>truin	ʈiuɪn	知真合三平	窀/둔/ L	III
10	*ʔʳ ́ aːg(s)	>tra	ʈɣa	知麻開二平(去)	咤吒/타/ H	I
11	*rteːwɢ	>trɔk	ʈɣʌk	知覺開二入	卓/탁/ H	I
12	*rtoːg	>trɔk	ʈɣʌk	知覺開二入	啄椓琢/탁/H	I
13	*tog	–	ʈɨok	知燭開三入	瘃/탁/ H	I
14	*hʳ ́ aːgs	>trha	ʈʰɣa	徹麻開二去	詫/타/ X	II
15	*(t-)ŋ̊ʰʳaːg	>trhak	ʈʰɣæk	徹陌開二入	拆坼/탁/ H	I
16	*rtheːwɢ(s)	>trhɔk	ʈʰɣʌk	徹覺開二入(去)	踔/탁/ X	II

416 표에 대한 설명은 3.6.에서 참고할 수 있다.

17	*rha	>trhia	ʈʰɨʌ	徹魚開三平	攄/터/ X	I
18	*l̥eŋʔ	>trhieŋ	ʈʰiᴇŋ	徹淸開三上	逞/령/ RH	I
19	*rʰel	>ɽaj / trʰie	ʈʰɣiᴇ	徹支開三平	魑/리/ X	II
20	*rla:	>dra	ɖɣa	澄麻開二平	茶/다/ L	I
21	*dˤe:ms	–	ɖɣɛm	澄咸開二去	賺/담/ R	I
22	*r'u:mʔ	>ɖrɛm	ɖɣɛm	澄咸開二上	湛/담/ R	I
23	*rdo:ŋ(s)	>drɔŋ	ɖɣʌŋ	澄江開二平(去)	撞/당/ X	I
24	*rdo:ŋ(s)	>drɔŋ	ɖɣʌŋ	澄江開二平(去)	幢/당/ HL	I
25	*r´e:wɢ	>drɔk	ɖɣʌk	澄覺開二入	擢/탁/ X	I
26	*r´e:wɢ(s)	>drɔk	ɖɣʌk	澄肴開二入(去)	濯/탁/ H	I
27	rdo:g	>drɔk	ɖɣʌ	澄覺開二入	濁/탁/ H	I
28	*rde:ns	>drɛn	ɖɣɛn	澄山開二去	綻/탄/ R	I
29	*mhaʔ	>phwa	pʰɨo	滂虞開三上	撫/무/ R	II
30	*ʔsu:ds	–	tsuʌi	精灰合一去	晬/슈/ –	III
31	*ʔsem	>tsiam	tsiᴇm	精鹽開三平	殲/셤/ X	II
32	*tʲɯnʔ	>trhɨn	tɕiɪn	章眞開三上	疹癥/딘/ H	II
33	*tʲun	>tśuin	tɕiuɪn	章眞合三平	肫/둔/ L	II
34	*kˡʲeʔ	–	tɕiᴇ	章支開三上	枳/기/ R	I
35	*kʲes	–	tɕiᴇ	章支開三去	忮/기/ R	II
36	*gʲis	>g(h)jəś/	dʑiɪ	禪脂開三去	嗜/기/ R	III
37	*nʲɯ:m	>ń(h)ə́m	ɲ̟iɪm	日侵開三上	稔/님/ R	III
38	*nʲɯm(ʔ)	>ń(h)əm	ɲ̟iɪm	日侵開三平(上)	恁/님/ R	III
39	*qˤal	–	ʔɣiᴇ	影支開三平	欹/긔/ L	II
40	*hma:ws	>m̥āwh /hɑu	hɑu	曉豪開一去	耗/모/ X	II
41	*ge:	>ge	ɦei	匣齊開四平	蹊螇/계/ L	II
42	*ge:gs	>ge	ɦei	匣齊開四去	系繫/계/ R	II
43	*gʷe:	–	ɦwei	匣齊合四平	畦/규/ L	II
44	*gˤa:s	>ghrāh /ga	ɦɣa	匣麻開二去	暇/가/ R	III
45	*gˤa:b	>ghrāp /gap	ɦɣap	匣狎開二入	匣/갑/ H	II
46	*gˤe:g	>gɛk	ɦɣɛk	匣麥開二入	翮/격/ H	II

47	*g^{r}e:ŋ >gɛŋ	ɦɣɛŋ 匣耕開二平	莖/깅/ L	II
48	*ga:d >gɑt	ɦɑt 匣曷開一入	蝎/갈/ H	II
49	*ga:d >gɑt	ɦɑt 匣曷開一入	褐/갈/ H	II
50	*gɯ:ms >gəm	ɦʌm 匣覃開一去	憾/감/ R	II
51	*lug >juk	jɨuk 以屋開三入	鸑/륙/ H	I
52	*luŋ >juŋ	jɨuŋ 以東開三平	肜/륭 L	I
53	*luŋ >juŋ	jɨuŋ 以東開三平	融/륭 L	I
54	*leŋʔ –	jiᴇŋ 以清開三上	郢/녕 R	I
55	*q^{r}ɯms(ʔ) >ʔə́m	ʔɣiɪm 影侵開三去(上)	飮/님/ HR	I
56	*ɢ^{r}ab >wap	ɦɣiᴇp 雲葉開三入	饁/녑/ H	I
57	*ɢ^{r}ib >wap·ləp	ɦɣiᴇp 雲緝開三入	燁/녑/ X	I

ㄴ. 전승 한자음 韻母에 반영된 上古音 목록

번호	上古音(>後漢)	중고음	전승 한자음	등급	上古 요소
1	*ka:ls >kai	ka 見歌開一去	箇個/개/ H	I	모음+운미
2	*ma:l(s) >mai	mua 明歌合一平(去)	磨/매/LH	I	모음+운미
3	*n̥o:lʔ >thwai	t^{h}ua 透歌合一上	妥/태/ X	I	운미
4	*slo:lʔ >swai/	suɑ 心歌合一上	鎖/쇄/ X	I	운미
5	*slo:lʔ >swai	suɑ 心歌合一上	瑣/쇄/ X	II	운미
6	*p^{r}a:gs –	pɣa 幫麻開二去	壩/패/ R	I	모음+운미
7	*p^{r}a:gs >phrak/	pɣa 幫麻開二去	覇霸/패/ R	I	모음+운미
8	*ʔs^{r}a:gs >tsra	tʃɣa 莊麻開二去	詐/새/ R	I	모음+운미
9	*z^{r}a:gs >dzra	dʒɣa 崇麻開二去	乍/새/ R	I	모음+운미
10	*ʔsljal >tsiai	tsia 精麻開三平	嗟/차/ L	III	모음
11	*ma:ʔ >mhấ/	muo 明模開一上	媽/마/ R	I	모음
12	*ŋɡ^{w}a >ŋhwa/	ŋio̜ 疑虞合三平	娛/오/ L	III	모음
13	*ŋɡ^{w}aʔ >ŋhwa/	ŋio̜ 疑虞開三上	嚔/오/ -	I	모음
14	*ɢ^{rw}a >ʔwa/wa	ɦɨo 雲虞合三平	迂/오/ L	I	모음
15	*ʔsɯ: >tsə	tsʌi 精咍開一平	哉/ᄌᆞ/ L	II	모음
16	*zlɯ: >dzə	dzʌi 從咍開一平	才/ᄌᆞ/ L	II	모음

17	*zlɯː(s)	>dzə	dzʌi	從咍開一平(去)	纔/ᄌᆞ/ L	I	모음
18	*rneːlʔ	>ne	ɳɣɛ	泥佳開二上	嬭/내/ R	III	운미
19	*sʳeːlʔ	>sʳɛ	ʃɣɛ	生佳開二上	灑洒/새~쇄/ R	III	운미
20	*sʳel(ʔ)	>sʳiɛ	ʃɣiᴇ	生支開三平(上)	釃/싀/ L	I	운미
21	*sʳel(ʔ)	–	ʃɣiᴇ	生支開三平(上)	簁/싀/ L	I	운미
22	*sʳelʔ(s)	–	ʃɣiᴇ	生支開三上(去)	屣/ᄉᆡ~셰/ R	I	운미
23	*kʰoːʔ	>kho	kʰəu	溪侯開一上	叩扣/고/ RH	I	모음
24	*toː	>to	təu	端侯開一平	兜莬/도/ L	I	모음
25	*l̥hoːs	–	tʰəu	透侯開一去	透/토/ H	I	모음
26	*l̥hoː	–	tʰəu	透侯開一平	鍮/도/ L	I	모음
27	*doː	>do	dəu	定侯開一平	頭/도/ L	I	모음
28	*sloːɡs	>so	səu	心侯開一去	漱潄/소/ H	I	모음
29	*ʔsɯːm	>tsəm	tsʌm	精覃開一平	簪/ᄌᆞᆷ/ L	III	모음+운미
30	*zluːm	>dzəm	dzʌm	從覃開一平	蠶蚕/ᄌᆞᆷ/ L	III	모음+운미
31	*sluːmʔ	>səm	sʌm	心覃開一上	糝/ᄉᆞᆷ/ R	III	모음+운미
32	*sluːm	–	sʌm	心覃開一平	蔘/ᄉᆞᆷ/ L	III	모음+운미
33	*gʳuːb	>grə̄p/	ɦɣɛp	匣洽開二入	洽/흡/ H	I	모음+운미
34	*khʳuːb	>khrə̄p/	kʰɣɛp	溪洽開二入	恰/흡/ -	I	모음+운미
35	*l̥ʲub	>lhəp/	ziɪp	邪緝開三入	習/습/ H	I	모음+운미
36	*l̥ʲɯb	>lhəp/	ziɪp	邪緝開三入	襲/습/ H	I	모음+운미
37	*kʲub	>kip/	tɕiɪp	章緝開三入	汁/즙/ H	I	모음+운미
38	*kʲɯm	–	tɕiɪm	章侵開三平	箴/ᄌᆞᆷ/ L	III	모음+운미
39	*gˡʲumʔ(s)	>dʑim	dʑiɪm	常侵開三上(去)	甚/ᄉᆞᆷ/ H	I	모음+운미
40	*hŋʲɯb	>l̥ip/śip	ɕiɪp	書緝開三入	濕/습/ H	I	모음+운미
41	*gʲub	>ghip/	dʑiɪp	常緝開三入	拾/습/ H	I	모음+운미
42	*gʲub	>gip/	dʑiɪp	常緝開三入	什/습/ H	I	모음+운미
43	*qɯb	>ʔɨp	ʔiɪp	影緝開三入	挹/읍/ H	II	모음+운미
44	*lɯm	–	jiɪm	以侵開三平	婬/음/ L	I	모음+운미
45	*lɯm	>jim	jiɪm	以侵開三平	淫/음/ L	I	모음+운미
46	*qwaːd	>ʔwɑt	ʔuɑt	影曷合一入	斡/알/ H	I	모음+운미
47	*qʰwaːd	>hwat	huɑt	曉曷合一入	豁/할/ H	II	모음+운미
48	*gʳɯːnʔ	>gɛn	ɦɣɛn	匣山開二上	限/ᄒᆞᆫ/ X	III	모음+운미

49	*l´i:g	>det	det	定屑開四入	跌/딜/ H	Ⅲ	모음+운미
50	*l´i:g	>det	det	定屑開四入	迭/딜/ H	Ⅱ	모음+운미
51	*qi:n(s)	>ʔen	ʔen	影先開四平(去)	咽/인/ L	Ⅲ	모음+운미
52	*ki:d	>ket	ket	見屑開四入	桔/길/ H	Ⅲ	모음+운미
53	*gi:d	>get	ɦet	匣屑開四入	頡翓/힐/ H	Ⅲ	모음+운미
54	*kad	>kɨat	kɨɐt	見月開三入	訐/알/ H	Ⅰ	모음+운미
55	*kad	>kɨat	kɨɐt	見月開三入	羯/갈/ H	Ⅲ	모음+운미
56	*gad	>gɨat	gɨɐt	羣月開三入	碣/갈/ H	Ⅲ	모음+운미
57	*gad	>gɨat	gɨɐt	羣月開三入	竭/갈/ H	Ⅲ	모음+운미
58	*qad	>ʔɨat	ʔɨɐt	影月開三入	謁/알/ H	Ⅰ	모음+운미
59	*qʰad	–	hɨɐt	曉月開三入	蝎蠍/갈/ H	Ⅰ	모음+운미
60	*kʰɯ:nʔ	>kʰən	kʰən	溪痕開一上	墾/ᄀᆞᆫ/ X	Ⅲ	모음+운미
61	*qʰˡ´ɯ:n	>tʰən	tʰən	透痕開一平	呑/ᄐᆞᆫ/ L	Ⅲ	모음+운미
62	*gɯ:nʔ	>gən	ɦən	匣痕開一上	狠/ᄒᆞᆫ/ R	Ⅲ	모음+운미
63	*gɯ:ns	>gən	ɦən	匣痕開一去	恨/ᄒᆞᆫ/ R	Ⅲ	모음+운미
64	*kun	–	kuən	見魂合一平	裩/군/ L	Ⅰ	모음+운미
65	*kʰˡu:d	>khwət	kʰuət	溪沒合一入	窟/굴/ H	Ⅲ	모음+운미
66	*du:n	>dwən	duən	定魂合一平	臀/둔/ L	Ⅰ	모음+운미
67	*du:n	>dwən	duən	定魂合一平	屯/둔/ L	Ⅰ	모음+운미
68	*du:n	>dwə̄n/	duən	定魂合一平	飩/둔/ L	Ⅱ	모음+운미
69	*du:ns	>dwən	duən	定魂合一去	鈍/둔/ R	Ⅲ	모음+운미
70	*nu:d	>nhwə̄t/	nuət	泥沒合一入	訥/눌/ H	Ⅰ	모음+운미
71	*bɯ:d	>bət	buət	並沒合一入	勃/ᄇᆞᆯ/ H	Ⅲ	모음+운미
72	*bɯ:d	–	buət	並沒合一入	鵓/ᄇᆞᆯ/ L	Ⅲ	모음+운미
73	*bɯ:d	>bət	buət	並沒合一入	脖頍/ᄇᆞᆯ/ H	Ⅲ	모음+운미
74	*ʔsu:n	>tswən	tsuən	精魂合一平	樽/준/ L	Ⅰ	모음+운미
75	*zu:n	>dzwən	dzuən	從魂合一平	蹲/준/ L	Ⅰ	모음+운미
76	*tun	>truin	ʈiuɪn	知真合三平	窀/둔/ L	Ⅱ	모음+운미
77	*ʔsun	>tsuin	tsiuɪn	精真合三平	遵/준/ L	Ⅱ	모음+운미
78	*tʲun	>tśuin	tɕiuɪn	章真合三平	肫/둔/ L	Ⅱ	모음+운미
79	*sʳɯn	>srɨn	ʃɪn	生真開三平	詵/선/ –	Ⅰ	모음+운미
80	*sʳɯn	>srɨn	ʃɪn	生真開三平	駪/선/ –	Ⅰ	모음+운미
81	*sʳɯn	>srɨn	ʃɪn	生真開三平	侁/선/ –	Ⅰ	모음+운미

82	*kʳɯn >kʳən/	kɣiɪn 見真開三平	巾/건/ L	Ⅲ	모음+운미
83	*kɯd >kɨət	kɣiɪt 見迄開三入	吃/걸/ H	Ⅲ	모음+운미
84	*kʰɯd >khɨət	kʰɨt 溪迄開三入	乞/걸/ H	Ⅲ	모음+운미
85	*kɯːŋs >kə̄ŋh/	kəŋ 見登開一去	亙亘/긍/ H	Ⅲ	모음+운미
86	*kʰɯːg >khək	kʰək 溪德開一入	刻/극/ H	Ⅲ	모음+운미
87	*gɯːŋ >gə̄ŋ/	ɦəŋ 匣登開一平	恆恒/긍/ L	Ⅲ	모음+운미
88	*tɯːg >tək	tək 端德開一入	德/덕/ H	Ⅲ	모음+운미
89	*zɯːg >dzək	dzək 從德開一入	賊/적/ H	Ⅲ	모음+운미
90	*kʷɯːŋ >kwəŋ	kwəŋ 見登合一平	肱/긍/ L	Ⅲ	모음+운미
91	*qʰlog >śok	ɕɨok 書燭開三入	束/속/ H	Ⅲ	모음+운미

위의 내용을 바탕으로 볼 때 중고 漢語의 平·上 ·入聲은 대개 전승 한자음에서도 평행적으로 L·R·H로 나타난다[417]. 또한 去聲字는 전승 한자음에서 R로 나타나며(예: 鈍/둔/ R) H로 나타나기도 한다(예: 透/토/ H). 이와 같은 양상은 명확한 경향을 파악하긴 어려우나 본고에서 다룬 上古音적 요소를 바탕으로 볼 때 중고 漢語 去聲字가 전승 한자음의 R와 대응한 모습이 좀 더 우세한 양상을 보인다. 이외에, 중고 漢語 上聲字가 전승 한자음에서 H에 대응한 모습(예: 疹瘮/딘/ H)도 보이지만 그 양은 상대적으로 적게 나타난다.

上古音의 연구 성과를 결합해서 볼 때 대개 상고 후치 운미 '-ʔ'를 지닌 예는 중고에 들어 上聲이 되고 전승 한자음의 R에 대응하며, 상고 후치 운미 '-s'를 지닌 경우 중고에 들어 去聲이 되며 전승 한자음의 R·H에 대응한 것이 원칙적인 양상이라 하겠다.

이 연구는 세 가지 정도의 의미를 지닌다고 생각한다. 첫째, 전승 한자음에 上古音의 요소가 있다는 것을 입체적으로 밝혔다는 데 있다. 본고는 최근의 대표적인 상고 이론을 응용하여 聲母 및 韻母에 따라 관련된 근거를 제시함으로써 上古音의 요소를 기술하고자 노력을 기울

417 入聲字에 대응한 (ㄴ 72) '鵓/볼/ L'는 예외일 것이다.

였다. 둘째, 그동안 중고음에만 한정해서 연구해 온 데에서 해결하지 못한 문제를 上古音에 접근해서 해명했다는 것이다. 이 과정에서는 특히 유추에 대한 비판적 검토도 함께 진행되었다. 셋째, 전승 한자음의 上古音적 요소에 대한 검토를 통해서 한국 한자음뿐만 아니라 한국어에 대한 이해에 깊이 다가갈 수 있는 발판을 마련하였다는 점에 있다. 특히, 음운사 연구에서 개별 음소에 대한 통시적인 고찰이나 음운 체계의 확립 등 본고에서 보인 연구 결과가 참고할 만한 자료가 될 것이라고 생각한다. 나아가 차자 표기의 음가에 대한 논의와 한국어 어원을 탐구하는 데도 그 가치가 있을 것이라 믿는다.

5.2. 남은 문제

본고에는 아직 해결되지 못한 적지 않은 문제가 남아 있다.

우선 비록 최신의 上古音 성과를 활용하였지만, 이것을 완벽한 이론이라고 말하기는 어렵다. 최신의 上古音 연구는 上古音 연구사에서 가장 높은 수준에 도달했다고 하더라도 이미 여러 기존의 논의에서 '잠정적 재구음(tentative reconstruction)'이라는 것을 스스로 인정했듯이 보완해야 할 점이 많은 것이 사실이다. 또한 상고층을 반영한 경우가 실은 문헌에서 빈번하게 나타나지 않을 수도 있는데, 유추론으로 설명하는 것과 비교하기 위해서 강력한 예만 택했다는 것도 문제로 남을 수 있다. 이외에 필자의 부족으로 더 충분하지 않은 상태에서 추론에 가까운 견해를 하게 된 부분이 많다. 따라서 후속 연구에서는 역사적인 음 변화에 대한 연구를 충실히 하면서 한국어 한자음의 전면적인 이해에 다가가기 위한 연구를 할 필요가 있다고 생각한다.

참고문헌

<원전>

『唐寫本王仁昫刊謬補缺切韻』唐, 王仁昫(撰)(吳彩鸞書), 廣文書局印行.

『等韻五種』, 藝文印書館 編(1975), 臺北: 藝文印書館.

『全韻玉篇』(1908, 隆熙2), 皇城(서울): 匯東書館(서울대 고문헌·디지털콘텐츠).

『全韻玉篇』(1976?), 姜信沆 編(1991), 『奎章全韻·全韻玉篇』, 서울: 書光.

<논저>

姜信沆(1987a), 韓國漢字音內 舌音系字音의 變化에 대하여, 『韓漢音韻史』(2003), 태학사, 13-52.

姜信沆(1987b), 韓國漢字音과 漢語上古音과의 對應可能性에 관하여, 『東洋學』17, 1-26.

姜信沆(2001), 韓國漢字音(高麗譯音)의 한 모습, 『國語學』 39, 3-26.

姜信沆(2008/2012), 韓國漢字音에 끼친 漢譯佛經의 영향, 『韓漢音韻史研究(補遺篇)』, 165-208.

姜信沆(2011), 한국한자음(15·16世紀 現實音)과 魏晉南北朝 時代音과의 比較, 『진단학보』112, 61-102.

구본관·박재연·이선웅·이진호(2020), 『한국어학개론』, 집문당.

權仁瀚(1997/2019), 한국 한자음의 역사, 『국어사연구(1)』, 태학사, 247-336.

權仁瀚(1998), 『朝鮮館譯語의 音韻論的 研究』, 太學社.

權仁瀚(2006), 중세국어 한자음, 『國語史와 漢字音』, 박이정, 57-94.

權仁瀚(2005/2009a), 『중세한국 한자음훈집성』(개정판), 제이앤씨.

權仁瀚(2009b), 『중세한국 한자음의 분석적 연구』(자료편), 제이앤씨.

김무림(2015), 『고대국어 한자음』, 한국문화사.

김무림(2022), 『국어 한자음의 역사』, 태학사.

김무림(2022), 『한국 한자음 연구 요목』, 한국문화사.

김성규(1996), 중세 국어 음운, 『국어의 시대별 변천·실태 연구』 1, 국립국어연구원, 7-55.

김완진(1970), 이른 時期에 있어서의 韓中 言語 接觸의 一斑에 對하여, 『어학연구』 6(1), 1-16.

金俊秀(2012), "造"字諧聲攷, 『중국언어연구』 38, 183-209.

김태경(2013), 效梗攝 二等字의 한국한자음과 二等韻 介音, 『中國語文學論集』 82, 45-62.

김태경(2016), 『상고중국어 음운체계와 한국어 어휘의 어원』, 學古房.

김태경(2020), 베트남 한자음의 특징 및 베트남어 어휘의 어원 고찰—고대 중국어음을 통한 연구—, 『中國學論叢』 67, 1-23.

김 현(2008), 『활용의 형태음운론적 변화』, 國語學叢書 54.

리득춘(1985), 조선한자음의 원류, 『조선어 한자어음 연구』(1994), 서광학술자료사, 54-72.

문현수·허인영(2018), 문법 형태 '-ᄂᆞ-'의 통시적 변화, 『국어사연구』 27, 국어사학회, 7-51.

朴炳采(1971), 『古代國語의 研究』, 高麗大學校 出版部.

蕭悅寧(2014), 『韓國語 近代漢音系 借用語 研究』, 成均館大學 박사논문.

申雅莎(2006), 韓國漢字音 子音 體系의 特徵 變遷 層位 小考, 『中語中文學』, 38, 195-227.

신성철(2018), ㄹ 두음법칙의 통시적 고찰, 『國語學』 85, 151-179.

신성철(2022), 고대 국어 음운 체계의 연구 성과와 전망, 『국어사연구』 35, 7-39.

沈小喜(2001), 동아시아에서의 正音觀 형성과 발전, 『한국어 정보학』 4, 한국어정보학회, 26-59.

안영희(2015), 언어접촉과 시기층위, 『國語學』 75, 129-164.

엄익상(1998), 多音漢字의 中國音韻學的 分析, 『중국어문학논집』 10, 381-425.

엄익상(2008/2015), 『한국한자음 중국식으로 다시보기』(제2판), 한국문화사.

魏國峰(2014), 고대한국어 음운체계연구—전승 한자음을 대상으로—, 서강대학교 박사논문.

李基文(1961/2018), 『新訂版國語史概說』, 塔出版社.

李基文(1971/1983), 『訓蒙字會研究』, 서울대학교 출판부.

李基文(1972/1998), 『國語音韻史研究』, 首爾 : 塔出版社.

李基文(1991), 『國語語彙史研究』, 東亞出版社.

이돈주(1990), 『훈몽자회한자음연구』, 홍문각.

이돈주(1995), 『한자음운학의 이해』, 탑출판사.

이돈주(2002), 韓國漢字音 중 俗音의 正音性에 대하여, 『한국언어문학』 48, 한국

언어문학회, 1-18.
李敦柱(2003), 『韓中漢字音硏究』, 태학사.
이돈주(2006), 한국 한자음의 몇 가지 특징에 대하여, 『한국(조선)어 교육연구』 4, 357-376.
이상이(2015), 한국·일본·베트남 漢字音의 韻類體系의 比較硏究, 東國大學校 박사논문.
이승재(2013), 『漢字音으로 본 백제어 자음체계』, 태학사.
이승재(2016), 『漢字音으로 본 고구려어 음운체계』, 일조각.
이승자(2003), 『조선조 운서한자음의 전승양상과 정리규범』, 亦樂.
李潤東(1997), 『韓國漢字音의 理解』, 首爾 : 螢雪出版社.
이준환(2006), 漢字音 俗音의 발생과 意味의 관련성, 『語文硏究』 34(1), 한국어문교육연구회, 57-82.
이준환(2011a), 鄕札 表記字 漢字音 硏究의 回顧와 展望, 『口訣硏究』 26, 5-54.
이준환(2011b), 16세기 후반·17세기 國語 漢字音 韻母의 대응 양상 및 특징(2), 『大東文化硏究』 74, 275-276.
이준환(2011c), 日本漢字音과의 비교를 통한 /·/의 音價 考察, 『國語學』 61, 國語學會, 323-358.
이진호(1999), 중세국어 한자 학습서의 來母 初聲 표기 양상, 한국문화, 23, 33-62.
이진호(2008), 『통시적 음운 변화의 공시적 기술』, 삼경문화사.
이진호(2014), 형태소 교체의 규칙성에 대하여, 『國語學』 69, 國語學會, 3-29.
張莉莉(2021), 20세기 이래 중국 上古音 연구의 성과 및 방향, 『중국언어연구』 95, 한국중국언어학회, 25-59.
장리리(2022), 한국 한자음 유추 현상에 대한 再考, 『우리말연구』 71, 29-56.
鄭承喆(1997/2019), 자음의 변화, 『국어사연구(1)』, 태학사, 465-499.
趙大夏(2016), 咸攝 漢字音의 韓日比較硏究, 日語日文學硏究 96.
차익종(2018), 중세한국한자음 'ㅓ~ㅔ', 'ㅕ~ㅖ' 형에 대하여—遇攝 魚韻의 'ㅣ' 덧남 변칙음을 중심으로—, 『國語學』 86, 157-180.
최미현(2006), 『訓蒙字會』의 복수 한자음 유형에 대하여, 『우리말연구』 19, 우리말학회, 237-260.
최희수(1986), 『조선 한자음연구』, 흑룡강조선민족 출판사.
허인영(2023), 『전사 자료를 통해 본 한국어 전설모음의 형성 과정』, 高麗大學校 民族文化硏究院.
XUYE(2019), 백제어의 자음 연구—한자음의 음운 대응을 중심으로—, 이화여

자대학교 박사논문.
江佳璐(2011), 越南漢字音的歷史層次研究, 臺灣師範大學 博士學位論文.
裘錫圭(2013), 『文字學概要』, 商務印書館
戴黎剛(2005), 閩語的歷史層次及演變, 復旦大學 博士學位論文.
董同龢(1944/1948), 『上古音韻表稿』, 臺北: 中央研究院歷史語言研究所.
杜佳倫(2014), 『閩語歷史層次分析與相關音變探討』(清華語言學博士叢書), 中西書局.
羅常培·周祖謨(1958/2007), 『漢魏晉南北朝韻部演變研究』, 北京：中華書局
盧慧靜(2014), 語言接觸與語言層次研究—以韓國漢字音為例—, 北京大學 博士學位論文.
林連通·鄭張尚芳(2012), 『漢語字音演變大字典』, 江西教育出版社.
麥耘(1992), 論重紐及『切韻』的介音系統, 『語言研究』 23, 119-131.
潘悟雲(2000), 『漢語歷史音韻學』, 上海教育出版社.
潘悟雲·張洪明(2013), 漢語中古音, 『語言研究』 33(2), 1-7.
潘悟雲(2006), 朝鮮語中的上古漢語借詞, 『民族語文』 1, 3-11.
潘悟雲(2014), 對三等來源的再認識, 『中國語文』 6, 531-540.
潘悟雲(2018a), 對白-沙(Baxter·Sagart)體系的評論, 『饒宗頤國學院院刊』 5, 403-415.
潘悟雲(2018b), 上古漢語鼻音考, 『民族語文』 4, 3-9.
潘悟雲(2018c), 滯二等現像—考本字的一个特殊視角—, 『方言』 3, 257-262.
潘悟雲(2020), 上古音構擬, 『出土文獻』 02, 127-135.
白一平(Baxter)·潘悟雲(2018), 上古音對談實錄, 『語言研究集刊』 2, 394-416.
范淑玲(2009), 日本上代、中古音韻與漢語中古音的比較研究, 山東大學 博士學位論文.
徐通鏘(1991), 『歷史語言學』, 商務印書館.
邵榮芬(1991), 匣母字上古一分為二試析, 『邵榮芬音韻學論集』 (1997), 首都師範大學 出版社, 22-44.
申祐先(2015), 韓國漢字音歷史層次研究, 台灣大學 博士學位論文.
嚴翼相(2022), 漢字傳入古代韓國的時期和古代韓漢音的特徵, 『南開言語學刊』 2, 56-66.
王力(1948), 漢越語研究, 『嶺南學報』 9(1), 1-96.
王力(1957/2007), 『漢語史稿』, 北京：中華書局.
王力(1999), 『古代漢語』 (校訂重排本), 中華書局.
王力(1985/1987/2018), 『漢語語音史』, 北京: 商務印書館.
王力(1963/2015), 『漢語音韻』, 中華書局.
王洪君(2014), 『歷史語言學方法論與漢語方言音韻史個案研究』, 商務印書館.
熊桂芬(2019), 从異讀看『集韻』系韻書的傳承與演變, 『中國社會科學報』, 國家社會基

金專刊.

葉玉英(2020), 基於古文字材料的上古漢語清鼻流音之歷史考察, *Journal of Chinese Linguistics* 48(1), 206-256.

兪敏(1984), 後漢三國梵漢對音譜, 『兪敏語言學論文集』(1999), 北京: 商務印書館, 1-62.

陸志韋(1947/1985), 『古音說略』, 北京: 中華書局.

李無未(2012), 『日本漢語音韻學史』, 商務印書館.

李方桂(1971), 『上古音研究』, 北京: 商務印書館.

李榮(1956), 『切韻音系臺北』, 鼎文書局.

張俊翼(2019), 朝鮮漢字音中漢語重紐的表現形式及成因, 『民族語文』 1, 11-27.

丁邦新(1998), 『丁邦新語言學論文集』, 北京: 商務印書館.

鄭張尚芳(1983), 溫州方言歌韻讀音的分化和歷史層次, 『語言研究』 2, 108-120.

鄭張尚芳(1984), 上古音構擬小議, 『鄭張尚芳語言學論文集(上册)』(2012), 中華書局, 334-347.

鄭張尚芳(1987), 上古韻母系統和四等、介音、聲調的發源問題, 『溫州師院學報』 4, 67-90.

鄭張尚芳(1995), 上古漢語聲母系統, 『鄭張尚芳語言學論文集(上册)』(2012), 中華書局, 399-414.

鄭張尚芳(2000), 上古音研究的新近動態, 『溫州師範學院學報』 4, 28-35.

鄭張尚芳(2003/2013), 『上古音系』, 上海教育出版社.

趙世海(2012), 日語拗、長 、撥 、促音與中古漢語音韻對應規律研究, 吉林大學 博士學位論文.

陳忠敏(2013), 『漢語方言語音史研究與歷史層次分析法』, 北京：中華書局.

馮蒸(2009), 論上古音複聲母的原則與方法—音韻學教學改革探索之一—, 『漢字文化』 5, 55-65.

咸蔓雪(2016), 『漢語越南語關係語素歷史層次分析』(清華語言學博士叢書), 中西書局.

北京大學中國語言文學系語言學教研室編(王福堂 修訂)(2003), 『漢語方音字匯(第二版重排本)』, 語文出版社.

橋本貴子(2021), 対音資料から見た唐代の軽唇音化について—附論日母の脱鼻音化—, 『神戸外大論叢』 73(3), 121-146.

藤堂明保(1956/1980), 『中國語音韻論—その歷史的研究—』, 光生館.

藤堂明保(1978/1990), 『學研 漢和大字典』, 學習研究社.

沼本克明(1986), 『日本漢字音の研究』, 金正彬 역(2008), 『일본 한자음의 역사』, 한국학술원.

三根谷徹(1972),『越南漢字音の研究』, 東洋文庫

有坂秀世(1937), カールグレン氏の拗音説を評す, 林巽培·鄭偉 역, 評高本漢之-j-化說, 潘悟雲 編(2010),『境外漢語音韻學論文選』, 上海教育出版社, 335-356.

伊藤智ゆき(2002/2007),『朝鮮漢字音研究』, 이진호 역(2011),『한국 한자음 연구』, 역락.

河野六郎(1968/1979),『朝鮮漢字音の研究』, 李珍昊 譯註(2010),『한국 한자음의 연구』, 역락.

河野六郎(1978), 한국 한자음과 일본의 오음(吳音), 李珍昊 編譯(2012),『河野六郎과 國語 音韻論』, 지식과 교양, 387-418.

河野六郎(1979),『河野六郎著作集(2)』, 平凡社.

河野六郎(1980),『河野六郎著作集(3)』, 平凡社.

Anttila, Raimo(1989), *An Introduction to Historical and Comparative Linguistics*, Current issues in linguistic theory 06, John Benjamins Publishing Company.

Baxter, William H.(1992), *A Handbook of Old Chinese Phonology*, Mouton de Gruyter Berlin, New York.

Baxter, William H. ·Laurent Sagart(2014), *Old Chinese*: A New Reconstruction, New York: Oxford University Press.

Bodman, Nicholas C. (1954), *A linguistic study of the Shih Ming: initials and consonant clusters*, Cambridge: Harvard University Press.

Campbell, Lyle(2013), *Historical Linguistics, An Introduction*(3rd edition), Edinburgh University Press.

Chao, Yuen Ren(1941), Distinctions within Ancient Chinese*, Harvard Journal of Asiatic Studies* 5, 203–233.

Coblin, W. South(1978), The initials of Xu Shen's languages as reflected in the Shuowen duruo glosses, *Journal of Chinese linguistics*, Vol.6 (1), 27-75.

Coblin, W. South(1983), *A handbook of Eastern Han sound glosses*, HongKong, The Chinese University Press.

Eom, IK-sang(1991), *A Comparative Phonology of Chinese and Sino-Paekche Korean,* Ph. D. Dissertation, Indiana University.

Hashimoto, Mantaro 1970, Internal evidence for Ancient palatal endings in Mandarin, *Language* 46, 336–365.

Hock, Hans Heinrich(2021), *Principles of Historical Linguistics* (3rd edition, revised and updated), Mouton de Gruyter.

Jacques, Guillaume(2006), Introduction to Chinese Historical Phonology, *Leiden*, 27-31.

Karlgren, Bernhard(1915-1926), *Études sur la Phonologie Chinoise*, 趙元任·李方桂 역(1930), 『中國音韻學硏究』, 臺灣: 商務印書館.

Karlgren, Bernhard (1940), *Grammata Serica*: Script and phonetics in Chinese and Sino-Japanese, Bulletin of the Museum of Far Eastern Antiquities 12.

Karlgren, Bernhard(1954), *Compendium of Phonetics in Ancient and Archaic Chinese*, 崔玲愛 역 (1985), 『古代漢語音韻學綱要』, 民音社.

Karlgren, Bernhard(1957), *Grammata Serica Recensa,* Bulletin of the Museum of Far Eastern Antiquities 29.

Kim, Sun-mi(2015), *Adoption of Aspiration Feature in Sino-Korean Phonology*, Asian Languages and Literature, dissertation of University of Washington.

Labov, William(1994/1996), *Principles of Linguistic Change(Vol. 1)*, Internal Factors, Blackwell.

Lee, Jin-ho(2022), *Phonological typology of plosives*, Seoul National University Press.

Matras, Yaron(2009/2020), *Language Contact,* Cambridge University Press.

Norman, Jerry(1979), Chronological strata in the Min dialects, 『方言』4, 268-274.

Pulleyblank, E. G. (1962-3), *The consonantial system of Old Chinese*, 潘悟雲·徐文堪 역(1999), 『上古漢語的輔音系統』, 中華書局.

Qian, You-yong(2018), *A Study of Sino-Korean Phonology*, Routledge.

Raymond Hubbard and M. J. Bayarri(2003), Confusion over measures of evidence (p's) versus errors (α's) in classical statistical testing, *The American statistician*, Vol.57(3), 171-182.

Saussure(1915), *Cours de linguistique générale*, Payot, Wade Baskin ; 역(1959), Course in general linguistics, The Philosophical Library, INC.

Saussure(1972), *Cours de linguistique générale*, Payot. 최승언 역(1990), 『일반언어학강의』, 민음사.

Sagart Laurent(1999), *The Roots of Old Chinese*, Amsterdam: Benjamins.

Schuessler, Axel(2007), *ABC Etymological Dictionary of Old Chinese*, University of Hawai'i Press.

Schuessler, Axel(2009), *Minimal Old Chinese and Later Han Chinese,* University of Hawai'i Press.

Shen, Zhong-wei(2020), *A Phonological History of Chinese,* Cambridge university press.

Starostin, S. A. (1989), *Rekonstrukcija drevnekitajskoj fonologičeskoj sistemy*, 林海鷹·王冲 역(2010), 『古代漢語音系的構擬』, 上海教育出版社.

Starostin, S. A. (1989), *Rekonstrukcija drevnekitajskoj fonologičeskoj sistemy*, 張興亞 역(2012), 『古漢語音系的構擬』, 北京大學出版社.

Sung, Margaret M.Y. (1992), Chinese Dialects and Sino-Japanese, 『中國境內語言暨語言學(第一輯)(漢語方言)』, 中央研究院, 563-586.

Ting, Pang-shin(丁邦新)(1975), *Chinese Phonology of the Wei-Chin Period*: Reconstruction of the Finals as Reflected in Poetry(Institute of History and Philology Academia Sinica Special Publication No. 65), Institute of History and Philology Academia Sinica.

Wanner, Dieter(2006), *The Power of Analogy*—an essay on historical linguistics—, Trends in Linguistics. Studies and Monographs 170, Mouton de Gruyter.

Wang, William S-Y.(1967), Competing changes as a cause of residue, *Language* 45, 9–25.

<웹사이트>

古音小鏡 http://www.kaom.net/

教育部異體字字典 https://dict.variants.moe.edu.tw/

小學堂 https://xiaoxue.iis.sinica.edu.tw/

數字化『說文解字』 https://szsw.bnu.edu.cn/

漢典 https://www.zdic.net/

漢語多功能字庫 https://humanum.arts.cuhk.edu.hk/

字統网 https://zi.tools/

潘悟雲(2017), 漢語上古音 (講座) https://www.bilibili.com

Chinese text computing https://lingua.mtsu.edu/

Từ điển Hán Nôm https://hvdic.thivien.net/

中文摘要

韓國漢字音的上古音要素研究

張莉莉 (Zhang Lili)
國語國文系
首爾國立大學

本論文的研究目的是通過分析韓國中世紀的傳承漢字音文獻，考察韓國漢字音(Sino-Korean)的上古音要素。具體來說，主要從聲母和韻母兩個角度出發，來探討韓國漢字音並整理其相關的上古音要素。

第二章內容是介紹主要方法論。爲了更爲科學系統地研究韓國漢字音的上古音要素,本文采取歷時與共時結合的研究方法。首先充分吸收借鑒近來有關上古音的研究成果，特別是參考鄭張-潘的上古音體系研究, 以此爲根據分析了韓國傳承漢字音的歷史演變過程。與以往集中於探討中古音的研究不同, 本文重點揭示的是韓國傳承漢字音中的一些上古漢語要素。不僅如此，本文還檢討了只考慮中古音而得出類推 (analogy) 現象的先行研究成果。為此，本文積極利用日本漢字音，越南漢字音，以及漢語方言的有關材料和漢語的古代文獻探討了所謂的類推現象，並對類推現象進行了程度(degree)劃分。在把握韓國漢字音的聲母和韻母的讀音層次基礎上，再對相關材料進行有機比較和層次分析，這也體現本文立足於共時角度的研究視角。在比較全面、系統的研究基礎上，本文對韓國漢字音中的上古音要素進行了分類。

第三章主要研究了韓國漢字音的聲母，以切韻體系爲基礎分別考察了牙音、舌音、脣音、齒音和喉音。在韓國漢字音的牙音系列聲母中，疑母保留了/k-/，本文推測這是上古音（*ŋg-）遺存的一種表現。在舌音系列的聲母中，本文根據舌上音中介音的缺失與否以及舌音中出現的流音等特點，來判斷和整理了有關上古音的要素。在脣音系列的聲母中，本文發現韓國漢字音裏還保留鼻音/m-/，而不是按照中古音規則將上古的清鼻音演變爲塞音。本文認為這很可能就是上古痕跡殘留的證據。至於齒音系列的聲母，本文在精組中發現了保留上古摩擦音而未讀成中古破擦音的情況，在章組中發現了起源於舌音和牙音（*tj-、kj-）的來源。而出現這種情況的原因，本文認為這正是體現了上古音的特征。在喉音系列的聲母中，根據韓國漢字音反映小舌音的情況，及保留上古流音的以母等來判斷其上古音要素。

第四章主要研究了韓國漢字音的韻母，以"十六攝"(果假遇蟹止效流；咸深；山臻；宕江曾梗通)爲基本框架進行了具體分析。此外，參考歷史層次分析法，並考慮韓國漢字音的實際情況將韻尾也視為層次分析的基本單位。本文將韻母中體現的上古音要素的結果分爲元音、韻尾、元音及韻尾三種類型。在對元音的研究中，主要考慮元音在各個時代的變化以及元音受介音的影響情況來進行曆史層次的分析。例如，上古元音*a-在後期的歷史變化中發生了後高化現象，也出現了結合中古介音的情況。對於韻尾的探討重點在於分析韻尾的來源，判斷韻尾是從上古保留下來的,還是到中古才形成的，這是得出結論的重要依據。例如，上古歌部1(*al)在進入漢代後變成了(*-l>)-i,進入中古後(-i>∅)便消失了。而在部分止攝之韻中，韓國漢字音表現出的韻尾(-i)現象是在中古由元音分裂造成的。

第五章首先整合了三四章的內容，在此基礎上討論了反映上古音特征的韓國漢字音聲調。由此，本文得出的基本對應關系是中古漢語中的平·上·入聲在韓國漢字音中通常對應L（平聲）·R（上聲）·H（去聲），而中古漢語的去聲則對應於韓國漢字音中的 R（上聲）或H（去聲）。

本文的研究意義如下。第一，具體解答了韓國漢字音中是否存在上古音的問題。借鑒近年來具有代表性的上古音理論，分別從聲母和韻母兩個角度去分析和整理韓國漢字音的上古音要素。第二，突破了以往局限於中古音的研究方法。立足於上古音研究，解決了過去的一些遺留問題，特別是檢討了先行研究中的類比現象。第三，通過對傳承漢字音的上古音要素研究，不僅有助於深入理解韓國漢字音，也爲研究古代韓國語言奠定了基礎。特別需要指出的是，本研究爲韓國語音史研究提供了重要信息，不管是對個別音素的歷時考察還是對整個語音體系的建立都將是重要的參考資料。此外，本研究對韓國"借字標記法"以及韓語詞源的探討和研究也有一定的參考價值。

附錄 1.〈切韻 시기 漢語 聲韻表〉

1 切韻 聲母表

牙音	K	見 k	溪 kh	群 g	疑 ŋ				
舌音	T	端 t	透 th	定 d	泥 n	來 l			
	Tr	知 ʈ	徹 ʈh	澄 ɖ	娘 ɳ				
脣音	P	幇 p	滂 ph	並 b	明 m				
齒音	Ts	精 ts	淸 tsh	從 dz			心 s	邪 z	
	Tsr	莊 tʂ	初 tʂh	崇 dʐ			生 ʂ		
	Tsj	章 tɕ	昌 tɕh	禪 dʑ	日 ɲ		書 ɕ	船 ʑ	以 j
喉音	H	影 ʔ	曉 h	匣 ɦ					(雲 ɦj)

2 切韻 韻母表

모음	a				e			i
等·介音	1	3 i	2ɣ	3i	2ɣ	3Ai Bɣi	4	3Ai Bɣi
변이음 / 운미	ɑ	a	æ		ɛ	E	e	i
-∅	歌		麻2	麻3	佳	支		脂
-ŋ	唐	陽	庚2	庚3	耕	淸	靑	
-m	談	嚴(凡)	銜		咸	鹽	添	侵
-n	寒		刪		山	仙	先	眞(臻)
i	泰	廢	夬		皆	祭	齊	
u	豪		肴			宵	蕭	幽

모음	ə		o				u	
等·介音	1	3 i	2ɣ	3i	1	3i	1	3i
변이음 / 운미	ə	i	ɔ	ɤ	o	ọ	u	
-∅		之		魚	模	虞	侯	
-ŋ	登	蒸	江		冬	鍾	東1	東3
-m	覃							
-n	痕	殷(欣)		元	魂			文
i	咍	微			灰			
u		尤						